广东省哲学社会科学规划2021年度一般项目"广东省乡村旅游地相对贫困家庭生计脆弱性测度与消减政策优化研究"（立项批准号：GD21CGL22）的阶段性研究成果

乡村旅游转型升级的影响因素及实现路径研究

周 杨◎著

XIANGCUN LVYOU ZHUANXING
SHENGJI DE YINGXIANG YINSU JI
SHIXIAN LUJING YANJIU

经济管理出版社
ECONOMY & MANAGEMENT PUBLISHING HOUSE

图书在版编目（CIP）数据

乡村旅游转型升级的影响因素及实现路径研究/周杨著 . —北京：经济管理出版社，2023. 5
ISBN 978-7-5096-8834-2

Ⅰ.①乡… Ⅱ.①周… Ⅲ.①乡村旅游—旅游业发展—研究—中国 Ⅳ.①F592. 3

中国版本图书馆 CIP 数据核字（2022）第 243772 号

组稿编辑：谢　妙
责任编辑：谢　妙
责任印制：许　艳
责任校对：王淑卿

出版发行：经济管理出版社
　　　　　（北京市海淀区北蜂窝 8 号中雅大厦 A 座 11 层　100038）
网　　址：www. E-mp. com. cn
电　　话：（010）51915602
印　　刷：唐山玺诚印务有限公司
经　　销：新华书店
开　　本：720mm×1000mm/16
印　　张：12. 5
字　　数：238 千字
版　　次：2023 年 5 月第 1 版　　2023 年 5 月第 1 次印刷
书　　号：ISBN 978-7-5096-8834-2
定　　价：58. 00 元

前　言

转型升级是我国美丽乡村发展背景下乡村旅游发展的未来趋势。乡村旅游作为新时代美丽乡村建设的重要突破口与有效途径，其高质量发展基于厘清其转型升级的影响因素和找到科学合理的转型升级路径。我国乡村旅游自 20 世纪 80 年代诞生以来，特别是我国 2001 年围绕"三农"问题中的"农业旅游"和"乡村风情"发展以来，乡村旅游产品专业化、规范化和市场化水平得到了显著提高。2004 年出台的《中共中央　国务院关于促进农民增加收入若干政策的意见》，将"三农"问题提到了国家发展战略重点的高度，从资金投入、基础设施、土地利用等方面为农村发展第三产业创造条件，乡村旅游迎来了前所未有的发展契机。2013 年中央一号文件根据美丽中国的理念首次提出建设美丽乡村的目标，美丽乡村建设在我国全面推进。在此期间，我国乡村旅游经历了一轮较快发展，同时在规划开发、发展模式、利益分配、空间布局、要素配置等方面也暴露出了一些问题，乡村旅游发展逐渐遭遇瓶颈。因此，探索乡村旅游转型升级的影响因素和实现路径，对促进我国乡村旅游发展实现提质增效十分必要。

本书内容按照如下逻辑思路逐步展开：首先，阐述了我国乡村旅游转型升级的理论基础，美丽乡村建设为乡村旅游转型升级带来的时代机遇，我国乡村旅游发展总体概况、转型升级面临的问题；其次，基于系统论视角研究了美丽乡村建设背景下乡村旅游转型升级的影响因素，原则、思路与内容，以及实现路径；最后，提出了美丽乡村建设背景下乡村旅游转型升级的策略建议。在我国乡村旅游业转型升级的过程中，极为迫切地需要相关理论指导，上述各部分内容正是针对乡村旅游转型升级面临的一系列紧迫问题展开的。

本书共九章，包括绪论、相关研究综述、主体内容及总结，全书的结构可分为五大部分：

第一部分（第一章、第二章），乡村旅游转型升级理论分析部分。本部分首先探讨了乡村旅游转型升级问题的由来；其次探讨了与乡村旅游转型升级相关的关键概念，并进一步总结了旅游发展领域、产业转型升级领域、乡村建设领域的重要相关理论；最后就国内外乡村旅游转型升级的相关研究进行了文献综述。

第二部分（第三章、第四章和第五章），本部分研究了转型升级的"时代机遇""面临的问题"和"影响因素"，即主要针对我国乡村旅游转型升级中美丽乡村建设带来的时代机遇，乡村旅游发展总体概况及转型升级面临的问题，以及转型升级的影响因素等方面展开研究。

第三部分（第六章、第七章），本部分对乡村旅游转型升级的关键问题进行了探讨，研究了美丽乡村建设背景下乡村旅游转型升级的"原则、思路与内容"及"实现路径"等问题。

第四部分（第八章），本部分专门研究了美丽乡村建设背景下乡村旅游转型升级的策略建议。研究内容围绕规划开发的策略定位、政府主体的初期主导与转型升级中的角色渐变策略、企业主体持续主动开展管理创新及理念提升策略展开，为乡村旅游转型升级提供参考。

第五部分（第九章），本部分是对本书研究的总结及对未来研究的展望。

综上所述，在美丽乡村建设背景下推进乡村旅游转型升级，各相关主体极为迫切地需要理论指导，上述各部分研究内容正是针对乡村旅游转型升级面临的一系列紧迫问题展开的，因此研究这些问题具有重要的理论意义与实践意义。由于笔者水平有限，加之乡村旅游转型升级研究仍在探索之中，本书可能存在诸多不足，欢迎读者朋友们批评指正。今后，笔者将密切关注我国乡村旅游转型升级实践，并进行深入的后续研究。

目　录

第一章　绪论

第一节　研究背景与问题凝练

一、研究背景

（一）乡村旅游发展背景

我国乡村旅游起源于 20 世纪 80 年代。四川省成都市郫都区于 1986 年诞生了"中国农家乐第一家"——徐家大院；广东省深圳市 1988 年首届荔枝节将乡村旅游在神州大地上传唱开来（也有人认为它是中国乡村旅游真正的起源）。事实上，我国乡村旅游也拥有与欧洲相似的发展背景，即我国在 20 世纪末经济发展开始由工业化转向后工业化时代，工业化的负外部性同样给城市居民生活带来了诸多困扰，城市居民渴望暂避压力，逃离当下的旅游动机尤为强烈。随着生活日益富裕，旅游需求日趋多元，城市居民的乡愁情怀日趋明显，很多人开始向往回归体验过去那种传统乡村生活，加之我国政府开始关注农村问题，在政府主导下的拯救乡村衰落活动等多种合力的影响之下，乡村旅游业应运而生，并在"徐家大院"的成功示范下，催生了以"农家乐"为主要发展形式的乡村旅游雏形。随后，经历了成都遍地开花的以"农家乐"为代表的自发阶段，外来资本逐渐进入乡村投资，乡村旅游的发展正式进入了规模化和转型阶段，自此我国的乡村旅游发展模式日趋多元。纵观我国乡村旅游发展背景，有以下三方面的特点值得关注：

1. 观光游的传承与替代

我国旅游业经历了较长时间的大众观光游阶段，其核心表现就是以观光为主，目的地集中于我国的各个著名旅游景区景点，早期以团队游为主，后逐渐过渡为团队游与散客游并行，大众对旅游目的地的重游率很低，出游时间大多集中于国家法定节假日。大众观光游的兴起与繁荣，源于我国旅游者的旅游兴趣相对集中单一及旅游时间固定，随着旅游者阅历的增加和旅游经历的日渐丰富，越来越多的旅游者不再满足于走马观花的到此一游，旅游需求日渐多元丰富。事实上，特定空间与固定时间的叠加产生的旅游客流激增、人满为患的现象使得人们的体验感并不好，于是人们开始对这种集中、单一的旅游形式产生了反感，更多的、全新的旅游需求开始孕育萌发。与此同时，旅游者也变得更加理性，在旅游目的地选择上更多地关注除了著名景区、景点之外的乡村目的地，这些以生态田园、乡村野趣为核心产品内容的休闲旅游逐渐成为旅游者特别是城市居民进行短途旅游和度假休闲的选择，并逐渐成为人们日常生活的常态化内容，这也进一步反映出我国的旅游发展逐渐由传统观光向深度休闲体验游转变的趋势。

2. 心理层面：本能逃离与乡野还原

飞速推进的工业化进程使我国居民在物质层面得到了极大的改善，但也使得人们的生活质量受到了不少负面的影响，生活空间被压缩、环境问题、食品安全问题，再加上高速运转的城市快节奏及日渐加大的种种工作、生活的压力，这一切都让城市居民渴望逃离、暂避压力、获得释放。曾经我国的"创一代、创二代们和下海谋生追梦者们"带着梦想自乡村流向城市，当然，也有所谓的逃避主义者（Escapist）只因向往城市的物质与精神文明逃离乡野，却未曾料想到城市逐渐不再是人们理想的生活所在①。于是，一方面，本能的逃避主义再次兴起，但与彼时不同，很多人已经无法彻底摆脱城市生活的羁绊，暂避一下压力几乎成了短暂逃离主义者的最好选择，旅游这条途径随之成为最佳选择，只是一开始的大众旅游时代，人们都是选择走马观花式的观光游。从不大满意的城市逃往想象美好却有些陌生的乡村去放松休闲，是城市居民的"大众式旅游经历"逐渐丰富之后，做出的理想之选。② 另一方面，我国城市居民思想深处保留的有关田园景观的印象，以及对乡村生活的想象，很大程度上还停留在过去的简单淳朴的层面。但是真实的情况是我国乡村在工业化与城镇化进程中已经发生了巨大的变化。然而很多时候人们把回归传统、释放自我、化解乡愁的愿望依然寄托于回归乡村并短暂停留。总之，在多重背景的合力作用之下，我国城市近郊乡村旅游受到了前所未有的追捧，从早期成都郫都区的"徐家大院"到后来各地的"农家乐"如雨后春笋般出现，拉开了我国乡村旅游大发展的序幕，也为未来进一步发展奠定了基础。

---

① 尤海涛. 基于城乡统筹视角的乡村旅游可持续发展研究［D］. 青岛：青岛大学博士学位论文，2015.
② 陈晨. 新农村建设过程中的乡村旅游模式研究［D］. 兰州：兰州大学硕士学位论文，2009.

3. 政府的积极扶持

政府之所以如此重视乡村旅游，源于其认识到我国经济发展中乡村旅游的功能性作用，越来越丰富的研究成果和实践经验都在揭示乡村旅游作为一种新兴的经济力量或发展模式，可作为我国化解乡村发展问题的一条重要途径。这是因为乡村旅游在解决乡村居民就业、增加居民收入、促进农业产业结构调整、农村发展理念更新、增加沟通交流机会以获取更多更新外部信息等方面都起到了积极作用，从最初的乡村衰落、空心村、农民缺乏维持生计产业等问题，到后来的新农村建设特别关注的"三农"问题，以及现阶段"美丽乡村建设"的问题，政府对乡村旅游的认可表现就是重视和投入更多的精力和资源支持乡村旅游发展。因此，我国政府针对乡村旅游发展的现状和问题采取了一系列积极措施。例如：①通过强有力的政策扶持（见表1-1），政府对乡村旅游的发展予以规范、提升与促进。从近年来我国政府从国家层面持续不断地出台一系列的政策，给予其公共力量的优势，可以看出我国政府致力于促成规范化、规模化及产业化的乡村旅游的远大目标。②地方政府因地制宜地推动本地乡村旅游更快更好的发展。基于国家宏观政策的引导与推动，各个地方政府更是从自身实际出发不断摸索，制定了各种各样的地方性规章制度，这些政策法规大多出于凸显本地特色，促进地方乡村旅游发展的目的。例如，山东省于2011年出台了针对全省乡村旅游发展长远规划的《山东省乡村旅游业振兴规划（2011—2015年）实施方案》；广东省则针对乡村旅游项目的用地落地难问题于2019年发布了《广东省 自然资源厅广东省农业农村厅关于印发贯彻落实省委省政府工作部署实施乡村振兴战略若干用地政策措施（试行）的通知》。③政府在乡村公共产品、生态保护、环境综合治理等方面，发挥了不可替代的作用。尤其是在当下政府大力倡导环境综治的美丽乡村建设过程中，一方面为乡村旅游发展改善了基质环境；另一方面很多地方政府在提升乡村的可进入性等方面投入了大量物力、人力、财力予以支持，这使得部分落后乡村得益于交通条件的改善，获得了发展机会。④政府直接在资金投入上的帮扶，更是化解了很多地区发展的燃眉之急，如前述的山东省在出台全省旅游规划政策的同时，更是一次性给予省内各个县（市、区）多达60万元的规划编制补贴费用，在美丽乡村建设背景下，这对部分乡村地区而言可谓是雪中送炭。我国当前旨在促进乡村变革的美丽乡村建设伟大目标的确立与实施为乡村旅游转型升级提供了历史性时代机遇。

纵观乡村旅游发展的背景不难发现，乡村旅游已经成为我国旅游业不容忽视的部分，其自身的经济、社会、环境层面的积极功能正在不断地获得社会认可，与我国乡村地区社会及整体进步密不可分的关联效应也逐渐被发掘，成为我国推进乡村变革尤其是当下美丽乡村建设的一条重要途径。不过我们依然不得不承认，

表1-1 我国乡村旅游发展中标志性政策及主要内容

发展 阶段	政策依附阶段 （1989~2000年）	政策起步阶段 （2001~2005年）	政策细化阶段 （2006~2018年）
标志性 政策 （理念）	1987年，中国乡村旅游协会成立 1998年，华夏城乡游 1999年，生态旅游年	2001年《农业旅游发展指导规范》 2002年《全国农业旅游示范点、工业旅游示范点检查标准（试行）》 2003年《旅游厕所质量等级的划分与评定》 2004年中央一号文件《中共中央 国务院关于促进农民增加收入若干政策的意见》 2005年，乡村旅游年	2006年《国家旅游局关于促进农村旅游发展的指导意见》 2007年《关于促进社会主义新农村建设与乡村旅游发展合作协议》 2008年中央一号文件《中共中央 国务院关于切实加强农业基础建设进一步促进农业发展农民增收的若干意见》 2009年《全国乡村旅游发展纲要（2009—2015年）》 2009年《国务院关于加快发展旅游业的意见》 2012年、2013年、2015年中央一号文件 2014年《国务院关于促进旅游业改革发展的若干意见》 2015年《国土资源部 住房和城乡建设部 国家旅游局关于支持旅游业发展用地政策的意见》 2015年《国务院办公厅关于进一步促进旅游投资和消费的若干意见》 2015年《国务院办公厅关于推进农村一二三产业融合发展的指导意见》 2017年《促进乡村旅游发展提质升级行动方案（2017年）》 2018年《促进乡村旅游发展提质升级行动方案（2018年—2020年）》 2018年《关于促进乡村旅游可持续发展的指导意见》
内容 主题	无针对乡村旅游的专项政策，其政策内容和对象等均是依附于其他行业的相关政策	政策内容主要是围绕"三农"问题中的"农业旅游"和"乡村风情"	与乡村旅游直接相关的政策开始密集出现，政策层级分明；政策内容围绕农业供给侧结构性改革、农村三产融合、乡村旅游提质升级等

资料来源：马静，舒伯阳. 中国乡村旅游30年：政策取向、反思及优化［J］. 现代经济探讨，2020（4）：116-122.

乡村旅游在其发展中也逐渐暴露出一系列问题，除了资金投入受限、产品跟不上旅游者需求变化、季节性波动明显、社区居民主体利益受损、旅游项目的用地落地困难、乡村公共产品缺失等问题，还有发展理念固化、发展模式陈旧、创新不足等问题，所有这些问题都在指向乡村旅游需要转型升级，以更好地适应当前的经济发展形势，实现最终的提质增效。

（二）美丽乡村建设提出的背景

近年来，针对乡村旅游发展，我国无论是在扶持性政策法规还是战略性宏观布局指导下，乡村旅游业都在不断地取得新的成功。探索乡村旅游转型升级问题必须根植于我国当前的乡村发展战略，尤其是我国当前旨在促进乡村变革的美丽乡村建设。

在我国历史发展进程中社会对农村建设问题的关注源远流长。往前追溯历史发现，早在近代的中国资本主义开始萌芽的晚清时期就已经开始，当时的政府针对"乡村治理运动"颁布了《城镇乡地方章程》和《城镇乡地方自治选程》两部法规。到了新民主主义革命时期，出于强调农村政治建设之目的，当时的国民政府进一步深化了针对农村建设与发展的探索，并掀起了一场涉及多个省份的"乡村自治运动"。随后相对全面的关注农村经济建设、政治建设的时代则起始于中华人民共和国成立初期。

回顾20世纪50年代中华人民共和国成立后的发展历程，乡村发展大致可以划分为三个时间段：①1949年至1978年12月党的十一届三中全会以前，我国农村发展处在以粮为纲阶段。这时的首要任务是通过建立农业合作社和人民公社，促进农业生产力尽快解放和发展，保障农民的温饱，解决粮食需求等问题。20世纪60年代中期的中国社会生产遭遇了极大挫折，农业生产也未得于幸免，处于停滞不前的状态。②1978年12月（党的十一届三中全会）至2005年10月（党的十六届五中全会召开以前），我国农业发展开始进入市场化发展阶段。改革开放在我国乡村地区逐渐深入，乡村地区开始在废除农业合作社和人民公社等基础上，建立村民委员会；在经济上开始实行家庭联产承包责任制，逐渐突破计划经济限制，大力发展社会主义市场经济，乡村地区数以万计的农民群体斗志昂扬，投入了极大的生产积极性，各项事业迅猛发展且不断进步，乡村生产力水平不断提升，开创了我国乡村地区前所未有的新格局，农业发展进入了史无前例的历史机遇期。到党的十五届三中全会时，我国农村改革20多年来所取得的成就和丰富经验获得了高度评价；同时此次会议也围绕"建设中国特色社会主义新农村"问题，从经济、政治、文化等方面提出了具体的建设要求，我国农村新的系统工程开始了——新农村建设。③2005年10月（党的十六届五中全会）到现在，即社会主义新农村建设阶段。党的十六届五中全会确立了我国"生产发展、生活宽裕、乡风文明、村容整洁、管理民主"的20字社会主义新农村建设方针，新农村建设进入全面部署推进阶段。毕竟我国经历了快速的工业化阶段，这个时期的经济发展形势已经可以实施工业反哺农业、城市带动乡村的策略。国家在农村地区的一些深化改革措施也初见成效。一方面，为农民减负的举措大刀阔斧地推进，让农民彻底摆脱了沉重的负担（主要包括"农业四税"即农业税、屠宰税、牧业税、农业特产税）和免除了农村"三提五统"（主要包括公积金、公益金和管理费；教育费附加、计划生育费、民政优抚费、民兵训练费、民办交通费）。另一方面，在各项民生保障方面也出台了各种福利政策，涉及农村医保、义务教育、种粮直补等直接关系乡村居民切身利益领域，以及农村林权制度和农村基层政治体制的各项改革也都在探索并高效推进。党的十六届三中全会（《中共中央关于完善社会主义市场经济体制若干问题的决定》，2003 年）要求在我国农村全面推进"五个统筹"（统筹城乡发展、统筹区域发展、统筹经济社会发展、统筹人与自然和谐发展、统筹国内发展和对外开放）。值得注意的是，《中共中央关于完善社会主义市场经济体制若干问题的决定》将统筹城乡发展放在首位，可见其重要性。事实上，为了改善城乡二元结构的社会现实，缩小城乡差距，我国始终在探索解决之道。实践证明，我国城乡统筹得益于工业反哺农业、城市带动乡村的外源性积极影响，但更迫切的是需要挖掘乡村自身的内生力量，因为乡村经济发展与变革终究还是要有内部支撑，而根植于乡村，本姓"农业"的乡村旅游（Rural Tourism）无疑是个不错的选择。

2007 年，党的十七大报告提出"统筹城乡发展，推进社会主义新农村建设"，从国家建设的高度，将农村建设放到事关全局的重大部署战略中，又一次体现出全国一盘棋的科学发展思想。2012 年 11 月，党的十八大报告更是明确提出："努力建设美丽中国，实现中华民族永续发展"，"美丽中国"的全新概念正式诞生，树立尊重自然、顺应自然、保护自然的生态文明理念也成为焦点，"五位一体"社会主义建设总布局正式将生态文明建设纳入其中。科学发展观在我国乡村建设领域得到了进一步落实，实现在发展理念和发展实践上的伟大创新。这个符合当前世情、国情的战略抉择将我们党以人为本、执政为民的理念表达得淋漓尽致，人民群众追求美好生活的新期待得到响应。美丽中国要山清水秀但不要贫穷落后；美丽中国要富裕强大但不要生态污染。美丽中国，自然包括美丽乡村。美丽中国要经济、政治、文化、社会、生态齐头并进、和谐永续。唯有如此，才是真正实现美丽中国建设的预期目标。

美丽中国的目标中包括美丽乡村建设。2013 年，我国中央一号文件贯彻美丽中国建设理念，首次从国家层面上明确提出了"美丽乡村建设"的奋斗目标。自此我国新农村建设进入全新的阶段——美丽乡村建设阶段。针对农村地区基础设施、环境治理和保护、维护良好的生态、农村经济领域的激活发展等方面探索正式拉开新的序幕。尤其是如何让农村地区的经济活起来，实现农业增效、农民增收成了当务之急。于是，发展乡村旅游、盘活乡村经济这条美丽乡村建设过程中的途径自然进入了大众视野。众多地区的实践不断证明发展乡村旅游，在统筹城乡协调发展、增加农民收入、解决农民就业、促进农业产业结构调整、提高广大农村地区群众的幸福感和满意度等方面都发挥了重要作用，为我们早日实现美丽中国的奋斗目标起到了不容忽视的作用。当下，乡村旅游在我国已经进入需要转型升级的发展阶段，如何在美丽乡村建设的背景下，顺利实现转型升级不仅对于旅游业本身意义重大，更关乎美丽乡村建设的顺利推进。

二、问题凝练

从旅游系统论视角的研究成果当中可以发现，我国区域乡村发展的整个系统可以划分为乡村发展内核系统和外源系统两个部分，对应的乡村发展系统的动力源则分别来自乡村的自我发展能力（即内生动力），以及以工业化、城市化为主导的外援动力（即外部动力）。[①] 依此逻辑推理下去，我们可以发现我国乡村旅游业发展同样受到来自自身内部系统和外部系统的共同作用。

从外部整个系统来看，乡村旅游作为我国旅游产业的重要组成部分，在推进国民经济战略性支柱产业的打造，以及促进建设人民群众更加满意的现代服务业进程中，发挥着不可替代的作用。从国家层面的"健全城乡发展一体化体制机制"（由党的十八届三中全会通过的《中共中央关于全面深化改革若干重大问题的决定》提出）政策导向，可以看出我国"以工促农、以城带乡、工农互惠、城乡一体"的新型发展理念始终贯彻在我国的发展体制机制健全过程中。这体现出新型工农城乡关系之下，广大农民能够平等地参与现代化进程，共享现代化成果。

同时，我国现阶段"提升生态文明，建设美丽中国"理念下的美丽乡村建设，从目标确立到具体实施，紧扣"尊重自然、顺应自然、保护自然"的生态文明理念，着力解决资源约束趋紧、环境污染严重、生态系统退化的乡村发展瓶颈，彻底整治和改善了乡村环境，并在促进农村发展道路上不断尝试、勇于探索，发展了经济，盘活了乡村。总之，就乡村旅游而言，我国美丽乡村建设为乡村旅游提供了历史性的发展机遇。美丽乡村建设不仅从根本上为乡村旅游的进一步发展提供了必备的基质环境，同时，这些新型理念下的乡村建设战略目标被贯彻落实到具体的乡村产业，尤其是前景广阔的乡村旅游发展中，犹如大海中的灯塔，为其未来向更高层次的进一步提升指明了方向，更为其未来的转型升级提供了方向指引。

从乡村旅游自身角度来看，乡村旅游的发展为我国乡村地区经济改善发展起到了非常重要的作用，为我国美丽乡村建设的推进提供了抓手，但其自身也遇到

---

① 张富刚，刘彦随.中国区域农村发展动力机制及其发展模式［J］.地理学报，2008，63（2）：115-122.

了发展瓶颈，亟待进行转型升级。乡村旅游在我国起步较晚，但其发展迅速。相对于其他旅游形式，乡村旅游表现出资源潜力深厚、覆盖范围广、受益主体多、关联带动效应强等特征；同时，从大量的地区发展实践中可以看出乡村旅游的发展历程与 2013 年农业部对美丽乡村建设"科学规划、目标引导、试点先行、注重实效"的发展思路一脉相承，对我国美丽乡村建设的助力效应显著，激增的消费需求有力地促进了目的地乡村地区各项事业的发展，促进目的地乡村生产、生活、生态"三生"和谐发展，很多地区在乡村旅游产业的发展中逐渐成为"生态宜居、生产高效、生活美好、人文和谐"的美丽乡村建设示范典型，如浙江省安吉县、江西省上饶市等。

但必须承认的是，乡村旅游发展在我国客观上仍处于初级阶段，其发展中也暴露了很多短板。其表现为产业、企业、产品、管理等关键层面的问题日渐突出，这些涉及不同层面的问题主要包括区位分布分散、规模普遍不大、功能结构单一、特色深度不足、盲目低质竞争、管理不够科学、粗放经营等，尤其是粗放式发展的负外部性导致的外来文化冲击的不良后果突出、生态环境恶化等问题非常普遍。这些问题不仅阻碍了乡村旅游的健康发展，也造成了所在地乡村旅游的竞争力日渐消减，乡村旅游产品质量逐渐下滑，乡村经济停滞不前甚至倒退。这种状况持续下去，同样非常不利于推进目的地的美丽乡村建设。

从我国旅游者的乡村旅游需求变化趋势来看，无论是质的方面还是量的方面，旅游需求都处在不断变动的状态中。经历大众旅游阶段的旅游者，旅游需求越来越多地转变为体验化、休闲化等新形式。另外，从产业功能来看，乡村旅游发展在促进具体乡村资源经济价值进一步发挥、旅游产品类型进一步丰富之外，更是被作为我国美丽乡村建设过程中解决诸如"三农"等重要问题的有效途径，即乡村旅游发展需要承担美丽乡村建设过程中诸多方面的功能性责任，包括克服"三农"问题、助力"三农"发展绩效提升，以及助力城乡发展战略"以人为核心的城镇化"的实施等。当前，大众的旅游需求变化趋势与乡村旅游产业发展现存的问题交织，美丽乡村建设对乡村旅游寄托的厚望与乡村旅游获得的发展机遇彼此影响。

总之，乡村旅游需要适应发展形势变化，满足市场需求的变化，适应日益加剧的市场竞争形势。例如，我国乡村旅游要打破分散化经营、同质化竞争的"魔咒"，防止衰退、提质增效，不断加大对现有资源潜力的挖掘，让其关联带动效应的影响力进一步成为美丽乡村建设目标实现的有效途径。上述一切皆依赖于乡村旅游能否早日成功实现转型升级。因此，将乡村旅游的转型升级问题置于美丽乡村建设的背景下，积极探索乡村旅游转型升级的影响因素源自何方，乡村旅游如何顺利实现转型升级，成为提升乡村旅游竞争力、发挥产业综合效应，抓住历史机遇助力美丽中国建设、实现旅游强国的一个重要课题，基于此，本书进行了美丽乡村建设背景下乡村旅游转型升级的影响因素及路径问题研究。

第二节 研究目的与研究意义

一、研究目的

本书的研究目的主要体现在以下三个方面：

（1）丰富乡村旅游转型升级问题研究成果。

（2）以美丽乡村建设历史机遇下的乡村旅游转型升级问题为中心，确定乡村旅游可作为美丽乡村建设中的一支重要力量，探索美丽乡村建设过程中乡村旅游转型升级的原则、思路与内容，研究了乡村旅游转型升级的影响因素和路径问题。

（3）结合案例分析与反思乡村旅游在不同视角下的发展模式，从不同视角总结我国乡村旅游产业发展表现出来的总体方式，并进一步从各个视角探究乡村旅游转型升级的必要性和实现转型升级的路径，明确乡村旅游转型升级的方向，提出可行的发展路径。

二、研究意义

（一）理论意义

正视乡村旅游自身问题和所处的发展背景，在新的发展形势下探索转型升级之道，以便实现更加快速和健康的发展，不仅可以作为解决当前农村发展问题的有效途径之一，还可为我国美丽乡村建设提供一个抓手。美丽乡村建设为乡村旅游的转型升级提供了历史机遇，使乡村旅游的外部基质环境和各项公共设施供给得到了充分保障，同时美丽乡村建设的理念指导作用使得各个地区围绕乡村旅游的转型升级理念得以升华，即在单纯旅游之外，从更高的"美丽中国、旅游强国"视角和层面去思考我国乡村旅游未来发展的方向与使命。

因此，研究美丽乡村建设与乡村旅游发展的互映关系，分析乡村旅游作为美丽乡村建设的有效途径，探索美丽乡村建设历史机遇下，乡村旅游转型升级的影响因素和实现路径，对于完善我国乡村旅游转型升级研究、丰富乡村旅游研究内容，具有重要的理论意义。

（二）实践意义

研究美丽乡村建设背景下的乡村旅游转型升级问题，不仅是对美丽乡村建设和乡村旅游内容体系的一种丰富与补充，也是美丽乡村建设实践的一条有效途径，为适应新的发展趋势、响应新的发展理念、进行自身的转型升级找到了方向和指引。乡村旅游的转型升级最终还是要结合具体的乡村实践，围绕着乡村建设的主体和包括"三农"问题在内的核心问题去具体落实。

本书尝试在已往关于乡村旅游的大量研究成果基础上，借助对案例资料的分析，探索乡村旅游实施转型升级的影响因素和实现路径，为在美丽乡村建设的时代背景下未来乡村旅游的提质增效，提供一些尝试性的解决方案。本书的研究结果可供地方乡村旅游经营主体参考，更可以为职能部门提供决策参考。

第三节　研究内容与研究思路

一、研究内容

全书共九章，可分为五大部分：

第一部分（第一章、第二章），乡村旅游转型升级理论分析部分。本部分内容首先探讨了乡村旅游转型升级问题的由来；其次对与乡村旅游转型升级相关的几个关键概念进行了探讨；最后总结了旅游发展、产业转型升级、乡村建设领域的几类重要相关理论。

第二部分（第三章、第四章和第五章），本部分研究了乡村旅游转型升级的"时代机遇""面临问题"和"影响因素"，即对乡村旅游转型升级中美丽乡村建设带来的时代机遇、乡村旅游发展总体概况及转型升级面临的问题，以及转型升级的影响因素分别展开研究。

第三部分（第六章、第七章），本部分对乡村旅游转型升级的关键问题展开探讨，研究美丽乡村建设背景下乡村旅游转型升级的"原则、思路与内容"及"实现路径"。

第四部分（第八章），本部分有针对性地研究了美丽乡村建设背景下乡村旅游转型升级的策略建议。围绕规划开发的策略定位、政府主体的初期主导与转型升级中的角色渐变策略、企业主体持续主动开展管理创新及理念提升策略展开研究，为乡村旅游经营制定转型升级战略保障体系提供参考。

第五部分（第九章），本部分是对本书研究的总结及对未来研究的展望。

二、研究思路

本书的基本研究遵循确定主题→分析影响因素→路径探讨→提出政策建议的思路展开。具体研究思路如图1-1所示。

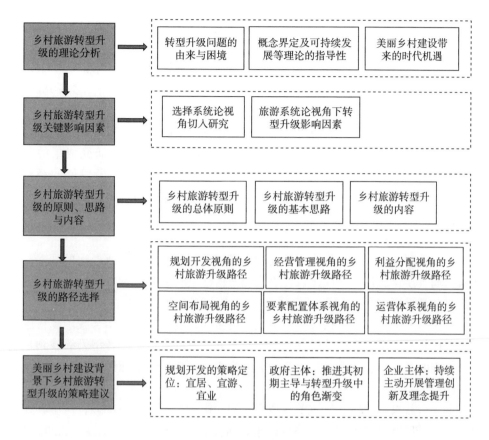

图1-1 研究思路

第四节 研究方法与可能的创新点

一、研究方法

为了实现本书的主要研究目标，本书将定性分析和定量研究相结合，综合多种方法开展研究。

（一）文献研究法

文献研究法贯穿本书始终，通过多渠道广泛收集、整理、消化、吸收已有的乡村旅游可持续发展、转型升级等相关研究成果和案例，明确乡村旅游转型升级的理论依据和研究动态，为后续研究进行理论铺垫。

文献研究法属于本书的主要研究方法之一。一是因为乡村旅游转型升级问题的研究涉及众多学科领域，如经济学、管理学、法学、社会学等，并且当前国内的研究尚不丰富，因此需要通过学习和综述前期大量探索性文献来确定本书研究的方向、深度和实际价值；二是虽然有关乡村旅游经营方面已有较多研究成果，但有关乡村旅游转型升级问题尚无统一的概念基础和理论框架，研究除了要对基本概念进行界定，还需要就历史发展过程进行回顾，因此需要对与该主题密切相关的、历时较长的文献进行梳理、归纳、比较和述评，在既往研究成果的基础上，借鉴已有的经典理论，尤其是现存的有关乡村旅游产业经营发展的经典理论，进一步围绕本书的主题进行探索，进而确定本书的分析框架、主要内容和研究方法。

（二）系统分析法

本书所利用的系统分析法主要表现在围绕所要研究的问题或提出的观点，力求从问题所涉及的各个角度切入，以增加所得结论的说服力和客观性。围绕乡村旅游转型升级影响因素问题，选择系统论作为理论支撑进行全方位的研究。其中，就影响因素而言，根据各个子系统中占主导地位的主体，结合我国乡村旅游产业的特性分别进行适用性研究，力求为不同情况的乡村旅游转型升级找到最主要的影响因素，为后续探究最适合的转型升级路径提供理论指导。

（三）数理模型法

本书在需求拉动型乡村旅游转型升级的关键影响因素研究部分，从游客视角出发，分析影响游客满意度的关键因素，从而找出提升游客满意度的关键指标，进而进行有针对性的改进。研究中运用 Logit 模型对游客对乡村旅游的评价进行理论分析。初步得出相关结论，以期为未来我国乡村旅游转型升级中准确把握游客需求提供参考。

（四）实证研究法

本书力求做到理论与实际相结合，既突出研究的理论意义，又具有切实可行的现实意义。因此，在每个结论或者观点得出的过程中，都尽量做到紧密联系实际，用实证研究方法求证。例如，本书在分析很多问题时，一般都会选取当前的统计数据和一些乡村地区的先进美丽乡村建设和乡村旅游经营案例来证明。

二、可能的创新点

如果说创新是在既往研究基础上进一步就问题本身进行多角度的思考，本书可能的创新点有以下几个方面：

（1）研究范围横跨社会学（美丽乡村建设）与旅游学（乡村旅游）两个领域，展开对乡村旅游转型升级这一紧迫论题的思考，探讨如何切实把握美丽乡村建设的时代机遇，推进加快转型升级的路径。

（2）研究视角方面从系统论入手研究不同类型乡村旅游转型升级影响因素，并基于我国一定时期不同地区乡村旅游产业发展表现出来的总体方式（即乡村旅游产业不同角度下的多样化发展模式），明确当前乡村旅游业转型升级实现的具体有效途径。

（3）学术观点强调社会科学研究的时代使命感与社会责任，针对当前乡村旅游发展普遍遭遇困境的现实，认为要想提出有效的转型升级路径，首先需要明确影响转型升级的关键因素，有的放矢方才奏效。

（4）研究方法打破以往仅从表象推理分析转型升级路径的思路，尝试通过多种研究方法，如采用实证方法研究乡村旅游转型升级的影响因素，进而结合美丽乡村建设的机遇和典型案例的验证，为转型升级路径的探索提供支撑。

第五节　相关理论基础

一、关键概念

（一）乡村旅游

目前在我国无论是学术界还是业界对于乡村旅游的概念都没有一个统一的表述，从观光农业、生态旅游、绿色旅游、休闲农业、创意农业、民俗旅游等到口语式的"农家乐""农村采摘""牧家乐""渔家乐"等，不难看出，所有的表述核心始终围绕与农村农业相关的内容。关于乡村旅游，百度百科将其定义为"乡村旅游是以旅游度假为宗旨，以村庄野外为空间，以人文无干扰、生态无破坏、以游居和野行为特色的村野旅游形式"。维基百科则将其定义为"乡村旅游专注于积极参与农村生活方式"。众多学者也先后从不同角度阐释了乡村旅游的内涵：①旅游可持续发展的新形式。Butler 和 Hall（1998）从环境保护和经济增长的角度验证了乡村旅游业的带动作用；Moric（2008）从可持续发展视角切入，选择黑山地区作为研究的案例，研究了乡村旅游对游客、社区居民、管理者资源环保意识方面的影响，指出发展乡村旅游有利于对地区文化遗产和环境的保护。②乡村旅游是多种资源和相关产品的综合。Sillignakis（2022）指出乡村风光、环境、小镇、酒店、度假村及探险和生态旅游项目等共同构成了乡村旅游的产品体系；Briedenhann 和 Wickens（2004）在前人研究的基础上，认为乡村旅游产品包括乡村文化和民俗风情。③乡村旅游满足了游客对于乡村的身心需求。Frochot（2005）阐述了游客认可乡村旅游是因为它实现了基于休闲和体验等诸多方面的旅游需求；Maestro 等（2007）指出了能近距离接近田园生活，体验乡村居民生活是众多旅游者前往乡村旅游的主要心理动机；Sharpley 和 Jepson（2011）深入研究了乡村旅游对旅游者精神体验需求的满足；④乡村旅游本身有其独特的属性。Brohman（1996）认为乡村性就是乡村旅游的与众不同之处，贯穿于乡村旅游小微企业经营、社区参与及当地文化遗产和各类景观保护等；郭丽和章家恩（2010）从不同角度出发对多个易混淆的概念进行对比分析，从乡村旅游性质的层面，重新审视乡村及乡村资源，并对乡村旅游的概念予以了界定，深入探索了乡村旅游的内涵。

综上所述，本书认为乡村旅游是以乡村性为核心，依托乡村景色满足游客体验乡村生活、感受乡村文化的旅游需求的旅游活动。其中，乡村性是其核心，乡村自然风光是其基础依托，观光与体验并参与农事活动必不可少，所在地居民参与旅游企业经营并提供旅游产品及项目。

（二）旅游产业

关于旅游产业的内涵和外延，学者们一直都保留着多种解读和不同的提法。比较普遍的观点认为所有为旅游者提供旅游服务的行业共同组成旅游产业。也有学者坚持认为只有为旅游者的住宿饮食、交通等环节提供服务，为旅游者提供导游、交涉、代办手续服务，以及依托自身拥有的交通工具、住宿设施等服务于旅游者并从中收取报酬的行业才共同构成旅游产业。然而，仔细推敲不难发现，上述两种观点均不能准确定义旅游产业。前者对旅游产业的边界划定不够具体，后者的视野又过于狭窄。随着社会分工不断细化，旅游产业的内涵和外延都相对延展，如果选择从业务范畴是否服务于旅游者的视角来界定，旅游产业除了包括直接服务旅游者的企业（旅游景区、旅行社、旅游饭店等）外，还包括部分向旅游者提供产品或服务的企业（包括交通运输、商品零售、特色美食、公共娱乐、休闲设施服务、信息咨询等相关行业）。由此可见，小到企业的某个作业单元，大到行业整体，其都可能是旅游产业的一分子，即旅游产业相比其他产业具有更强的层次性和综合性，这是目前其他任何一个产业都不具备的特征。

旅游产业属于服务业，满足旅游者的消费需求是旅游产业发展的要务之一，如此也天然地决定了其综合性，跨行业、跨产业的属性，而且表现出极强的联动性。综上所述，从层次视角看旅游产业，提供核心旅游吸引力的资源开发经营行业构成了旅游产业的第一个层次；提供线路组合旅游产品或者在交通、接待等节点服务的企业（即旅行社、旅游饭店、旅游商品销售、旅游交通）等构成了旅游产业的第二个层次；所有为旅游业发展提供服务和保障的关联行业构成了旅游产业的第三个层次。因此，本书将旅游产业定义如下：旅游产业是向旅游者提供旅游产品和服务的相关企业和行业的综合体。旅游产业具有服务性、综合性、系统性、层次性。

（三）旅游产业转型升级

转型升级是转变发展的总体表现形式，从整体上提升发展质量，即努力追求科技的进步和创新，达到结构优化、发展效益提升、各种能耗减少、生态环境得到保护的目的，进而实现发展速度、质量、效益协调一致，投资、消费、出口协调一致，人口资源环境协调一致，经济发展与社会发展协调一致。就转型升级内容而言，可以从以下层面来看：一是经济发展层面的转型升级，二是产业层面的转型升级，三是企业层面的转型升级，四是产品和经营管理层面的转型升级。这些层面之间存在着密切的联系。经济转型升级往往指产业布局和结构的优化，区域、城乡经济的平衡发展，集约化发展方式等方面的内容，它是特定产业、企业及具体的经营管理、产品项目作业单元转型升级的表现。特定产业的转型升级是在依赖于企业充分发挥自主性和创造性的基础上，将业内资源合理整合，它是吸引新的资源，吸收其他相关产业富余资源，不断提高行业整体竞争力的结果。最终变粗放式发展为集约式发展，即产业附加值不断提升、能耗污染程度不断下降，从而实现产业的成功转型升级，进而促进整体经济发展的转型升级。作为构成产业系统的一分子，企业的转型升级相对更具体、更微观，也是产业转型升级的抓手。产品和经营管理层面的转型升级更强调创新思维的贯彻，也是企业转型升级开花结果的终极途径。从经济与社会管理工作的角度上看，综观上述几个层面，产业的转型升级往往是所有层次中最为重要的。

由前述内容可知，旅游产业转型升级是旅游产业发展过程中必经的阶段和选择，是一个渐变的过程，即改变产业总体发展模式和表现形式，涉及优化产业结构、提升要素配置效率等方面，是一个持续追求产业发展由低级到高级、由简单到复杂、由粗放到集约、由规模到效益、由单一功能到综合功能的过程。旅游产业的转型升级也是一个由量变到质变再到量变的过程，两者相互映照、互相作用，最终统一于提升旅游产业发展质量、促进其健康持续发展的目标。从内容和路径来看，旅游产业转型升级涉及产业、企业、市场、产品、目的地管理等多方面的转型升级。

二、主要相关理论

（一）可持续发展理论与旅游业

可持续发展思想出现在 1962 年美国海洋生物学家卡逊（Rachael Carson）的《寂静的春天》（Silent Spring）一书中，后续发展经历了三个不同时期：第一阶段（1962～1971 年）是其萌芽起步时期，这一阶段先后有《寂静的春天》《增长的极限》等著作问世，民众通过它们认识到环境保护的重要性；第二阶段（1972～1991

年）是为形成与发展时期，伴随斯德哥尔摩会议的召开，人们开始从形成环境保护意识到付诸环保行动的阶段；第三阶段（1992 年至今）是可持续发展真正落实于实践层面的阶段，标志是在巴西里约热内卢召开的联合国环境与发展大会及此次会议通过的《21 世纪议程》。

从全球范围来看，可持续发展理念近年来已得到大众的广泛认可，各行各业在推进自身发展的过程中都在积极关注并落实这一理念，旅游业也不例外。诸多相关研究无论从旅游产生的影响还是发展旅游业过程中的相关问题都在积极靠近可持续发展主题。1993 年，随着学术刊物《可持续旅游》在英国出版发行，可持续旅游的研究在世界范围内的旅游理论研究中占据重要一席。随后在西班牙加那利群岛，世界旅游组织会同联合国教科文组织、联合国环境规划署于 1995 年 4 月召开了"旅游可持续发展世界会议"，最终形成了《可持续旅游发展宪章》和《可持续旅游发展行动计划》两个重要文件。

（二）产业融合发展理论

产业融合最初是从信息产业"三网融合"发端的，伴随着技术和数字通信等融合进程，产业边界日渐模糊化。产业融合（Industry Convergence）意指不同的产业之间以及处于相同产业的不同行业之间因技术或其他因素作用，逐渐变得边界模糊，彼此渗透、交叉，最后融合为一个整体，进一步发展成为一个新的产业。

在经济全球化的大背景下，产业融合产生的效应相当丰富。首先，传统产业以渗透式融合的形式，与高新技术产业发生关联。新技术、新产品、新服务的出现，使得传统产业市场需求份额日趋下降，不得不进行转型升级，改变原有的生产与服务形式，提升自身的产品和服务层次。转型升级后的产品和服务结构更能适应市场需求，市场结构发生了一系列变化之后，也将更为合理。其次，促进产业融合以提升核心竞争力。伴随着产业融合进程的加深，产业结构得到优化，产业自身的竞争力也会发生变化。最后，产业融合将加速区域经济一体化的步伐。产业融合的过程往往伴随着壁垒的打破，当产业融合发展到一定程度，各个单元将形成网络，区域之间将有更多联系的机会，区域一体化的目标将更快实现。

综上所述，在我国，产业融合已在经济领域产生影响。旅游产业融合无论是在理论界还是现实中，早已被人们所熟知；无论是旅游业与服务业之间的融合还是与非服务业的融合，均已被广泛关注。作为旅游业发展过程中的特定形式，旅游产业融合具有创新性意义，能在一定程度上极大推动旅游业的快速发展，为旅游业增加生机和活力。

（三）旅游产业价值链理论

从旅游产业价值链构成的主线上不难得出，首先，来自于外部的上游供应商对整个旅游产业发展有着至关重要的影响。在乡村旅游发展过程中，同样离不开外部供应商的助力。因此大到地区间交通运输服务企业，小到旅游目的地的旅游纪念品生产企业，每个环节都需要围绕整个乡村旅游业发展的阶段和需要，来提升自身适应性。换句话说，任何一个外部供应商的服务水平和产品质量都会影响乡村旅游的转型升级效率和效果。

其次，从旅游产业价值链构成的主线上看第二个重要环节，即乡村旅游目的地经营企业和当地服务辅助部门，在完成与外部供应商的采购事宜后，在针对性组合生产乡村旅游主题产品时，受成本、价格、市场及游客消费能力等因素共同作用，进而生产出相应产品。在这个过程中，任何一个因素发生变化，都将或大或小地对产品质量产生影响，进而影响消费者的选择，影响整个市场的繁荣度，更进一步地影响到地区乡村旅游产业转型升级的效果。

再次，从旅游产业价值链构成的主线上看第三个可能产生影响的因素来自于特定的某一个地区相关乡村旅游产品经营商和其他旅游产品生产者在向外分销成批的旅游产品时，受产品生产成本、质量、市场竞争等因素，以及受其他来自于游客和政府政策导向等因素的影响，都将最终决定该地区乡村旅游发展的繁荣度，进而影响乡村旅游的转型升级。

最后，从价值链辅助线可以看出，某地区乡村旅游产品从采购到形成最终特色旅游产品售卖给旅游消费者，这中间涉及采购，来自外部基础设施方面（包括政府服务、会计服务、法律服务、旅游金融等环节）的支持力度、旅游经营商、采购商、分销商、零售商等乡村旅游相关产品经营企业的人力资源（包括教育培训、员工招募、员工雇佣、支付薪资等环节）以及整个旅游产业价值的技术支持部门的技术研发、产业规划等环节都会影响地区乡村旅游发展水平和转型升级的力度与效果。

总而言之，旅游价值链上各环节相关因素的任何变化都有可能影响整个产业的发展，进而影响到特定旅游目的地乡村旅游的转型升级。因此，需要尽力提升各环节的发展质量以及相关政府政策及金融部门等辅助环节的支持力度，进而达到促进乡村旅游转型升级的目的。

（四）城乡统筹发展理论

区域发展不平衡问题是困扰很多国家和地区经济发展的一个常见问题。法国经济学家弗朗索瓦·佩鲁曾为此展开研究并提出了"增长极理论"。该理论认为：区域间经济增长的不平衡，需要出现增长极，是增长本身不可避免的情况。"增长极"对区域经济带来的强烈极化效应，又被称之为回波效应。从区位分布上看，经济活动和经济要素的集聚极化，有利于形成各种集聚经济，即规模经济。规模经济发展到一定程度会促进增长极的极化效应发挥作用，带来更强的刺激，直至增长极自身急速增长并扩大其吸引范围。各种生产要素向增长极的回流和聚集是极化效应一个重要的刺激表现。这种极化效应会逐渐拉大区域间发展水平差距，加速促成区域发展不平衡状态。从城乡发展视角来看，城市作为增长极往往容易吸引大量资本、资源、劳动力聚集，促进自身发展；乡村地区因为缺乏上述要素，致使乡村经济发展日渐衰落，直至出现发展鸿沟，形成城乡"二元结构"。

在我国美丽乡村建设背景下，城乡统筹依然是乡村建设的重中之重，乡村是城乡统筹的重心。"三农"问题能否顺利解决关乎我国经济能否实现良性平衡发展。长期以来，工业化与城镇化是城乡统筹中的传统力量，但工业化与城镇化快速发展并没有为乡村的内在变革起到很好的促进作用，反而带来了环境污染、生态退化、乡村空心化等不良后果。因此，除了继续发挥工业化、城镇化的积极效应，还要将城乡统筹思路拓展到为乡村寻找新的内生力量以促进其发展，从乡村内部激发经济发展活力。而以"农"为本的乡村旅游可以为解决"三农"问题、缩小城乡发展差距、打造美丽乡村提供一条有效路径。

第二章　相关研究综述

第一节　乡村旅游相关研究综述

一、国外乡村旅游相关研究

自 20 世纪 50 年代开始，国外学术界开始围绕乡村旅游相关问题展开研究。著名学者 Ager 在相关研究中，围绕山村地区的旅游开发进行了深入思考并得出结论：村民因乡村旅游发展增加了收入，提升了生活质量，年轻人的工作机会大为增加，乡村人口集体外迁大幅度减少。事实上，早期相关文献研究成果不多，乡村旅游尚未进入学术研究的重要主题行列。到了 20 世纪 70 年代，相继出现的旅游发展所导致的社会问题和心理层面的消极影响，开始引起了一些学者的关注，有学者开始研究乡村旅游经济效益问题。国内外集中研究乡村旅游问题的时间段为 20 世纪 80 年代后期到 21 世纪初，不仅研究成果数量大大增加，研究视野也更为宽广，围绕乡村旅游经营管理及其发展带来的社会影响等研究内容较为丰富，尤其是采用定量研究方法的学者越来越多，研究结果的可信度和科学性随之大为提升。我国学者何景明、王琼英、王素洁、魏敏等先后将国外研究成果进行了系统性梳理，本书参考上述学者的研究文献并通过阅读最新的国外研究成果，对国外乡村旅游相关研究成果做如下梳理。

（一）研究的主要关注点

1. 乡村旅游可持续发展研究

发达国家的乡村非常受人关注，这与他们的传统理念养成有关，当地人很早就树立了保护自然环境、维持乡村原生态的意识。

2. 乡村旅游利益相关者研究

乡村旅游涉及多方利益主体，这些主体之间相互影响，各自通过发挥自身的作用获取不同的发展权利和利益。大多数国外的研究成果都是综合分析乡村旅游利益相关者问题。

3. 乡村旅游市场需求与供给研究

需求视角的相关研究主要是围绕乡村旅游客源市场及旅游者的需求展开的。当人们产生了暂避压力和逃离快节奏生活的内心需求时，往往很自然地想到去乡村地区体会田园野趣。随着乡村旅游日渐流行，旅游者的旅游需求和消费行为也发生了变化。因此，研究客源市场的游客需求，能够更好地探明旅游者的需求规律及变化趋势，助力旅游主体采取针对性的举措来提质增效。

供给视角的研究随着供给多样化发展展开。乡村旅游的需求变化使供给系统随之调整。不同的住宿类型及多样化服务形式是供给研究的重要内容。科技创新进步带来的直接结果就是乡村旅游服务的类型和范围增加。部分研究成果指出，网络化、标准化的服务已经成为重要的旅游吸引因素。围绕乡村旅游企业营销策略选择的研究成果也比较多见。

4. 乡村旅游者研究

西方学者围绕旅游者的旅游动机、特征属性及类型等主题的研究起步较早，较多学者在20世纪90年代就研究了此类主题，成果相当丰富。围绕旅游动机的研究，大多集中于心理层面、社会文化层面、经济层面和环境层面等。

5. 乡村旅游经营管理研究

欧洲地区乡村旅游普遍得到了政府的支持，表现在政府发布扶持性开发政策、给予直接人力和财政支持、建立专门的管理机构，围绕市场开拓组织相关活动等一系列层面所采取的举措。

6. 乡村旅游的发展效应

乡村旅游在经济、社会文化、环境生态等领域的影响效应也是近年来研究者们关注的焦点。大部分学者都认同乡村旅游具有明显的正面影响效应，尤其是在促进经济发展和解决就业等方面的积极作用。

7. 乡村旅游社区居民态度与感知研究

社区居民作为乡村旅游发展的重要主体，他们对待乡村旅游的态度直接关乎乡村旅游的顺利发展。国外大量的研究成果揭示了在不同的发展阶段，乡村居民对乡村旅游的态度也是处于变动之中，他们的理论依据来源于旅游发展阶段理论和社会承载力理论。当然，旅游经济发展的利益分享机制是否合理也直接影响居民对待旅游和游客的态度。

（二）国外研究述评

纵观国外乡村旅游研究成果可以发现，国外乡村旅游研究起步早于我国，围绕乡村旅游的研究无论是在时间上还是成果丰富程度上均超越我国。20世纪七八十年代，国外学者开始重视乡村旅游研究，乡村旅游在实践中暴露出来的问题，引起了学者们的研究兴趣。在国外，乡村旅游经历了萌芽阶段、全面发展阶段和成熟阶段，相关研究的深度和广度也随之不断加大。

首先，在研究内容方面，经历了乡村旅游基本概念、开发策略、产生的经济影响等初级研究阶段之后，研究内容逐步涉及乡村旅游发展更复杂的层面，如社会文化效应、居民感知与态度、发展动力机制、可持续发展和旅游营销等深层次内容。

其次，从国外乡村旅游研究的学科范围来看，跨学科研究是一个非常突出的特点。不仅有大量旅游学、地理学、环境学相关学者研究该主题，更是吸引了大量其他学科的研究者，如社会学、心理学、行为学、统计学、历史文化学、经济学和管理学等学科领域的学者开展了多维度研究。

最后，就研究方法而言，研究者对研究方法的使用经历了定性研究到定量研究再回归到定性研究的过程。基于因子分析、结构方程模型、聚类分析、数理统计法等大量定量研究，从科学性与可靠性方面提升了研究成果的质量。进一步地学者也探究现象背后的本质，借助访谈法、问卷法、统计法等社会学、心理学的研究方法加深了对旅游现象的认识程度。

综上所述，乡村旅游是发展变化的，新的问题也带给研究者更多的思考空间，面对未来更加复杂的发展形势，多学科、多视角的审视与深入研究仍然十分必要。国内外乡村旅游发展的历史、所处的阶段及目前的层次状态都有巨大的差异，国内相关乡村旅游的研究需要高度关注国外研究的背景，在理论成果和实践经验汲取方面，需要国内学者保持高度理性，结合我国当下的国情做出合理取舍。

二、国内乡村旅游相关研究

（一）乡村旅游的概念研究

乡村旅游在我国出现以来，其概念便受到了学者们的广泛关注，但有关其具体定义的争议也一直存在。国内乡村旅游研究产生之初，有诸多学者对乡村旅游的概念做出了界定和阐释。杜江和向萍（1999）将乡村旅游解读为一种把乡村风光和活动作为吸引力，并将目标市场定位于城市居民且以满足游客对娱乐、知识和回归自然的需求为目的的旅游模式。肖佑兴和明庆忠（2001）指出了前人在定义乡村旅游上的不足，分析了乡村旅游概念的内涵，提出乡村旅游是凭借独特的生产形式、民俗、生活方式、乡村风光、乡村民居和乡村文化等对象，在乡村空间环境的基础上对城乡差异展开规划以满足游客回归自然之需求的旅游形式，兼具观光、休闲、娱乐、度假、购物等多重功能且具有地方性、知识性、娱乐性、参与性等综合特点。何景明等（2002）认为，乡村旅游概念的多样性有碍于学者对乡村旅游知识体系和理论框架的构建，影响乡村旅游的理论研究，限制乡村旅游的发展思路和模式，阻碍乡村旅游发展政策的制定；何景明全面深入地分析了乡村旅游概念的内涵和特点。刘德谦（2014）认为世界旅游组织界定乡村旅游主要发生在偏远地区是不恰当的，他深入分析了乡村旅游、农业旅游和民俗旅游的概念，指出乡村风情属于乡村旅游的核心；他还提出，乡村旅游是在结合乡村和农业相关风俗和事物的基础上发展起来的，可分为传统乡村旅游和现代乡村旅游。林刚和石培基（2006）运用内容分析法，对国内外 20 个有影响力的乡村旅游概念进行了分析，总结出乡村旅游概念框架中包含的六个标准，并给出了乡村旅游的概念，即乡村旅游指乡村地区的自然景观和人文景观，如乡村民俗、农业生产活动、农村生活和民俗文化景观等以休闲、观光、度假为目的的旅游。

可以看出，虽然我国目前对乡村旅游概念的界定还存在分歧，但对乡村旅游的乡村性这一本底层面已经达成一致意见；同时，大部分学者认同参与的游客群体多为城市居民，消费地点在乡村地区，消费活动多表现为休闲体验等内容。

（二）社区参与乡村旅游的相关研究

乡村旅游离不开当地居民的参与和支持，因此社区参与乡村旅游也是学者们研究的热门话题。例如，刘薉（2019）围绕乡村旅游社区参与机制，提出多主体共同参与，实现合作共赢的乡村旅游社区参与设想。宋章海和郜捷（2011）认为社区参与不仅是乡村旅游发展的方式，而且是乡村旅游发展的目标。他认为，提倡社区参与乡村旅游发展，必须做到四件事：合理分配经济活动主体和社区参与主体的利益；提倡社区参与乡村旅游发展规划和决策的制定；通过社会、学校、家庭等多方教育与自我教育的结合来构建生态伦理学认知；强调社区参与乡村旅游合作与维护。王琼英和唐代剑（2012）在研究中构建出乡村旅游社区参与模式，为促进乡村旅游社区参与，在结合社区参与的活动内容和参与方式的基础上指出社区参与的动力因素，并探讨了相关保障机制。陈志永等（2012）认为乡村居民的参与对乡村旅游的开发与持续发展具有多维价值，并对此提出了有效的建议。虽然学者对社区参与做了大量的研究，但在实践中很难实现乡村旅游的社区参与。在分析皖南古村落旅游可持续发展制约因素时，刘昌雪（2004）介绍了在建立旅游发展与社区参与良性互动机制过程中存在的困难：不同的旅游发展模式和发展主体形成与社区不同的合作态度相关，社区参与旅游发展规划的范围狭窄，居民缺乏必要的参与意识和旅游知识。郭华和甘巧林（2011）把社会排斥作为一种概念工具，通过对江西婺源李坑村的个案研究，他们认为社区大多数村民都有社会排斥感，这不仅导致社区居民的自我排斥，而且对旅游业的发展持冷漠甚至敌对的态度，影响了乡村旅游业的可持续发展。由于乡村旅游发展的诸多局限性，国内许多学者开始将研究视角转向以社区主导型模式为焦点的研究。以北京市通州区大营村为例，邹统纤等（2006）提出，以社区居民为发展主体，以产业链的本土化、决策权的民主化为支撑，构建以乡村旅游社区为主导的发展模式。周永广等（2009）研究发现，社区参与对乡村旅游的可持续发展具有重要作用，其中外源型发展将产生不利影响；相反，应采用社区主导的内生发展模式。他们还研究发现了基层组织领导、股份制管理或专业合作领导等有效的社区领导模式。基于行动者网络理论和内生发展理论，张环宙等（2008）提出，必须建立一个反映当地居民意愿、有权干预区域发展和决策的有效基层组织。但事实上，社区参与模式和社区主导模式都难以操作，这可能与乡村旅游本身的复杂性和综合性有关。林金灼（2020）从社区参与视角讨论了乡村振兴战略下闽东乡村旅游发展相关问题。上述这些研究提出了要增加旅游目的地居民参与度、协调各方利益、充分调动利益相关者参与积极性的建议，并为今后的学术研究指明了方向。

（三）国内研究述评

通过梳理乡村旅游研究的大量文献，我们可以发现我国乡村旅游的理论研究和实践在不断地发展和深化。学者们从不同角度对乡村旅游进行了研究，取得了许多有价值的研究成果，研究领域不断扩大。最大的特点是实证研究在不断增加，定量研究受到重视，跨学科领域的理论越来越多地应用于乡村旅游研究，为乡村旅游研究注入了新的血液。

但是，客观地讲，我国乡村旅游研究还存在较多的问题，如重复研究，研究领域缺乏横向比较和批判性思维，缺乏针对具体领域的深入研究等。与国外研究相比，我国实证研究中数学模型和统计方法的使用仍然较少，缺乏定量数据的支持，难以保证相关的乡村旅游研究结论的适用性和科学性。我国的理论研究仍然落后于跨越式发展的实践，对国外经验和成就的研究还不够。尽管近年来我国乡村旅游研究发展迅速，但总体研究水平不高，有很多方面需要进一步探索。今后，我们应该继续深化乡村旅游的理论研究；使用相应研究方法和手段来提高研究结论的科学性和实用性；加快吸收和消化国外乡村旅游的研究成果；加强多学科整合的综合研究，继续开展乡村旅游的多维探索。

第二节 旅游业转型升级相关研究综述

一、国外旅游业转型升级研究

国外针对旅游业转型升级的文献产出十分有限。有学者以旅游者为对象，分析了旅游者自身的转型并探讨了由此引致的旅游服务的转型。就乡村旅游而言，虽然西方学者普遍将发展乡村旅游看作是"拯救乡村社会"的良方，相关研究文献较多、成果丰硕，但由于西方国家市场经济发展成熟，度假休闲才是其传统的主流旅游形态，因而专门对乡村旅游转型升级的研究较少。现有关于乡村旅游的变迁、全球化背景下乡村旅游业应对金融危机冲击，实现可持续发展等方面的研究，也与中国具体国情以及乡村旅游业所处的发展阶段存在较大差异，缺乏相应的参照性。因此该部分主要以我国旅游转型升级的相关研究进行综述。

二、国内旅游业转型升级研究

（一）乡村旅游转型升级研究总体概况及趋势

新时代、新背景、新需求要求乡村旅游必须实现转型升级，乡村旅游的转型升级也是促进其实现可持续发展的有效选择。实践中许多地方都在进行乡村旅游产业转型升级，但对于什么是乡村旅游转型升级，乡村旅游转型升级的目标方向、主要内容，乡村旅游转型升级的作用机制和途径等基本问题尚不明确。目前关于乡村旅游转型升级的理论探讨尚处于起步阶段：对乡村旅游转型升级的关注不够、投入不足；现有研究多着眼于乡村旅游的经济功能与属性，缺乏深度、可操作性、系统性，目前结合美丽乡村建设的研究数量更少。在中国知网上以"乡村旅游+转型升级+美丽乡村"为主题进行搜索（2020 年 6 月），得到 40 条搜索结果。经过进一步分析，筛除掉重复出现、新闻报道等无效文本，最终得到的学术研究文献相对有限。不难看出，国内有关美丽乡村建设背景下的乡村旅游转型升级的学术研究尚不充分，相关讨论最早出现在 2011 年。从 2015 年开始，该类主题文献产出有所增加（2016 年为 11 篇，2018 年为 12 篇），这与 2015 年 6 月 1 日实施的《美丽乡村建设指南》在时间上相契合，相关内容如图 2-1、图 2-2 所示。

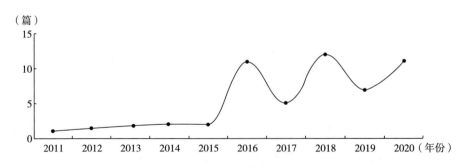

图 2-1　相关研究总体趋势

资料来源：中国知网。

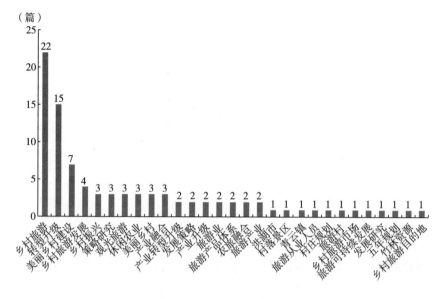

图 2-2 主题分布

资料来源：中国知网。

（二）国内乡村旅游转型升级研究现状

尽管国内学术界对我国乡村旅游业转型升级问题已经做出了不少的研究，但仍然存在一些不足：一是相关研究紧密结合我国旅游业发展实践，研究起步较晚，但近年来文献产出明显增加且研究深度进一步深入。这表明乡村旅游业转型升级问题引起了学术界的关注与响应，但研究力量薄弱，在旅游诸多研究领域中处于边缘状态。二是既有成果多从国内角度展开，大多是从政府和宏观战略层面进行的总体性或探索性研究，有关企业实际和微观策略层面的细分性和实证性研究相对较少；因我国呈现旅游发展区域不平衡的情况，现有研究也较少考虑地区间旅游转型升级的具体差异，研究结果在一定程度上不具有区域适应性。三是研究不够深入。大多数研究更多地在浅层次上探讨旅游业转型升级的路径方法，对转型升级的内在机理未有深层剖析，只进行了旅游业转型升级的概念、内涵特征、途径等方面的基础研究，研究深度有待进一步提升。四是主要采用定性研究方法。在具体研究中较少涉及旅游业转型升级的指标体系及转型升级模型，定量分析不足。五是案例研究和实证研究相对缺乏。研究成果较少从地方性研究展开，提出的发展对策与建议在体现共性之余缺少个性方面的适用性，对地区乡村旅游转型升级的研究缺少针对性和可操作性。

第三章　乡村旅游转型升级的时代机遇

——美丽乡村建设

第一节　我国农村发展新阶段：美丽乡村建设

一、美丽乡村建设的内涵

中国美，看乡村。党的十八大报告提出"努力建设美丽中国，实现中华民族永续发展"。首次提出统筹城乡发展、建设"美丽中国"的新理念。2013年中央一号文件根据美丽中国的理念首次提出了建设美丽乡村的目标。美丽乡村建设首次在国家层面提出。2013年底，中央农村工作会议强调指出，中国要强，农业必须强；中国要美，农村必须美；中国要富，农民必须富。建设美丽中国，必须建设美丽乡村。至此，美丽乡村的内涵得到了进一步的升华。它的定义是依靠乡村空间布局，遵循社会发展规律，坚持统筹城市和乡村的一体化发展思路，鼓励农民的广泛参与，争取社会各界的关心和帮助，关注自然和社会方面，追求形象美和内在美的有机结合，不断加强农村经济、政治、文化、社会和生态建设，不断满足人们的内心需求，是一个逐步实现建设目标的自然历史过程。

美丽乡村建设是我国社会主义新农村建设升级过程中相对高级的阶段，本质核心在于针对乡村的发展理念、空间布局、人居环境、生态环境、文化传承及乡村经济发展、实施路径等方面出现的问题予以全面攻克。特别从乡村资源利用模式、农村产业发展驱动系统构建等方面入手，全面探索农民收入水平提高、居住条件改善、合法权益保障、管理民主化、和谐民生机制构建等问题的解决之道。美丽乡村建设过程中需要着力针对文化保护与传承，进一步改善农村精神文明建设；全面实现农民素质和新技能的提高，构建满足农民自身发展需要的长效促进机制。

二、美丽乡村的建设模式

从 2013 年中央一号文件首次提出"美丽乡村",2014 年农业部对外发布"美丽乡村建设十大模式",到 2015 年,国家质量监督检验检疫总局和国家标准化管理委员会联合发布《美丽乡村建设指南》,经历短短几年,美丽乡村建设从确立奋斗蓝图,提供魅力乡村建设范本和借鉴,再到建设指南将提法概念切实落地与实践,中国速度在乡村建设领域得到了充分体现。美丽乡村建设受到各个乡村不同条件的影响,这些乡村或自然资源禀赋存在很大差异,或社会经济发展阶段存在差距,或民俗风情、传统文化等本身的吸引力大小不一,最终在美丽乡村建设上形成了完全不一样的模式,每种模式都有其可取之处,都对后续的建设提供了有益的启发和借鉴作用。

（一）产业发展型

产业发展型模式在经济相对发达地区的农村较为流行,采取产业发展型美丽乡村建设模式的乡村地区,往往产业化发展优势突出;同时,这种发展模式和资源本身的特色也很明显。这些地区的农民往往热衷联合经营或较早地成立了地方性企业组织,在农业规模化经营、产业集聚和延伸过程中,逐渐形成了"一村一品""一乡一业"的特色,产业的规模化和带动效应让农民受益匪浅。

以四川省彭州市龙门山镇宝山村为例,该村水电产业化发展思路引导着美丽乡村建设,特色尤为明显。不仅有村集体、村民、职工三方共同持股的水电企业,更是凭借"以林养水,以水发电,以电兴工,以工补农"的发展思路,实现了相关产业联动发展的局面。既有依托特色农业资源的休闲农业观光园,又有凭借龙门山特色自然资源吸引游客的太阳湾风景区。在上述发展思路下,仅 2016 年,宝山村就创造了人均 58722 元的可支配收入成绩,一跃成为我国百强经济实力村庄的一分子。

（二）生态保护型

生态保护型模式在生态整体质量高、自然美景随处可见、环境保护较好的地区较容易推行。实施生态保护型美丽乡村建设模式的乡村,往往拥有丰富的山、水、森林、草地、湿地等自然资源,突出优势是较少受到污染的生态环境。以四川省眉山市彭山区牧马乡莲花旅游新村为例,该村牧马山生态资源较丰富,同时作为成都市生态旅游走廊,在打造旅游新村过程中,不仅配置起点高,而且非常注重环境保护,在原有村落基础上建设完善后的新村,不仅外观更美,整个生态环境保护也纳入了村民日常意识当中,村民生活也因此变得越来越富足。

（三）城郊集约型

城郊集约型模式区位分布主要集中于大中城市的郊区,适合城郊集约型美丽乡村建设模式的地区一般都拥有较好的经济发展基础，配套基础设施和公共服务相对较为健全。农业集约化程度高，规模化经营比较普遍，农地产出率也很可观，农民往往都比较富裕，甚至通常被作为城市的重要"菜篮子"基地。

以广州市海珠区石基村为例，该村位于广州市海珠区新港东路琶洲街，借由见证了广州"海上丝绸之路"繁荣历史的黄埔古港之名而打造，距离广州市海珠区中心城区8千米，不仅可以便捷地驾车直达，还配有完善的公共交通系统。村内各项配套设施也较为齐全，打造了集纪念展示、公园休闲、美食餐饮及村头广场农产品售卖于一体的"文化公园型景区"。回顾该村发展历程，正是当初借由美丽乡村建设的契机，将原本没什么特色和发展动力的石基村，通过一系列发展措施的实施演变成为广州人如今周末郊游热衷选择的休闲黄埔古港景区，而且该村周边生态也得到了很好的维护，村内环境也大为改善。

（四）社会综治型

社会综治型模式一般适用于居民人数众多且高度集中居住的村镇，这样的村镇所处地段较好，经济发展实力较强，关联带动效应明显，各项配套较为齐全，公共服务体系相对完善。

以天津市大寺镇王村为例，该村镇紧邻天津微电子城，属于天津市西青区北邻，在西青经济技术开发区的范围内。交通区位极为便捷，靠近几个重要的交通枢纽，如与天津港（距离10千米）、天津国际机场（距离15千米）、天津市中心（距离15千米）都非常接近。全村常住人口1800多人，多达580户人家，农地总面积4000多亩。村民发扬艰苦勇敢的探索精神，积极响应美丽乡村建设，近年来该村彻底实现了"旧貌换新颜"，家家有楼房，户户有汽车。农村城市化在这里得到了完美的演绎，让"干有所为、老有所养、少有所教、病有所医"的美好畅想变成了百姓日常，过去的村民，如今已经过上了向往的生活。

（五）文化传承型

文化传承型模式的美丽乡村建设主要在那些具备丰富的人文景观的乡村开展，这些存在着大量古村落、古建筑、古民居及传统文化的乡村，具有很强的地域文化传承特色，挖掘它们背后的优秀民俗和非物质层面的文化，能在开展文化和旅游产业时取得不错的效果。

以河南省平乐村为例，平乐村位于河南省洛阳市孟津区平乐镇南部，紧邻著名景区洛阳白马寺，距洛阳城市中心区仅12千米，交通非常便捷。该村历史文化积淀极为深厚，汉魏故城遗址在村内；同时，村民们不仅培育种植了大量的牡丹花，而且擅长画牡丹，村内的农民画家就接近千人。近年来遵循着"一幅画多亩粮，小牡丹、大产业"的发展理念，村民们按照"有名气、有特色、有依托、有基础"的"四有"标准，将牡丹画产业化，借由洛阳牡丹花会举办的辐射效应和周边知名景区的带动，村里充分发挥各类旅游资源的吸引力，发展乡村旅游事业，打造了一种以文化传承为基础的"美丽乡村"建设新模式。

（六）渔业开发型

渔业开发型模式大多分布于沿海和水网密集的传统渔区。实施该模式的乡村大多数世代靠渔业为生，美丽乡村建设过程中通过引入新技术和新的渔业发展理念，科学进行渔业养殖捕捞等事务，逐步让渔业成为村民们发家致富的主要产业，进而实现渔村的经济增长，让渔业成为相关地区的主导优势产业。

以甘肃省武山县为例，该县位于甘肃省天水市西端的渭河水域上游。目前，在农林牧渔总产值中该县渔业产值占比约10%。以2012年末的数据为例，全县约464亩用于养鱼的水面，包含12亩冷水鱼养殖场。全年高达300吨水产品总产量，包含40多吨冷水鱼，全县渔业总产值达770余万元。随着美丽乡村建设步伐的加快，武山县因地制宜，大力发展渔业休闲游，这既是对原有渔业养殖捕捞产业的延伸，也是发挥本地渔业资源价值最大化的最佳选择。其中，该县盘古村充分利用400余亩河滩渗水地，采用"台田养鱼"开启池中养鱼、台田种草种树模式，成就了具有水乡特色的休闲式生态渔家乐发展模式。2008年秋，该县龙台镇董庄村部分冷水鱼养殖户响应加大休闲农业开发建设力度的号召，结合本地文化，依托渔业养殖场所景观，培育了一批以君义山庄等为代表的"住在渔家、玩在渔家、吃在渔家"的渔家乐。

（七）草原牧场型

在我国适合采用草原牧场型模式的地区非常多。我国的牧区半牧区占国土总面积的40%以上，分布甚广。这些地区的人们原本以放牧养殖作为主要生计来源。

以内蒙古自治区锡林郭勒盟太仆寺旗美丽乡村建设中的一个典型村镇贡宝拉格苏木乡道海嘎查村为例，道海嘎查一望无际的大草原是当地牧区人民眼中的宝贝。他们世代靠畜牧业为生，保护好所拥有的草原对他们来说有着不同寻常的意义。因此，在建设美丽乡村的进程中，该地始终坚持生态优先原则，科学实施草原禁牧、休牧、轮牧制度；推广舍饲、半舍饲养殖方式取代原本的天然放牧方式，培育特色家畜产品加工业项目，结合草原特色和民族风情，大力推进农牧区发展、农牧业增效、农牧民增收事业。近年来，该地区更是大力发挥自然资源和区位优势，将产业结构调整作为重中之重，形成了一批农牧业特色化、规模化、现代化发展的项目。农民逐渐接受了新的发展方式，因此，标准化养殖日渐普及，规模化、集约化、标准化的养殖方式取代了过去家庭"作坊式"的做法。当地政府大力扶持农牧民发展"小三养"及特种养殖业，给予最大限度的政策扶持，并在建设配套基础设施、争取国家专项扶持资金、推广科学养殖技术等方面积极发力。政府引导农牧民联合发展、合作经营，针对性提供全方位的农牧民专业合作社管理服务业务；不定时地开展各项养殖、经营发展等方面的业务培训，并树立典型，通过评选先进示范社等活动来激励农牧民积极创新发展。

（八）环境整治型

环境整治型模式旨在改变那些环境问题突出的乡村，尤其是脏乱差的落后乡村地区。在美丽乡村建设过程中，一些基础设施不健全、公共卫生状况差的乡村，甚至包括受到严重环境污染问题困扰的地区，农民群众整治环境积极性高涨的乡村，都在治理之列。

这里的典型案例是广西壮族自治区红岩村，该村位于广西壮族自治区的恭城瑶族自治县莲花镇。村镇内常住人口 400 多人，100 户左右。近几年，随着美丽乡村建设的开展，该村一改过去的脏乱差面貌，大力发展生态旅游，成效显著。依托生态优势，开发了山水休闲、田园农耕、休闲体验、商务会议等一批旅游项目，打造了完整的食住行游购娱乡村休闲旅游产业链。尤其是 80 多栋独立别墅格外亮眼，多达 300 多间的客房接待量，近 40 家特色美食店，独具瑶寨风情的风雨桥、滚水坝、梅花桩，以及现代化的村道、体育场、游泳馆、旅游登山步道等公共设施一应俱全。该村作为广西壮族自治区第一个进行生活污水处理的自然村，修建了生活污水处理系统。从 2003 年 10 月至今，已接待了数以百万的中外游客，成为靠乡村旅游推进美丽乡村建设的典范，并先后荣获"全国农业旅游示范点""全国十大魅力乡村""全国生态文化村""中国乡村名片"等称号。

（九）休闲旅游型

休闲旅游型美丽乡村建设模式适用于旅游先天禀赋丰富、有较好旅游吸引力的乡村地区。实施这种模式的地区往往都有较大的旅游发展潜力，能够凭借其距离城市较近、适合休闲度假的优势吸引旅游者前来度假休闲。

以"美丽中国"在乡村的鲜活样本——江西省婺源县江湾镇为例，该镇位于文化生态旅游资源极为丰富的皖、浙、赣三省交界处，森林覆盖率高达 90%，是婺源"国家乡村旅游度假试验区"的标杆村镇。在美丽乡村建设过程中，该镇着力打造乡村旅游的示范镇，发挥乡村旅游带动农业、农民和农村的发展作用，积极鼓励农民参与乡村旅游，并从中受益。其拥有梦里江湾（AAAAA 级旅游景区）、古埠名祠汪口（AAAA 级旅游景区）、生态家园晓起、梯云人家篁岭（AAAAA 级标准）、梨园古镇景区、莲花谷度假区等知名景区。借由旅游转型升级的契机，该镇已经成为乡村旅游的省级示范镇。

（十）高效农业型

高效农业型模式非常适合我国的农业主产区建设美丽乡村。实施这种建设模式的地区往往农作物生产较为普遍，而且有着相对完善的农田水利等农业基础设施，注重农产品商品化，农业机械化普及率较高，农地面积较大。

以福建省漳州市平和县三坪村为例，该村常住人口多达2000人，8个村民组以山地（60860亩）、毛竹（18000亩）、种植蜜柚（12500亩）、耕地（2190亩）等作为主要生活来源。三平风景区（国家AAAA级风景区）位于村内。在创建美丽乡村的过程中，上述资源优势得到了很好的挖掘，"林药模式""花卉观赏""千亩柚园、万亩竹海、玫瑰花海"等都是该村的发展亮点，支撑了该村特色观光旅游的发展。三平风景区更是带动了该村各项事业的发展，为了提升吸纳、转移、承载游客的能力，该村在景区周边打造了各项住宿餐饮配套项目。如今，三坪村的美丽乡村建设已初具雏形，获得了"漳州市最美乡村"等多项荣誉称号，诸多殊荣都说明该村采用高效农业型模式，走出了一条美丽乡村建设和谐之路。

第二节　美丽乡村建设中的乡村旅游发展

中国美，看乡村。美丽乡村自成一道乡村景观，在旅游市场发展趋势的指引下，乡村景观的旅游吸引力被逐渐发掘出来，一道道旅游景观呈现出各具特色的亮点，吸引旅游者前来参观游览、消费体验。在乡村景观实现了自身价值转换的同时，乡村旅游业也蓬勃发展起来，进一步加速了美丽乡村建设，并且成为城乡之间实现紧密联结、互动互促谋发展局面的纽带，城乡统筹进一步提升，如此下去又进一步在客观上促进了全域旅游局面的形成和发展。

一、美丽乡村的景观构成

2013年"两会"期间，时任农业部副部长陈晓华在答记者问时说，"美丽乡村"建设一是要经济发展，二是要环境改善，三是要文化传承。[①] 2013年5月农业部发布的《"美丽乡村"创建目标体系》中提出，每个村要有1~2个主导产业，当地农民从主导产业中获得的收入占总收入的80%以上。因此，从政策背景来看，美丽乡村建设需要关注人文、社会、环境、经济各领域与之相关的地域单元，以及以此延伸开来的农业、生态、农事生产、乡风民俗、手工绝技表演等诸多产业活动。这些活动依托的载体形成了一个综合性程度较高的景观体系，其中包括自然景观层面、人文景观层面。

（一）美丽乡村的自然景观

作为人居环境重要组成部分的自然景观，在美丽乡村建设过程中，一般作为

---

① 陈晓华：建设"美丽乡村"要经济发展环境改善文化传承［EB/OL］.（2013-03-11）［2022-08-25］. http：//www. xinhuanet. com/2013lh/2013-03/11/c_124443815. htm.

乡村整体的外围环境，在原生性和生态性之外还会因为人的审美介入而被赋予更多的人文气息和和谐共生的美感。这是因为：从原生性视角来看，虽然原生性特点决定了山水河湖、花鸟虫鱼、树木山林等都源自自然，强调自然选择，但不得不承认，在美丽乡村建设过程中，还是加入了人类的审美观和人文因素，对自然景观赋予了特殊的意义。例如，以"五角星"象征红色文化的亮点，琳琅山的"五角星"形状，原本是大自然造化的结果，但在建设美丽乡村时不自觉地就为其注入了更丰富的人文内涵。从生态性视角来看，生态性强调作为自然景观的万物自身散发的旺盛生命力和相对稳定平衡的自然循环系统。以位于广东省广州市从化区良口镇的溪头村为例，该村是流溪河三大源头之一。村周围环境清幽静美、丛林苍翠、溪谷兼具，峡谷内奇石众多、溪流潺潺、池潭幽幽，村头的小山更是巧夺天工、竹林密布、翠绿欲滴，山中间一道银白色的瀑布直冲而下，波光携着凉气，犹如仙境。旁边村庄里百姓安居乐业，透露着生机盎然，人与自然和谐之美也不过如此，处处凸显出美丽乡村的魅力。

总之，美丽乡村建设过程中的乡村自然景观，既是对自然环境之美的尊重，又处处彰显着人们积极维护、追求和谐共生的美好愿望。正是因为避免了对自然环境掠夺式开发、放任型攫取的发展思路，才成就了自然景观之美。随着美丽乡村建设的科学施策，城镇化、工业化都将成为大势所趋，在对自然环境造成巨大压力的背景下，开展美丽乡村建设的使命就包括"望得见山，看得见水，记得住乡愁"。从乡村旅游业发展的视角来看，美丽乡村的自然环境便成了自然景观，有着更深层次的价值。

（二）美丽乡村的人文景观

在美丽乡村建设的过程中，乡村地区的人文景观更多地指村民们为了满足自己的日常生活需要，在自然环境的基础上，逐渐叠加人类活动，形成了具有人文特质的景观。因此，人文景观相对自然景观，多了历史性和文化性的识别特征。从历史性价值视角来看，人文景观往往都经历过时间的积淀，加入了数代人的劳动创作价值。例如，分布在广州市第十甫路、上下九路、中山路、解放路、人民南路、一德路等商业街道"骑楼风貌区"的骑楼建筑，作为一种典型的外廊式建筑物，骑楼的渊源最早可追溯到约2500年前的希腊"帕特农神庙"，那是雅典卫城的主体建筑。现代意义上的骑楼最早起源于印度的贝尼亚普库尔，是18世纪后半期英国人建造的，称之为"廊房"。这种欧陆建筑与东南亚地域特点相结合的建筑形式可以挡避风雨侵袭和炎阳照射，因此流行于我国的海南、福建、广东、广西等沿海地区。从文化性价值视角来看，人文景观的文化内涵既可以是物质的形式，也可以是非物质的形式。以广东省中山市翠亨村为例，这里保留着全国重点文物保护单位——孙中山故居；同时，还流传着孙中山先生的光辉业绩和伟大思想，这种远远超越了时间与空间限制的宝贵人文财富，成就了翠亨村的中国历史文化名村地位，使得该村村内景观兼具历史纪念性和民俗性，完美诠释了物质文化遗产与非物质文化遗产相结合的人文景观，使得该村人文景观独具特色和丰富内涵。

总之，美丽乡村的人文景观和自然景观一样重要，共同构成了乡村景观的体系。乡村人文景观不同于现代人造景观，在美丽乡村建设的过程中，挖掘景观的人文内涵，珍惜保护人文景观，新建或改造遵循原始风貌，按照"以旧补旧"，即用旧的手法和材料进行修缮，回避"四不像"的现代仿古建筑，对于美丽乡村的发展具有非常重要的意义。

二、美丽乡村的旅游导向

美丽乡村建设的途径很多，乡村旅游是其中之一。乡村旅游为美丽乡村带来客流，也为美丽乡村建设找到了抓手。未来该如何建设美丽乡村，具体该如何进行乡村软硬件设施配套，可通过对旅游市场广泛的调研和售后评价统计得到相应的结论，各项建设工作都可以此作为方向和指引。

（一）美丽乡村建设中的景村融合

美丽乡村建设与旅游景区建设是关乎乡村未来的两项战略事业，但因为乡村这个依存本体，可通过实施景村融合发展，实现建设效率和和谐统一的发展目标。

景村融合发展，既能够追求美丽乡村建设的生态、人文、环境等层面的目标，又能实现乡村旅游高效发展。从旅游发展的视角进行统筹，规避美丽乡村建设后期的二次改扩建和其他的重复工作，实现美丽乡村建设和乡村旅游发展协调统一，互促共赢。以坐落于四川省成都市郫都区三道堰镇徐堰河与柏条河两河之间的青杠树村为例，从前的青杠树村是一个热闹的水陆码头，饮食店、小百货、旅店等云集于此，非常热闹。2000年后，慕名而来的酷爱农村田园风光的艺术家会聚该村，并修建了造型各异的艺术庭院。庭院布局犹如一组耐人寻味的实景图画，该村由此得名"画家村"。在美丽乡村建设的过程中，该村因地制宜、因势利导，充分利用沙西线贯通和柏条河、徐堰河的天然风光，发展乡村旅游，其他相关产业发展也被带动起来，成为我国首批乡村旅游创客基地。另外，该村还积极吸引外部优势资本注入该村的农业产业化项目，优化传统农业种植模式，这不仅解决了农村劳动力转移就业问题，还在乡村环境整治、人民生活水平提升等领域有了实质性进展。该村如今处处即景、景村融合，美丽乡村建设和乡村旅游产业的发展都取得了不错的成效，并且被CCTV评为"十大最美乡村"。

景村相融开辟了我国美丽乡村建设的整体布局发展思路，虽说有较多人工引导的发展痕迹，但是，它是建立在乡村地区乡土本质和城镇居民乡村审美基础上的规划，在品质和创意上有效弥补了部分乡村地区缺乏文化积淀和旅游吸引力的问题，因此美丽乡村和景区打造融合不失为一条值得推广的发展思路。

（二）美丽乡村建设中的农旅融合

我国美丽乡村建设过程中，乡村地区三产融合也在加速推进，如何切实推动第一、第二、第三产业的融合发展，助力美丽乡村建设，具有重要的现实意义。当前我国进入经济新常态发展阶段，经济增速总体放缓，促进经济有效增长和乡村地区的经济发展，是维持我国经济社会发展持续增长的有效路径。在农村地区深化改革的大背景下，推进农旅融合发展，对于传统农业转型和美丽乡村建设具有重要意义。农旅融合也是打造乡村主导产业、让农民生活富裕、实现美丽乡村建设其他各项目标的必然要求。农旅融合发展有利于新的农村产业业态诞生发展，既能够实现农业转型升级，又有利于美丽乡村的乡村旅游发展，是实现农村产业繁荣、建设美丽乡村的重要抓手。

农旅融合对农业基础提升提出了要求，乡村地区的传统农业必须引入现代复合型、集约化、多业态发展模式，种植、养殖等方面引入现代科技，打造特色农业产业，还要引入新的经营主体，最终实现现代农业资源向旅游资源的转变，从供给端和旅游市场经济运行规律中寻得机会，实现农业和旅游业的共生共赢、融合发展。

以前文叙述的广东广州市海珠区石基村为例，该村具备较好的推进农旅融合的基础条件，黄埔古港遗址、古港公园区、风味老广美食栈道餐饮区及村头广场区构成了一个完整的文化公园型景区。适合拍照的黄埔村牌坊、可供游人感受古典魅力的北帝庙、能充分展现古村文化的黄埔村历史博物馆、游客既可以休息又可以寄明信片的古情怀小屋、广东特色猫记艇仔粥、粤海第一关、坐船到对岸大片的农家田园等，这些都是该村及相邻村大力推进农旅融合的体现。如今厌倦了城中高楼大厦的广州人，纷纷选择在周末或节假日来到这个乡村，体会放慢脚步的闲适与悠闲，在感受慢生活的同时，又能观古韵、品美食、玩农事。如今的小村既是城中心的"菜篮子"基地，又是人们郊游的好去处。

（三）美丽乡村建设中的文旅融合

针对那些文化资源丰富的乡村，在美丽乡村建设的过程中，大力推进文旅融合发展不失为一条捷径。从美丽乡村建设的角度看，文化和旅游发展融合应遵循"宜融则融、能融尽融、以文促旅、以旅彰文"的发展思路，积极探索美丽乡村建设过程中的文旅融合发展新途径，对形成美丽乡村建设的乡村旅游发展新格局非常重要。

现阶段乡村地区文旅融合的原则，可从以下几方面考虑：一是宜融则融、能融尽融。文旅融合不是一句口号，需要结合文化本身的属性及乡村旅游发展规律，着力寻找两者的联结点，以此作为文旅融合的切入点，考虑乡村地区的特殊实际，因地制宜地推进，并做好融合发展的绩效评估，及时寻找问题和更好的路径，对于提升融合效果有很大的作用。二是以文促旅、以旅彰文。文化内涵的魅力在于能够产生旅游吸引力，因此美丽乡村建设的一项重要工作就是深挖乡村地区文化资源及其丰富的内涵，做好宣传推广，以此促进乡村旅游的发展。反过来，乡村旅游的繁荣兴旺，旅游者纷至沓来，见识了乡村文化的丰富魅力并进行反馈和形成口碑传播，实现了乡村旅游的文化载体功能，乡村文化资源因旅游的发展实现了价值最大化。三是统筹协调、互补共赢。文化事业、文化产业和旅游业的发展关系，需要在美丽乡村建设的背景下实现统筹协调，只有推动它们相互促进、协调和谐，才能实现两者的利益最大化，因此合理引导、科学施策，实现文旅互促融合、共同提升，这对美丽乡村的可持续发展很重要。四是市场导向、项目带动。文旅融合需要一些契机，需要遵循旅游市场经济运行的规律，因此借助项目载体，加入全新的创意，推动美丽乡村的乡村旅游走向文旅融合之路在当下极具实用性。五是特色创新、质量发展。这条原则主要是防止美丽乡村建设的根本方向不偏离既定的轨道。文旅融合发展始终要坚持质量为本，坚持彰显文化个性，凸显乡村地区的旅游形象识别度，通过开发特色鲜明的文旅新产品和新业态，让文旅融合的特色效应发挥到极致。

（四）美丽乡村背景下的全域旅游发展

在美丽乡村建设的过程中，全域旅游是一种在全新发展理念指导下对乡村旅游发展的重新定位。乡村地区凭借特有的自然景观和人文景观，吸引大批旅游者前来观光，欣赏农果作物的培植和收获，畅游山间田野，领略充满"乡土味道"的风光，化解压力和乡愁，参与农事生产劳作，在民俗风情各异的乡间找到自我，这些乡村旅游方式已经被大众广泛接受。随着大众旅游时代的到来，现代旅游已经有了焕然一新的外部发展环境，过去的发展模式已经落后于游客的诉求，为了适应新的形势和旅游需求，应运而生的全域旅游备受关注。

从发展战略视角来看，全域旅游是一种在全新发展理念指导下的新的乡村旅游发展思路与发展模式，是从战略的高度，对乡村旅游发展的重新定位。全域旅游改变了过去大多数以村为单元的发展模式，开始将一个区域内的旅游资源有机整合，探索旅游目的地新的产业融合发展模式，追求整个社会的共建共享，让乡村旅游转变为区域经济社会发展的引擎。在全域旅游定位下，乡村地区风景不再像过往的景区与非景区之间划出明确的区域，而是呈现出乡村处处皆风景，旅游者时时享服务的全新旅游发展形态。美丽乡村建设为全域旅游发展提供了重要依托。尤其是在美丽乡村建设进程加快后，我国各个地区纷纷出现了一些全新的、多层次旅游承接新载体，助推了全域旅游的飞速发展，反过来，全域旅游推进了美丽乡村的建设。目前，我国形成了"统筹谋划、全面推进、改革驱动、合力共建"的全域建设美丽乡村的新局面。以乡村为单位的全村资源整合、三产融合发展全面推广，不同的村打造不同的旅游项目，不仅带动了全村的发展，还实现了农民收入的提高，进而实现整个区域的联动发展。从这个意义上，我们可以得出一个结论：正是因为乡村旅游的发展，使得美丽乡村建设与全域旅游发展找到了最佳的互动途径，既实现了全域建设美丽乡村，又发展了全域旅游。

第三节　美丽乡村建设与乡村旅游之间的关系

一、乡村旅游与新农村建设之间的联动作用

"新农村建设"是在党的十六届五中全会通过的《中共中央关于制定国民经济和社会发展第十一个五年规划的建议》中提出的，其指出我们要建设的新农村，是社会主义经济建设、政治建设、文化建设、社会建设协调发展的新农村，是"生产发展、生活宽裕、乡风文明、村容整洁、管理民主"的新农村，是富裕、民主、文明、和谐的新农村。新农村建设体现了社会主义本质要求和共同富裕的要求，是全面建设小康社会的要求，并且有利于社会的稳定，有利于改革发展的大局，有利于农民生活的提高。

新农村建设过程中最艰巨的任务是改变农村经济社会发展明显滞后的局面。近年来，我国工业化、城镇化步伐加快，国民经济持续较快增长，但城乡之间的发展差距却有继续扩大之势。农业、农村经济发展在这样的背景下出现了不少新问题，突出反映在粮食生产滑坡、农民增收困难、基础设施不足、社会事业发展滞后、城乡居民收入差距进一步扩大等方面。要想解决农村的一系列问题，关键是要发展经济，提高农民的收入。国家旅游局宣布，将2006年的旅游主题确定为"2006中国乡村游"，这显示出旅游与农业发展的相互促进作用被高度重视，特别是乡村旅游的发展对建设社会主义新农村的促进作用也被很多相关部门认同，国家为新农村建设采取的一系列措施也在客观上促进了乡村旅游的发展。

目前，我国乡村旅游发展很快，主要类型有农家乐、观光农园、采摘园、垂钓园、休闲农庄（场）、休闲渔场、生态农园、体验农场、民俗文化村、古村镇与古建筑等。乡村旅游的功能仍以观光旅游为主，部分也具有休闲度假功能，呈现出农业与旅游业相结合、旅游业与民俗文化活动相结合的特点。与农村联系密切且具有强大拉动作用的乡村旅游活动会促进农村的建设，而新农村建设又会在客观上促进乡村旅游的发展，两者形成了一种相辅相成的关系。

（一）乡村旅游对新农村建设的促进作用

乡村旅游作为一种新的旅游产业形式，在振兴农村经济、改善农村环境、促进农村建设等方面具有一定的作用。

1. 经济层面

第一，拓宽农民增收渠道。乡村旅游是一种充分利用农村资源开展的旅游活动，其依托的资源主要是城市周边及比较偏远地带的自然景观、田园风光和农业资源，而这些资源都与农民有着密切的联系。要进行乡村旅游活动，必然少不了旅游的六要素"食、住、行、游、购、娱"，农民可以将一般的生活性资料和生产性资料转化为经营性资产，为游客提供服务与物质需求，而且还可以使农业资源、农业产品和农村劳动力同时得到增值。[①]

不难发现，我国参与旅游农业的农民的平均年收入始终处于增长的状态。例如，从1999年的3100元增长到2004年的7200元。农民平均年收入是逐渐上升的，农民参与乡村旅游的受益程度也是不断加深的，乡村旅游为农民拓宽了增收的渠道，如图3-1所示。

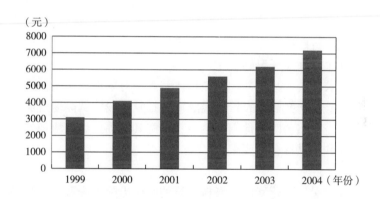

图3-1 1999~2004年农民参与旅游业经营所获得的年纯收入

资料来源：舒伯阳，朱信凯. 休闲农业开发模式选择及农户增收效益比较［J］. 农业经济问题，2006（7）：48-50.

第二，带动第三产业，促进第一产业[②]。旅游"六要素"的客观要求也推动了乡村交通、通信、电力等基础设施的建设，良好的交通状况也是发展乡村旅游

---

① 郭刚志. 红花也需绿叶衬：乡村旅游开发与社会主义新农村建设关系之探讨［J］. 农村经济与科技，2006（6）：63-64.

② 刘清荣. 乡村旅游开发与社会主义新农村建设：以"中国茶文化第一村"为考察视点［J］. 农业考古，2006（2）：270-274.

的一个前提条件，它解决了城市旅游者进入乡村的道路不便问题，加快了商业、服务业等第三产业的发展，促进了第一产业的发展。旅游需求还直接增加了农产品的需求量，推动了农村产业结构调整，为农业产业化经营提供了发展的机会。

第三，增加农村的资本积累。城镇居民到乡村旅游，因消费所带来的资金必然流向农村，从而为农村的资本积累提供一定的支持。资金的积累不但会给农民带来收益，也可能会间接地给乡政府带去收益，缓解政府经费不足问题，也为减免农业税后带来的一系列乡村财政问题提供了一条解决途径。

2. 社会层面

第一，增加就业机会，扩大就业"内需"。旅游活动的广泛性和多样性，决定了旅游业属于劳动密集型行业，不但可以直接吸纳较多的劳动力，还可以间接地为社会提供大量的就业机会。近年来，随着城市化的推进，出现了大量的农民工，农民工为城市建设贡献了不小的力量，但城市化发展出现了不少问题，如农民工子女教育问题、农村土地荒废问题、农村"人荒"问题等，所以扩大农村就业内需是上策，这样不但可以促进农村的发展，还可以减轻城市的压力。

第二，促进农村稳定和社会稳定。乡村旅游为农村的经济发展提供了机会，农民收入的增加会让他们感受到新农村建设的优越性，生活的富裕也会让他们更愿意发展农村。农村的稳定无疑是社会稳定的基础，我国正在进行的新农村建设也是为了实现这个目标而提出的。

第三，提高农民的幸福指数。幸福指数是人们对客观现实生活满足的一种主观反映和心理体验。研究表明农村居民的幸福指数一般偏低。通过旅游发展经济给他们带去的收益必然会改善他们的生活，提高其幸福指数。增加农民的幸福感也是建设新农村和和谐社会的要求。

3. 文化层面

第一，提高农民的文化素质。乡村旅游的吸引力除了来源于自然风光，还有民风、民俗。文化是旅游的灵魂，是旅游的生命源和动力[1]。因此，很多地方都很注重对民风、民俗的挖掘，并将其作为当地旅游特色。这样做有利于对传统文化的保护、继承和发扬。城市文化作为一种比较先进的文化会为乡村带去新的理念，农民固有的一些落后观念、陋习也可能会在一定程度上去除。农民在经营乡村旅游时，必然要与游客交流。由于游客来自四面八方，这也要求农民提高自身的文化素质，以适应不同文化背景的游客。以阳朔西街为例，大部分的经营者至少懂两国语言。

第二，引进先进的农业技术。由于有些村庄会向游客展示高科技的农业生产

---

① 郭焕成. 发展乡村旅游业，支援新农村建设 [J]. 旅游学刊，2006（3）：6-7.

过程，所以要改善农业的基础设施，使大量的农业科学生产技术运用于农业生产中，如大型生态园的建立、高产经济作物的种植等，这在客观上也会推动农村科学生产的进程，增强科技支撑能力，提高农业生产率，增加农民的经济收入。

4. 环境层面

乡村旅游的第一个亮点就是良好的环境，这就需要对古建筑、古村落、古遗迹进行保护。环境保护又促进了乡村旅游的兴盛。优美的环境、厚重的历史、独特的人文景观会吸引更多的人开展乡村旅游，这也使乡村的生态环境得到了保护。

（二）新农村建设对乡村旅游的促进作用

中央提出要推进新农村建设，必须全面深化农村改革，激发农村自身活力。在国家政策的扶持下，大力发展农村生产力，加快改善农村的生产生活条件和整体面貌，促进农村经济社会全面进步。

1. 资金层面

2004 年中央一号文件中提出实行"两减免、三补贴"的政策，并提出向农民发放小额贷款，要扎根农村，立足实际，深入田间地头，简化贷款手续，这样可以有效解决农民生产急需和扩大再生产的资金短缺问题。

这些措施减少了农民的开支，增加了农民的资金来源，而农民作为乡村旅游的经营主体，其资金总量的增加，在客观上也为发展乡村旅游提供了资金支持。发展乡村旅游的关键在于资金。国家通过减免农民的税收、给农民提供资金的措施在很大程度上给予了农民施展拳脚的余地。这也使农民可以成为独立自主的经营商和供应商，不但有利于农民自身收益的提高，而且有利于乡村经济的发展，乡村经济的发展也会推动乡村旅游业的发展。

2. 政策层面

国家提出，鼓励和支持符合产业政策的乡镇企业发展，特别是劳动密集型企业和服务业。要着眼兴县富民，着力培育产业支撑，大力发展民营经济，引导企业和要素集聚，改善金融服务，增强县级管理能力，发展壮大县域经济。在继续增强农村集体组织经济实力和服务功能、发挥国家基层经济技术服务部门作用的同时，要鼓励、引导和支持农村发展各种新型的社会化服务组织。[①] 有了政府的支持，特别在经营风险方面，政府可以发挥其协调、控制、组织等职能来为乡村旅游服务，这样乡村旅游的发展也会比较顺利。

3. 基础设施建设层面

在旅游资源开发问题上，要解决交通问题，使旅游者来得方便、在旅游目的

---

① 《中共中央　国务院关于推进社会主义新农村建设的若干意见》[EB/OL].（2017-10-29）［2022-08-26］. http：//www. gov. cn/gongbao/content/2006/content_254151. htm.

地玩得方便及结束活动后离开也方便。解决交通问题不仅包括陆路、水路的基础设施建设，而且包括各种交通工具的营运与调度。新农村建设中要实现"乡通油路""村村通水泥（油）路"和"村村通客车"，为旅游者的交通便利性提供保障。此外，要合理调整国民收入分配格局，建立统筹城乡发展的长效机制。财政和金融对农村的支持不足是造成农村基础设施建设和农村社会事业发展滞后的原因，中央农村工作会议提出，要把国家建设资金更多地转向农村，切实加强农村基础设施建设。这不仅可以提高农民的生活质量，在客观上也为乡村旅游的消费者提供了良好的环境。

4. 生态层面

中央提出的按照建设环境友好型社会的要求，继续推进生态建设，切实搞好退耕还林、天然林保护等重点生态工程，巩固生态建设成果，继续推进退牧还草、山区综合开发，建立和完善生态补偿机制；加强村庄规划和人居环境治理，重点解决农民在饮水、行路、用电和燃料等方面的困难，凡符合条件的项目，可给予资金、实物等方面的引导和扶持。

乡村旅游的优势旅游资源就是美好的自然生态环境，这些措施改善了农村的面貌，农村不再是穷山恶水而是青山绿水。生态环境是乡村旅游的基础，生态环境的改善增加了乡村旅游的吸引力，提高了旅游产品的质量，可以说是为乡村旅游提供了良好的生存环境及产品支持。这不但使农民的生活环境得到了改善，也对乡村旅游的景区建设及其与当地社区的融合起到了积极的作用。

5. 文化教育层面

在"新农村"建设中提出：①提高农民整体素质，培养造就有文化、懂技术、会经营的新型农民。加快建立政府扶助、面向市场、多元办学的培训机制。各级财政要将农村劳动力培训经费纳入预算，不断增加投入。整合农村各种教育资源，发展农村职业教育和成人教育。②繁荣农村文化事业。各级财政要增加对农村文化发展的投入，发展文化信息资源共享工程农村基层服务点，构建农村公共文化服务体系。③倡导健康文明新风尚。认真实施公民道德建设工程，积极推动群众性精神文明创建活动，开展和谐家庭、和谐村组、和谐村镇创建活动。这些措施提高了农民的受教育程度，使农村的风气更好，乡村旅游的人文环境也得到了改善。农村教育的发展可以为乡村旅游业提供合格的从业人员。农民不但是旅游产品的提供者，也是旅游活动的参与者。农民素质的高低，不但直接影响旅游产品的质量，而且可对旅游资源的可持续发展产生影响。较高素质的农民可以提供令顾客满意的服务，也会有意识地保护旅游资源，助力旅游业的可持续发展。

（三）乡村旅游与新农村建设的互动机制

乡村旅游活动使得农村在经济、社会、文化、生态方面得到了改善。经济发展会带动生产发展和人民的生活富裕；社会方面的进步会使农村社会越来越稳定，越来越和谐；文化方面不但会让农民受到先进文化的影响，也会使其提高自身素质；生态方面，发展乡村旅游要改善村容村貌。反过来，新农村建设的实施过程，所涉及的措施和目的都在客观上促进着乡村旅游活动的发展，两者之间形成了一种互动关系。

乡村旅游活动会作用于农村、农业、农民这三个方面。在农村层面上，生态的改善会优化乡村的村容村貌，资本积累和基础设施建设也有助于生产的发展；在农业层面上，科技的推动力是必不可少的；在农民层面上，收入的增加、就业机会的增多、人们对生活满意度的提高都会在一定程度上促进农村社会的稳定，农民素质的提高对农村文化建设也会起到一定的作用。新农村建设中所提出的生产、社会、文化方面的措施也反过来对乡村旅游活动产生作用。

由此可见，在建设新农村的背景下，乡村旅游对新农村建设在不同方面都起着促进作用，而新农村建设在客观上也为乡村旅游提供着各个方面的支持。乡村旅游的合理发展在推动新农村建设的同时，新农村建设也在推动着乡村旅游的发展，两者形成了相互促进的良好互动关系。此外，乡村旅游的经营者要注意利用为新农村建设提出的一系列措施，使之为乡村旅游服务；乡村旅游在开发时也应注意趋利避害，减小负面效应，最大限度地使参与乡村旅游活动的各主体都能获得最大效益。

二、美丽乡村建设为乡村旅游发展提供时代机遇

美丽乡村建设作为新农村建设的升级版，为乡村旅游发展提供了更多的支持。首先，从美丽乡村建设伟大战略来源的角度来看，可将美丽乡村建设看作我国新农村建设的升级版。2005 年党和国家提出新农村建设，2006 年中央一号文件对此做出全面部署，建设的重点涉及基础设施和公共服务两个方面。2013 年12 月中央农村工作会议提出，"中国要强农业必须强，中国要美农村必须美，中国要富农民必须富"。美丽乡村建设的重点是生态建设和文化建设，因此美丽乡村建设和新农村建设不是替代的关系，而是包容的关系；不是转变的关系，而是升级的关系。美丽乡村建设作为新农村建设的升级版，不仅是简单重复"生产发展、生活宽裕、乡风文明、村容整洁、管理民主"的理念，其还蕴含"生产""生活""生态"三方面的和谐，因此需要站在更高的层次上解决"三农"问题。

其次，我国的美丽乡村建设一方面为乡村旅游发展改善了经营环境，包括自然环境和人文环境；另一方面促使地方政府增加了物力人力财力支持美丽乡村建设，这改善了乡村的交通条件，使乡村旅游产业具有了竞争力。政府的扶持政策和在资金投入上的帮扶，更是化解了很多地区发展的燃眉之急。

再次，美丽乡村建设过程中发布的一系列政策为乡村旅游的转型升级提供了方向性引导和管理理念上的启发，尤其是多部门联合制定的《美丽乡村建设指南》，内容翔实且导向明确。在乡村旅游转型升级过程中，除了需要关注新农村建设和美丽乡村这两个概念关系方面的问题，还需要进一步加深对指南性文件的理解。

最后，美丽乡村建设激发了农民参与乡村旅游发展、共享发展成果的积极性。历史经验表明处理农村的事情，即使有一千种情况、一千个办法，只要不交给群众，也总是很难实现既定的目标。美丽乡村建设号召农民广泛参与，让建设成果与农民切身利益紧密相关，这对美丽乡村建设背景下乡村旅游转型升级是非常重要的，乡村旅游发展过程中按照这样的导向规划往往也能事半功倍。

总之，美丽乡村建设为乡村旅游带来了各种发展机遇。美丽乡村建设不仅从根本上为乡村旅游的进一步发展提供了必备的基质环境，同时这些新型理念下的乡村建设战略目标的贯彻落实，犹如大海中的灯塔，为乡村旅游向更高层次的提升指明了方向，更为乡村旅游转型升级提供了方向指引。用一句话总结，我国美丽乡村建设为乡村旅游发展提供了时代机遇。

三、乡村旅游为美丽乡村建设提供有效途径

为了实现"规划科学布局美、村庄整治环境美、创业增收生活美、乡风文明素质美"的"四美"目标，需要探索美丽乡村建设过程中的各种途径，乡村旅游便是有效途径之一。以浙江省临海市为例，该市借助乡村旅游的推动作用，使美丽乡村建设取得了良好的效果。

第一，美丽乡村建设中农业产业化经营发展趋势更加明显。乡村旅游对当地农业的产业化经营的促进作用是有目共睹的，不仅有利于产业链的延伸，还在农副产品和就地取材的手工艺品加工、涉农交通运输业、乡村地区房地产等相关产业领域起到了很好的拉动效应。其中，浙江省临海市的尤溪镇发展乡村旅游、建设美丽乡村的经验值得各方学习。该镇拥有较好的资源禀赋，如江南大峡谷景区等，在农家乐经营如火如荼的同时，还带动了传统农产品产业的发展，如石磨豆腐、打年糕、搓麻糍、做酒酿等。农家田间地头自种的各类蔬果农产品、家养的牲畜家禽等农副产品实现量产提升的同时还能就地售卖。如今在临海市，来自涌泉镇的柑橘、羊岩山庄的茶叶、岭景乡的葡萄、括苍镇的大白桃都成了远近闻名的畅销农产品，而且这些农产品的种植生产场所本身就能对旅游者产生很强的吸引力，以此打造的特色农业观光园成为该地区乡村旅游产品的重要构成部分，在不同的时节吸引旅游者前来旅游参观体验。

第二，美丽乡村建设中农村生产和农民生活均不同程度地受益于乡村旅游的拉动效应。当乡村旅游逐渐普及，昔日靠传统耕作维持生计的村民变成了旅游经营企业的管理者，其收入随之增加，这距离"农业生产发展、农民生活富裕"的目标又近了一大步。前述的临海市尤溪镇指岩村的村民们在乡村旅游发展中各自寻找机会，打零工、开民宿、做餐饮、就地取材手工制作旅游纪念品、摆地摊售卖山货野菜等，这些方式都是解决闲散富余劳动力就业问题的有力渠道，更是吸引了一批农民工返乡参与乡村旅游，农业生产发展水平的提升和农民生活富裕的景象愈发吸引了更多旅游者前来，形成了良性循环，加快了该村美丽乡村建设的步伐。

第三，美丽乡村建设中农民素质和乡风文明程度都因乡村旅游的发展而变化。大到先进的农业产业发展理念和最新的市场信息，小到百姓日常的言谈举止，在乡村旅游发展中，因外来投资者的进入、外来文化的熏陶，村民们眼里看着、脑中思考着、手上实践着，从过去的强制"教育学习"变成了如今的"自我提升，主动学习"。如今村民们自觉自愿学起普通话，甚至是英语和计算机，旅游者对村民们的综合素质评价很高。以临海市小芝碧水湾为例，一大批农民学习了各类知识之后，不仅成功经营管理起旅游住宿餐饮企业，更是通过互联网大幅优化了客房预订流程和服务水平，受到了社会各界的广泛赞誉。"农民素质提升，乡风文明优化"的目标正在逐步实现。

第四，美丽乡村建设中乡村地区对环境保护和可持续发展理念的重视程度，因乡村旅游的发展得到了加强。乡村地区的资源在旅游开发以后，不仅增加了村民的收入、改善了农民的生活，也让村民看到了积极维护环境、持续利用资源的价值，因此要保护乡村地区的环境资源、生态资源和文化资源，增强地区可持续发展能力。以临海市尤溪镇下涨村为例，该村过去环境问题突出，脏乱差现象严重，在启动了乡村旅游探险漂流项目以后，餐饮住宿等行业逐渐发展起来，村内积极进行各项配套设施修建，大型停车场、休闲公园、村民屋舍、周边绿化带等都相继得到修缮，变成了环境优美的风情小镇。

第五，美丽乡村建设中乡村经营管理水平大幅提升。外来投资的加入、先进管理理念的引入、外来旅游者的进入，都会不同程度地改变村民的观念。村民渐渐开始对市场规律、现代经营管理法则有了切身的体会和感悟，在各级基层组织的引导下，自主决策、民主管理机制也开始逐渐形成，如临海市的一些乡村先后成立了各种行业协会，民主管理水平也因此得到了大幅提升。以该市尤溪镇为例，为了提升乡村旅游发展中众多的农家乐经营水平，成立了首家镇级农家乐协会，不仅组织相关管理经营培训，还开展了去先进单位考察学习等活动，形成了自我约束、自我管理、自我提升、和谐共处的局面。

第四章 乡村旅游发展概况及转型升级面临的问题

第一节 乡村旅游发展的现状

一、我国乡村旅游发展的总体概况

在我国，现代乡村旅游开始于 20 世纪 80 年代，尤其是 20 世纪 90 年代以来，乡村旅游已经成为我国旅游业不可分割的重要组成部分。我国的乡村旅游，在很长的一段时间里，普遍表现为以独特的乡村民俗文化为灵魂，以农民为主体，以城市居民为目标市场。乡村旅游作为城乡之间的纽带，促进了城乡之间社会资源和文明成果的共享，有利于财富再分配。乡村旅游也使区域经济发展不平衡问题得到改善，城乡差异有所减小，有利于地区产业结构优化。乡村旅游为促进欠发达和欠开发农村地区的经济、社会、环境和文化的可持续发展做出了巨大贡献。因此，我们可以得出，发展乡村旅游对加快美丽乡村建设和城乡协调发展而言，重要性显而易见。经历了 40 多年的发展历程，乡村旅游已成为国内旅游主战场和居民消费的重要领域，其市场总额、产业规模、项目开发等均实现了一定程度的发展。

（一）我国乡村旅游游客接待量不断增长

随着宏观经济的发展，我国居民可支配收入持续增长，居民消费能力大大提升。这里以 2018 年为例，该年人均可支配收入达到 28228 元，同比增长 8.7%，扣除价格因素，实际增长 6.5%，全年全国居民人均消费支出 19853 元，占比 70.33%，居民人均可支配收入的持续增长奠定了国内消费升级趋势的确定性，也为居民出行旅游打下了坚实的消费基础（见图 4-1）。

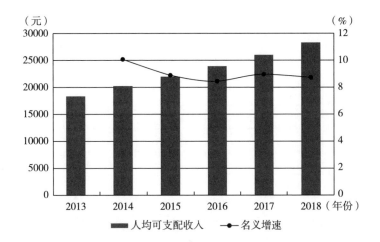

图 4-1　2013~2018 年我国居民人均可支配收入统计

资料来源：《2018 年国民经济和社会发展统计公报》。

随着生活经济水平的提高，人们对精神享受和回归自然的追求不断增强，这无疑将进一步推动乡村旅游的发展。近年来，乡村旅游参与度与热度只增不减（见图 4-2）。据国家人力资源和社会保障部统计，中国人每年至少有 115 天闲暇时间，加上人们可自由支配收入逐渐提高，生活水平得到很大改善，人们自发参与到旅游活动中，并且越来越追求精神层面的田园生活，喜欢亲近自然、放松身心，这将进一步促进乡村旅游的蓬勃发展。以 2018 年为例，全年国内游客达 55.4 亿人次，其中乡村休闲旅游接待游客 30 亿人次，占比超过 50%；2018 年国内旅游收入 51278 亿元，其中乡村旅游收入为 8000 亿元[①]。另外，国家文化和旅游部发布的《2018 年旅游市场基本情况》显示，我国近年来国内游人数正在不断攀升。仅 2018 年国内游客人数为 55.39 亿人次，比 2017 年同期增长 10.8%。其中，城镇居民 41.19 亿人次，增长 12.0%；农村居民 14.20 亿人次，增长 7.3%。国内旅游收入 5.13 万亿元，比 2017 年同期增长 12.3%。其中，城镇居民花费 4.26 万亿元，增长 13.1%；农村居民花费 0.87 万亿元，增长 8.8%[②]。在整个国家旅游业快速发展的背景下，乡村旅游作为一种新的旅游形式，受到了越来越多人的青睐。

① 中国休闲农业和乡村旅游蓬勃发展　2018 年营收 8000 亿元［EB/OL］.（2019-03-28）［2022-08-29］. https：//baijiahao. baida. com/s？id=1629248311933086270&wfr=spider&for=pc.
② 2018 年国内旅游人数 55.39 亿人次　旅游总收入 5.97 万亿元［EB/OL］.（2019-02-13）［2022-08-29］. https：//baijiahao. baidu. com/s？id=1625319908332648480&wfr=spider&for=pc.

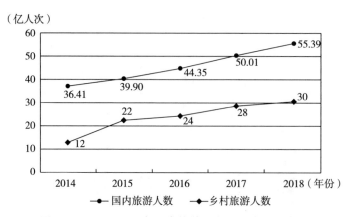

图 4-2　2014~2018 年国内旅游及乡村旅游人数统计

资料来源：《2018 年国民经济和社会发展统计公报》。

我国旅游业发展迅猛，产业规模持续扩大，产品体系日益完善，市场秩序不断优化，旅游及相关产业逐渐成为国民经济新的增长点。近年来，我国国内旅游人数逐年攀升（见图 4-3），以 2018 年为例，国内旅游人数总数达到 55.39 亿人次，较 2017 年同期增长 10.8%。其中，2018 年城镇居民旅游人数 41.19 亿人次，增长 12.1%；农村居民旅游人数 14.20 亿人次，增长 7.3%。

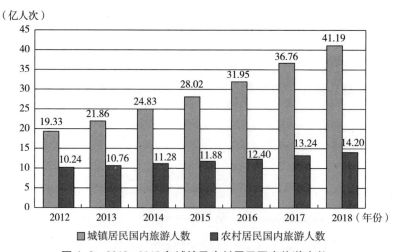

图 4-3　2012~2018 年城镇及农村居民国内旅游人数

资料来源：《2018 年国民经济和社会发展统计公报》。

近年来，我国国内旅游收入逐年增长（见图 4-4），这里以 2018 年为例，该年我国国内旅游收入总额达到 5.13 万亿元，较 2017 年同期增长 12.3%。其中，城镇居民国内旅游人均花费达到 1034.0 元；农村居民国内旅游人均花费达到 611.9 元。

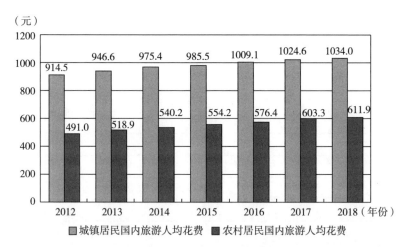

图 4-4　2012~2018 年城镇及农村居民国内旅游人均花费

资料来源：《2018 年国民经济和社会发展统计公报》。

　　我国休闲农业与乡村旅游人数不断增加（见图 4-5），以 2018 年为例，该年我国休闲农业与乡村旅游接待人次超 30 亿人次，休闲农业成为城市居民休闲、旅游和旅居的重要目的地，成为乡村产业的新亮点。到 2019 年上半年，全国乡村旅游总人次已经超过 15 亿人次。

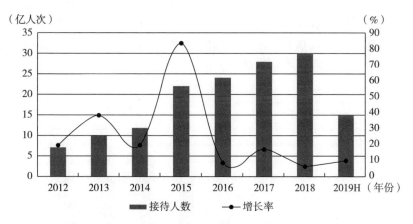

图 4-5　2012~2019 年我国休闲农业与乡村旅游接待人数统计

注：2019H 表示 2019 年上半年。

资料来源：《2018 年国民经济和社会发展统计公报》。

　　（二）乡村旅游占国内旅游的比重不断增加

　　近年来的数据显示，我国乡村旅游人数/收入占国内旅游人数/收入的比重保持相对平稳增长态势（见图 4-6）。在历经 2012~2015 年的快速增长后，2016~

2018 年基本保持平稳。2019 年上半年中国乡村旅游接待游客超 15 亿人次，占国内游客接待人次的 49%；营业总收入达 0.86 万亿元。

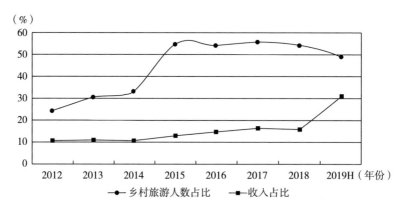

图 4-6　2012~2019 年我国乡村旅游占国内旅游比重

注：2019H 表示 2019 年上半年。

资料来源：《全国乡村旅游发展监测报告》。

（三）我国乡村旅游营业收入增长趋势明显

我国休闲农业与乡村旅游营业收入增长十分迅速（见图 4-7）。我国在 2013 年、2015 年、2016 年的乡村旅游收入增长均达到 30% 以上。2018 年，全国乡村旅游收入超 8000 亿元。2019 年，我国乡村旅游发展态势仍然保持上升，仅上半年实现乡村旅游总收入 0.86 万亿元，同比增长 11.7%，该数值超过 2018 年全年收入，全年乡村旅游收入更是突破 1 万亿元。

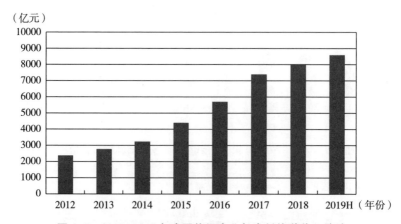

图 4-7　2012~2019 年我国休闲农业与农村旅游收入统计

注：2019H 表示 2019 年上半年。

资料来源：《2019 年中国乡村旅游业市场现状及发展趋势分析　加快产业提档升级适度合理科学开发》。

(四) 乡村旅游在解决就业方面的作用明显

多年来的实践证明，乡村旅游的发展是助力农村地区致富的重要力量、重要途径，是农村振兴的重要引擎。在农村振兴的新时代，乡村旅游发展过程中伴随着各种新的举措，也将在农民致富中取得巨大的成就。农民就业这一困扰我国农村地区多年的问题也终于找到了一条解决路径。我国乡村旅游发展带动了餐饮住宿、农产品加工、交通运输、建筑和文化等关联产业的发展，农民可以就地就近就业。2017年我国休闲农业和乡村旅游从业人员 900 万人，收入超 7400 亿元，使 700 万户农民从中受益，成为农村产业融合的主体。[①] 截至 2019 年 6 月底，我国乡村旅游就业总人数 886 万人，同比增长 7.6%。随着乡村振兴战略的全面实施，农业农村农民"三农"问题的新篇章正在被谱写，各方正在努力使农业更加繁荣，农村更加美好，农民生活更加幸福。目前，我国乡村旅游从业人数不断增加（见图 4-8）。

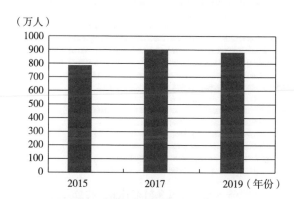

图 4-8 全国乡村旅游就业人数统计

资料来源：根据前瞻产业研究院相关资料整理而得。

(五) 乡村旅游对美丽乡村建设的推动作用明显

近年来，我国乡村旅游项目总数在不断增加，尤其是 2015 年《美丽乡村建设指南》实施以后，美丽乡村建设和乡村旅游齐头并进。早在 2012 年底，我国就有 8.5 万个村开展了休闲农业与乡村旅游活动，休闲农业与乡村旅游经营主体达到 170 万家，其中农家乐 150 万家；从业人员 2800 万人，占全国农村劳动力的 6.9%[②]。到 2019 年中期，我国农村地区农家乐旅游项目已经超过 260 万家，中国魅力休闲乡村数量近 600 个，国家级休闲农业和乡村旅游示范县市（区）超

---

① 国内乡村旅游主要政策、发展现状及热门乡村旅游目的地 ［EB/OL］. (2018-12-21) ［2022-08-29］. https：//www.sohu.com/a/283616166_822716.

② 休闲农业描绘美丽乡村 ［EB/OL］. (2017-04-13) ［2022-08-29］. https：//www.sohu.com/a/133669607_116044.

过 400 个①。2019 年 7 月 28 日，国家文化和旅游部公布了首批全国乡村旅游重点村名单，共计 320 个旅游村入选，包括北京密云区古北口镇古北口村、广西桂林市灵川县大圩镇袁家村、湖南湘西土家族苗族自治州花垣县双龙镇十八洞村、安徽宣城市广德县太极洞风景区桃园村、河北保定市涞水县三坡镇百里峡村等，并且乡村旅游起步较早的江浙地区、川渝地区均有不少乡村入选，浙江省乡村旅游重点村达 14 个，成为最大赢家；江苏、云南紧随其后，乡村旅游重点村达到 13 个（见图 4-9）。这一切都说明乡村旅游正成为美丽乡村建设的有效途径，推动美丽乡村目标实现的作用越来越明显。

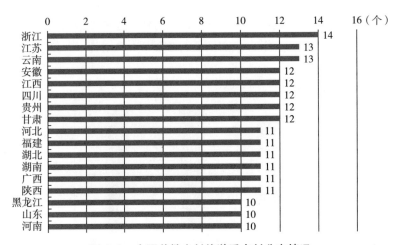

图 4-9　全国首批乡村旅游重点村分布情况

注：只统计了重点村在 10 个及以上的省区。

资料来源：《首批全国乡村旅游重点村公布　这 320 个乡村入选》。

（六）乡村旅游的产业规模不断扩大

自中华人民共和国成立 70 多年来，我国政府持续加大强农惠农富农政策力度，建立健全城乡融合发展体制机制和政策体系，全面深化农村改革，稳步实施乡村振兴战略，农业农村发展取得了历史性成就。目前我国休闲农业和乡村旅游已经进入高速发展阶段，成为新的投资亮点。

国内旅游的繁荣景象正在上演。伴随着乡村旅游提质增效及转型升级的步伐不断加快，参与乡村旅游的游客也在大幅增加，深度体验及休闲游逐渐被大众所接受。旅游者对乡村旅游的获得感不断增强。在国家"美丽乡村建设""乡村振

---

① 梁晶．基于乡村振兴战略视角下乡村旅游发展现状与创新模式分析［J］．辽宁农业科学，2020（2）：46-48.

兴战略""以文促旅""供给侧结构性改革"等多种政策或发展思路的引导下，我国乡村旅游的品质正在飞速提升。乡村旅游的类型不断丰富，在多种旅游动机驱动下，越来越多的旅游者加入深度游的行列，旅游经历更加丰富。

二、我国乡村旅游发展的总体趋势

总体来说，在未来几年，乡村旅游将成为旅游业的一支新的主要力量。通过发展乡村旅游，可以真正启动乡村旅游消费市场，促进我国乡村旅游实现消费大众化、产品专业化、服务标准化和效益多元化。

（一）乡村旅游产业链进一步拓展

随着国家大力发展乡村休闲旅游产业，乡村电子商务得到了进一步发展，培育了一批宜居特色村镇。此外，智能开发也逐渐应用于乡村旅游产业。未来，"旅游+""互联网+"等行动将推动休闲旅游、旅游电子商务、城镇旅游等领域发展，乡村旅游产业链和价值链将得到进一步拓展。

（二）统一的乡村旅游规划体系

统一规划将在乡村旅游领域推广，在国家和地区层面选择优秀的开放项目，供开发商参观学习，避免盲目复制和生产劣质旅游产品。因此，未来更多的项目将充分考虑区域特点，因地制宜，创造更好的旅游产品，后续也将不断地创新乡村旅游产品，提升市场竞争力。

（三）乡村旅游将呈现多元化发展形式

随着我国 GDP、居民收入和消费水平的不断提高，城乡空间距离不断缩短，乡村旅游初级产品已不能满足大众的需求，产品也逐渐向精细化、高端化方向发展。农家乐、民俗村寨、农村农场、农业科技园、古村落、乡村度假村等产品创新升级已成大势所趋，可以预见，未来的乡村旅游转型升级过程中将有更多新的发展形式出现。

（四）乡村旅游业态不断创新

在美丽乡村建设背景下，为了避免同质化竞争，获得差异化优势，每个村庄都要制定差异化发展计划，如"一个村庄，一个产品"和"一个家庭，一个商业形式"，精心设计，创造高品质的产品。因此，未来美丽乡村建设要突出乡村特点，努力增加创新元素，其原因在于为了在国内众多的乡村项目中吸引游客，旅游景点必须突出自己的特色。

（五）乡村旅游在乡村建设领域越来越受到重视

2018 年中央一号文件明确指出，乡村旅游是实现乡村振兴战略的重要领域。党的十九大报告指出，人民日益增长的美好生活需求与不平衡不充分发展之间的矛盾是新时代社会的主要矛盾。随着主要社会矛盾的变化，发展的重点和方式也发生了重大变化。中央一号文件连续十余年关注农业问题。"美丽乡村""特色乡镇"等政策相继出台,充分体现了农业农村问题的重要性。以美丽乡村建设的伟大目标为指导,树立协调共享的发展理念,有序推进以城市居民为主要客源对象的乡村旅游发展。通过发展乡村旅游,就地实现农业人口城镇化,促进农村发展"短板"快速增长,构建城乡协调发展格局,实现高质量、高效、公平、可持续发展,解决"三农"问题。新农村建设和乡村振兴战略的继续推进,乡村旅游持续发展,旅游企业投资改善农村地区的基础设施,旅游业已经成为当地居民的一个重要的收入来源,大大提高了当地居民的幸福指数。这一切都在说明乡村旅游在乡村建设领域中越来越受到重视。

值得注意的是,未来随着各地乡村旅游的蓬勃发展,我国乡村旅游将处于"全面开发"和"遍地开花"的快速发展阶段,但问题也客观存在:一是产品层面,目前乡村旅游产品仍主要表现为农家乐、古村落观光、农业观光、农耕体验等传统初级形式,形式单一、项目雷同、内容泛化;二是产业层面,与农林渔牧、手工业、休闲服务业等产业融合度不高,不能充分发挥乡村旅游作为复合型产业的作用;三是开发层面,呈现出与美丽乡村建设理念不相符合的问题,如项目内容违背乡村特色,乡村景观趋于城市化,空间布局紊乱,开发形式粗放,利益相关者冲突;四是管理层面,美丽乡村建设过程中仍有大批乡村旅游企业经营管理水平较低,旅游专业合作组织未充分发挥其作用;五是人才层面,人才引进难、教育培训落后是乡村旅游发展的明显制约因素,导致乡村旅游服务水平低、服务意识差、旅游飞地现象突出等问题;六是环境层面,由于游客大量增加、生态意识薄弱、经营管理不善,乡村生态压力陡然增大,乡村生态环境退化形势严峻。[①] 因此,本章接下来就美丽乡村建设背景下乡村旅游转型升级面临的主要问题做进一步的探讨。

第二节　乡村旅游转型升级面临的主要问题

作为美丽乡村建设背景下乡村地区产业发展的新型业态,乡村旅游肩负着带动乡村地区经济增长、解决农村富余劳动力就业、增加农民收入的使命。当前我国乡村旅游发展的内外环境均不同以往,产业发展由过去的凭借单一要素发展转向多要素融合,各地纷纷探索出了新的发展思路,涌现了一批典型案例,如经典的成都农家乐、特色突出的北京民俗村、创新思维显著的浙江洋家乐等。这些地区的共同之处就是很好地贯彻了当前美丽乡村建设理论提出的绿色发展理念,在

①　陈志军,黄细嘉.美丽中国视阈下的乡村旅游转型与升级[J].未来与发展,2014(8):78-81.

低碳、康养、慢节奏等方面下了巨大的功夫，将乡村旅游度假休闲的发展模式展现得淋漓尽致，起到了很好的示范作用。

但目前，我国还有很多地区没有达到上述标准，尤其是从发展的视角看，众多地区尚未搞清楚美丽乡村建设背景下的乡村旅游特性，发展陷入了停滞不前、低效无序的状态。因此，我国传统乡村旅游要脱离困境，未来的转型升级中需要解决一系列关键问题。

一、产业定位与美丽乡村建设赋予其的战略性功能不匹配

党的十八大报告强调建设生态文明是关系人民福祉、关乎民族未来的长远大计。面对资源约束趋紧、环境污染严重、生态系统退化的严峻形势，必须树立尊重自然、顺应自然、保护自然的生态文明理念，把生态文明建设放在突出地位，融入经济建设、政治建设、文化建设、社会建设各方面和全过程，努力建设美丽中国，实现中华民族永续发展。2013 年，国务院印发的《关于加快发展现代农业进一步增强农村发展活力的若干意见》强调推进农村生态文明建设。2015 年 2 月国务院发布《关于加大改革创新力度加快农业现代化建设的若干意见》提出，"中国要美，农村必须美。繁荣农村，必须坚持不懈推进社会主义新农村建设。要强化规划引领作用，加快提升农村基础设施水平，推进城乡基本公共服务均等化，让农村成为农民安居乐业的美丽家园"。自此，乡村旅游迎来了历史性的发展新机遇，发展乡村旅游成为我国乡村建设的重要驱动力，在全面推进美丽乡村建设背景下，充分认识乡村旅游发展的战略地位和作用势在必行。

目前我国众多地区存在着未充分认识美丽乡村建设背景下乡村旅游发展的"战略性"功能，对其定位存在着误判现象。这些地区对乡村旅游概念理解不深，对自身的定位存在误判，降低了乡村旅游的丰富性，并掩盖了很多其他类型乡村旅游发展的可能性。这其中包含许多以单纯的农业观光为主的乡村旅游景区规划，这类地区的大多数乡村旅游产品未能真正体现绿色发展理念，有的甚至歪曲了乡村旅游的内涵，影响了地区产品的吸引力。

二、规划开发与美丽乡村"绿色生态化"发展错位

美丽乡村建设理念坚持生态优先，推动绿色发展，这就要求在我国乡村旅游开发中需要坚持保护与开发并重、绿色低碳化发展。由于对乡村旅游规划开发方面的意识不足，导致我国很多地区存在规划开发与美丽乡村"绿色生态化"发展错位问题。一些地区的乡村旅游缺乏合理有效的规划，盲目学习其他地区的乡村旅游发展经验，复制其他乡村地区景区景点建设，没有在本地区原有风貌上思考提升，使乡村缺少了旅游魅力，吸引力渐失。部分地区在开发中往往看重规模

和表象，缺少对质量和特色的考虑，这种存在较大盲目性的开发例子屡见不鲜。缺乏生态保护意识的开发本身往往会对乡村造成破坏，更有些乡村地区人工痕迹过于明显，完全背离了乡村旅游发展的本质。

三、发展模式与美丽乡村建设"因地制宜"不相符

党的十八届三中全会围绕建设美丽中国、打造生态文明的宏伟蓝图，特别提出了"因地制宜"建设美丽乡村的相关理论和举措，为美丽乡村的建设指明了方向。

美丽乡村建设背景下的乡村旅游产业转型升级同样需要"因地制宜"。我国乡村旅游经营发展模式多种多样，很多地区却未能落实"因地制宜"原则。乡村旅游发展中找不准定位，旅游开发既缺乏特色亮点，又缺乏整体发展布局，旅游发展模式仅是简单复制。若乡村旅游发展缺乏"因地制宜"的科学思维，想有效促进美丽乡村建设和旅游产业相融合便难上加难。要破解这一难题，借助乡村旅游发展实现美丽乡村建设，让乡村变美，让农民变富，真正造福一方百姓，就需要从自身出发，推进乡村旅游的经营管理升级。

四、利益分配与美丽乡村建设"以人为本"存在偏差

建设美丽乡村的目的就是要为农民谋求越来越多的长远利益，让农民与全国人民共享改革开放和现代化建设的成果。需要把这一理念落到实处，我们在美丽乡村建设中对每个具体目标的设计，对每个重大问题的处理，对每个建设环节的安排，对每个项目的选择，都要始终维护和发展广大农民的利益，使农民成为美丽乡村建设的主体受益人。

因此，美丽乡村建设必须充分发挥农民的主体作用，调动农民的创造性和积极性，在这个前提下，应充分利用政府提供的政策和资金，努力挖掘各地的优势和特点，探索适合当地的创造模式，使农民发挥更大的作用实现建设美丽乡村的目标。当前，在许多规模较大、产业化较深的乡村旅游景区，城市投资者垄断了旅游资源的经营权，得到了大部分旅游收入；然而，当地农民，只能得到很少的红利和补偿。城乡统筹发展的主要机制是"以城带乡，城乡并举"，但是在这些看似城市人"飞地"的乡村旅游景区中，旅游发展的结果却是"乡带城市"，城市人拥有了原本属于农民的发展机会和财富。城乡统筹发展的目标是促进农村的繁荣稳定，而乡村旅游的"飞地化"却引起了农民的不满，阻碍了农村社会经济的可持续发展。

五、要素配置与美丽乡村建设"宜居宜业"存在距离

随着中央强农惠农富农政策的深入和完善，美丽乡村的发展势头良好，但不可否认的是，农村基础设施还比较薄弱，存在着建设优先管理和保护、硬件优先

软件、眼前优先长期规划、表面功夫优先实质功能等问题。2016 年 1 月发布的《中共中央　国务院关于落实发展新理念加快农业现代化实现全面小康目标的若干意见》提出，加快农村基础设施建设。把国家财政支持的基础设施建设重点放在农村，建好、管好、护好、运营好农村基础设施，实现城乡差距显著缩小。2017 年 2 月，国务院办公厅发布了《关于创新农村基础设施投融资体制机制的指导意见》，提出了构建多元化投融资新格局，完善农村基础设施建设机制等要求；鼓励企业、社会团体和个人通过捐赠资金物资、结对帮扶、村包工程等方式，支持农村基础设施建设和经营管理保护。这从侧面说明了美丽乡村建设遵循"宜居宜业"是国家政策层面上的要求。但我国乡村旅游发展中基础设施不健全问题，已经成为制约乡村经济发展的一大顽疾。

六、运营思路与美丽乡村"长效管理"思维存在偏差

多年来，我国大部分乡村地区认真贯彻政府关于全面推进美丽乡村建设的决策部署，以建设实施的相关文件为要求，以实现生态文明为目标，统筹乡村产业发展、村庄整治、乡风文明、民生改善等各项细节，掀起了美丽乡村建设高潮。正如人们所说的"三分建设，七分管理"，美丽乡村长效管理工作同样重要。2015 年 5 月，由国家质检总局和国家标准委共同发布的《美丽乡村建设指南》中特别提到了美丽乡村的"长效管理"问题。这是有效巩固美丽乡村建设成果的基本保障。

乡村旅游的内外发展环境并不是一成不变的，相反其始终处于动态变化之中，这就要求乡村旅游转型升级必须要创新发展思路。当前强化乡村旅游运营管理创新已势在必行。乡村旅游一般按照旅游资源禀赋划分为传统古村落、农业观光园、现代乡村风景区等。我国前两种乡村旅游发展较早，运营管理较成熟。第三种乡村旅游具有地理范围广、整体空间开放性和资源公共性等特点，给企业的运营管理带来一定困难，传统的企业整体运营模式难以实施。一般来说，现代乡村风景区在开发的早期阶段，有关开发建设的投资相对较多，特别是有关公共空间环境和资源的开发建设，由于这些投入对旅游业的影响还不清楚，因此在这一时期，通常有必要在运营方面进行探索。另外，有关乡村旅游产品推广和营销管理同样需要改善，当旅游企业积累了一定的管理经验，旅游效益逐渐显现后，农民便会积极参与开发和管理，乡村经营者的自我组织和管理能力也会逐渐增强。乡村旅游发展初期大多以农村自组织管理为主体，因此对运营主体及营销管理进行创新是实现乡村旅游可持续发展的要求，也是追求与美丽乡村建设的"长效管理"思维相契合的要求，这将成为未来我国乡村旅游转型升级过程中必须面对的问题。

第五章 乡村旅游转型升级的影响因素

第一节 旅游系统理论及选择系统论视角的原因

一、旅游系统理论概述

系统，即部分组成整体之意，通常指多种要素依照一定的结构形式组成的具有特定功能的有机体。此定义中涉及系统、要素、结构、功能，表明了要素、系统与环境三方面的关系。系统论观点应用于旅游业研究始于 20 世纪，由国外学者研究区域旅游系统（Regional Tourism System，RTS）时提出，主要围绕界定旅游系统概念、构成旅游系统的要素及系统内部要素之间的非线性作用关系等问题展开。地理学家普列奥布拉任斯基于 1972 年指出地域旅游系统属于社会地理系统，具有功能和地域完整性特征，是一个客观存在的社会功能系统[①]。甘恩于 1972 年选择了供需视角研究区域旅游系统，不仅提出了区域旅游功能系统完整模型，还指出该系统具有动态性特征[②]。20 世纪 90 年代，我国学者较为深入地研究了该问题，相关认识也逐渐趋同。旅游系统是人类借助一定的媒介或方式将各种旅游活动与各种旅游资源在特定地域范围内进行有机结合，属于社会地理系统之一。也就是说，旅游系统是直接参与旅游活动的各种因素相互依存、相互制约而形成的一个开放的有机整体[③]。若从功能视角看，旅游系统包括四大部分即客源市场（需求）子系统、旅游目的地（供给）子系统、支持子系统和中介子系统。子系统内又包括诸多

---

① 郭长江，崔晓奇，宋绿叶，等. 国内外旅游系统模型研究综述 [J]. 中国人口·资源与环境，2007（4）：101–106.

② 谢双玉，张琪，龚箭，等. 城市旅游景点可达性综合评价模型构建及应用：以武汉市主城区为例 [J]. 经济地理，2019（3）：232–239.

③ 韩百娟. 重庆都市圈旅游系统开发研究 [D]. 重庆：重庆师范大学硕士学位论文，2003.

要素，这些要素相互关联、彼此制约，构成一个有机的旅游系统①。

二、乡村旅游系统及其构成要素

乡村旅游系统作为旅游系统构成当中的重要一环，特殊之处在于这个组织形式存在于乡村旅游领域内，该系统结构可以从四个子系统视角进行划分②。

（一）乡村旅游供给子系统及其构成要素

乡村所在地的旅游资源和居民构成了供给子系统，而旅游资源既有物质性层面的，也有非物质性层面的；乡村居民则本身就具备吸引旅游者的功能属性，同时又是旅游资源提供者，发挥着挖掘资源吸引旅游者的作用，因此在系统主体中占有一席之地。

（二）乡村旅游需求子系统及其构成要素

该子系统可以从主客观两个需求层面来理解，客观需求是伴随人们收入增加、富余时间增多、休闲康养产业的发展而产生的；主观需求则源自人们内心渴望体验乡村生活、接近自然等诉求产生的。后者是产生旅游动机的心理原因，对乡村旅游发展更具有推动力。

（三）乡村旅游支持子系统及其构成要素

该子系统涉及所有乡村旅游的环境因素，其中包括社会、经济、文化、自然环境等因素。此系统从硬环境和软环境两个方面影响旅游者决策行为和旅游活动质量。

（四）乡村旅游中介子系统及其构成要素

该子系统作为中间环节，将乡村旅游产品和旅游消费联系在一起，实现信息流在产品与市场间的顺畅流通，涉及传媒、宣传品、旅行社等发挥媒介作用的要素。另外，乡村旅游中介子系统还有一个重要的组成部分，即具有群众组织或行业组织性质的乡村旅游服务中心。

综上所述，从要素构成视角不难发现，政府、社区居民、旅游者、旅游企业（旅行社）共同构成乡村旅游系统中的核心主体。构成供给子系统的吸引要素共同作用促进旅游需求产生；将潜在需求演化为真实的旅游行为则需要中介子系统发挥推动作用，具体表现在从供给端刺激乡村旅游产品生产，同时向需求端传递信息和提供服务产品。当然，上述子系统间的相互作用离不开支持子系统的基础辅助作用。

---

① 刘峰. 旅游系统规划：一种旅游规划新思路［J］. 地理学与国土研究，1999（1）：57-61.

② 张树民，钟林生，王灵恩. 基于旅游系统理论的中国乡村旅游发展模式探讨［J］. 地理研究，2012，31（11）：2094-2103.

三、乡村旅游系统驱动机制

乡村旅游动力系统中的四个子系统之间相互作用驱动了乡村旅游的发展（见图 5-1）。①

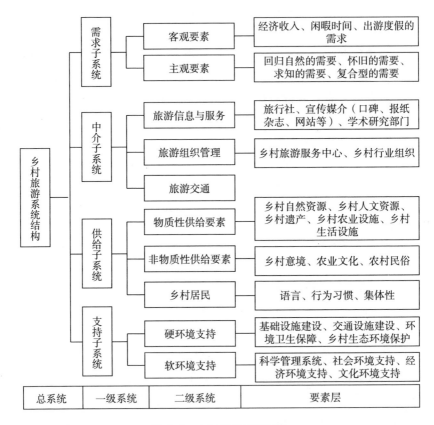

图 5-1　乡村旅游系统结构

资料来源：张树民，钟林生，王灵恩．基于旅游系统理论的中国乡村旅游发展模式探讨［J］．地理研究，2012，31（11）：2094-2103.

（一）需求子系统和供给子系统占据主要地位

从乡村旅游系统视角看，四个子系统相互作用共同构成了乡村旅游发展的驱动力之源，在整个乡村旅游动力系统中，需求子系统和供给子系统占据主要地位，它们的相互作用是整个系统运动的基础。其中，扮演主动系统角色的是需求

---

① 张树民，钟林生，王灵恩．基于旅游系统理论的中国乡村旅游发展模式探讨［J］．地理研究，2012，31（11）：2094-2103.

子系统，供给子系统的运行和发展很大程度上取决于需求子系统的推动作用。同时，供给子系统响应旅游市场需求，连续地开展旅游产品生产及更新，引领消费潮流，并对需求子系统产生反作用。

（二）乡村旅游支持子系统提供了支撑作用

乡村旅游支持子系统在需求子系统和供给子系统相互作用过程中发挥了支撑作用，与两个主要子系统之间存在相互促进的关系。乡村旅游支持子系统主体中的政府，通过制定扶持乡村旅游发展的政策，对需求子系统产生了正向积极的作用。同时，政府出台的一大波针对乡村开发旅游资源的扶持性政策，也有力地推动了供给子系统的运转。当然，需求子系统和供给子系统的良性发展，也会让支持子系统受益，在很多方面促进了支持子系统的完善。

（三）乡村旅游中介子系统的桥梁纽带作用

在乡村旅游需求与供给之间搭起桥梁、起到纽带作用的是乡村旅游中介子系统，作为中介体，中介子系统在供需之间及时传达信息，提供相关的服务，并以此获取收益，维系系统的高效运作。一方面，乡村旅游需求子系统中的旅游者主体通过获取来自中介子系统的产品信息，对产品进行选择，从而获得满足感；另一方面，供给子系统通过中介子系统将来自需求子系统的反馈信息进行整合，能够更好地规划产品生产，及时针对产品问题做出修改，从而提升服务水平，乡村旅游系统驱动机制如图5-2所示。

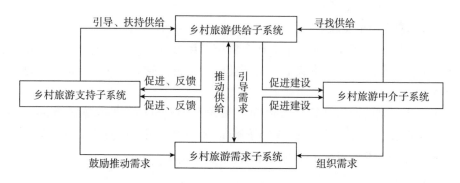

图5-2　乡村旅游系统驱动机制

资料来源：张树民，钟林生，王灵恩. 基于旅游系统理论的中国乡村旅游发展模式探讨［J］. 地理研究，2012，31（11）：2094-2103.

四、系统论视角下乡村旅游发展模式

乡村旅游系统理论揭示了整个系统中政府、社区居民、旅游者、旅游企业（旅行社）作为主体，在不同的阶段、状态下的重要性并不相同，占主导地位的

主体往往会对地区乡村旅游起到关键性作用。乡村旅游系统中的各个子系统之间存在相互作用，对整个系统的驱动作用并不相同，基于上述认识，结合我国乡村旅游的实际，可以将其发展的总体表现划分为不同的模式，即需求拉动型模式、供给推动型模式、中介影响型模式、支持作用型模式及混合驱动型模式（张树民等，2012；易瑜，2016）。

（一）需求拉动型模式

需求拉动型模式，指旅游需求在乡村旅游系统中占据主导地位，产生拉动效应的发展模式。在该模式下，旅游者占据强势利益主体地位。

乡村拥有城市所没有的轻松氛围与独特的人居环境，在城市中生活久了的人们内心往往渴望亲近大自然，想要欣赏田间地头独特的风景，体验农家生活日常，见识独特的民风习俗，一旦这些想法付诸行动就表示旅游活动开始了。旅游者的需求和消费偏好将拉动地区乡村旅游的繁荣发展。

（二）供给推动型模式

供给推动型模式，指旅游供给在乡村旅游系统中占据主导地位，产生推动效应的发展模式。在该模式下，村集体或村民合作社等组织占据强势利益主体地位。

乡村旅游目的地从自身实际出发，深入挖掘自身优势资源，利用一切可利用的条件，打造具有独特吸引力的产品，并且不断进行产品更新迭代、推陈出新，进而推动地区乡村旅游发展。

（三）中介影响型模式

中介影响型模式，指旅游中介在乡村旅游系统中占据主导地位，发挥中介影响效应的发展模式。在该模式下，旅行社或者旅游行业协会等中介机构占据强势利益主体地位。

旅行社及旅游业行业协会等民间组织作为中介机构，参与旅游产品销售运营，引导旅游者了解产品信息、购买旅游产品、参与旅游体验活动等，最终对整个地区乡村旅游发展发挥了重要的作用。

（四）支持作用型模式

支持作用型模式，指支持子系统在乡村旅游系统中占据主导地位，发挥推动效应的发展模式。在该模式下，政府占据强势利益主体地位。政府作为乡村旅游主体之一，积极发挥引导作用，在基础设施、投资资金等问题上支撑发力，解决乡村旅游发展的限制性问题，助推地区乡村旅游腾飞。

（五）混合驱动型模式

混合驱动型模式，指乡村旅游系统中各子系统协同发力，共同发挥驱动效应，促进乡村旅游发展的模式。在该模式下，供给子系统、需求子系统、支持子系统、中介子系统各有分工、高效协同，都在乡村旅游发展中发挥着较大的作用。各子系统主体在利益分配上遵循旅游市场经济运行原则，获取相应的旅游收益。

五、选择系统论视角研究转型升级影响因素的原因

本书选择系统论视角来研究乡村建设背景下乡村旅游转型升级的影响因素原因有以下方面：

在系统论视角下，更有利于在研究过程中对转型升级影响因素进行识别。因为该理论视角下，我们能够更好地从要素构成的角度识别地区乡村旅游转型升级中占主导地位的主体，进而基于这些主体视角并结合地区资源、区位等具体条件进一步识别转型升级影响因素。从前文分析不难发现，政府、社区居民、旅游者、旅游企业（旅行社等）共同构成乡村旅游系统中的主体。每一种模式下，系统中占主导地位的要素主体往往不同，因而最突出的影响因素也不一致，在乡村旅游转型升级的表象背后，我们需要去识别最关键的影响其转型升级的因素。

在系统论下的分类研究，便于我们在研究中直接抓住最核心最关键的影响因素。具体分类研究：第一，游客作为旅游系统中的重要组成部分，对乡村旅游的发展具有非常重要的作用。基于系统论的需求拉动型模式，游客主体占据主导作用，该模式要实现健康、可持续发展，必须以旅游特色吸引足够数量的游客来游览参观和消费，因此游客对乡村旅游的评价是衡量该类型乡村旅游发展现状的重要指标。

第二，支持作用型乡村旅游发展模式下，政府部门往往占主导地位。探讨此类型的影响因素，主要基于政府政策来探讨。基于政府政策来分析影响转型升级的因素，可以推动所在地政府主管部门从这些因素出发，有针对性地从政策扶持入手，达到推动支持作用型模式下乡村旅游的转型升级之目的。

第三，供给推动型模式下的乡村旅游地区往往拥有较多的优势资源，其基础配套设施和资源特色会直接影响旅游转型升级的实现。因此，地方应在基础供给条件、资源本地性和可利用性、对乡村文化资源的认知、乡村经济多元化等方面发力，从而找出提升地区乡村旅游发展的关键指标，可以推动本地乡村旅游组织管理主体从这些因素出发，进行有针对性的改进，达到实现供给推动型模式下乡村旅游转型升级之目的。

第四，中介影响型发展模式下的乡村旅游地区需要旅行社、旅游行业协会、网络平台和各种媒体等扮演中介角色的机构在供给与需求之间架起桥梁，各主体积极发挥自身的优势主导作用，不断地推陈出新，如创新乡村旅游活动和旅游产品等，将供求双方紧密地联系起来。因此，适合采用这类乡村旅游发展模式的地

区，未来的转型升级需要重点从上述角度着手厘清关键影响因素，从而找出提升地区乡村旅游发展的关键指标，本地乡村旅游组织管理主体可从这些因素出发，进行有针对性的改进，达到推动中介影响型发展模式下乡村旅游转型升级之目的。

第五，现实中存在一类乡村地区是靠多主体多系统混合驱动本地乡村旅游发展的，这类地区集资源、区位、主体实力等有利因素于一体，若措施得当、经营有方，势必会在乡村旅游的激烈竞争中脱颖而出。因此，在美丽乡村建设过程中，这类地区往往需要综合考虑各种因素，厘清本地乡村旅游转型升级的关键影响因素，本地乡村旅游涉及的各主体可从这些因素出发，合力进行有针对性的改进，达到推动混合驱动型模式下乡村旅游转型升级之目的。

综上所述，系统论下的分类研究，有利于我们在研究中直接抓住各类型发展模式下乡村旅游转型升级最核心最关键的影响因素。

乡村旅游系统理论让我们在研究过程中既能够从整体上总览乡村旅游产业的全貌，又能够深入不同的地区实际挖掘特定模式转型升级的关键影响因素。未来的乡村旅游转型升级需要我们厘清这个系统里资源、主体、区位等的整体概况。同时，借助子系统的研究，我们能够区分大系统内部的子系统及其构成要素之间的联系。这样由表及里地分析问题，一方面可以让理论研究的思路更加清晰，另一方面是在系统论的支撑下，可以科学系统地探究乡村旅游转型升级的各种问题。因此，本书选择系统论视角研究乡村旅游转型升级的影响因素，能够更科学更高效地寻找到相对关键的因素，这对后续研究也是非常有利的。

第二节　旅游系统论视角下乡村旅游转型升级的影响因素

一、需求拉动型模式乡村旅游转型升级的影响因素

需求拉动型模式乡村旅游要实现健康、可持续发展，必须以旅游特色吸引足够数量的游客来游览参观和消费。本部分从游客视角出发，分析影响游客满意度的关键因素，从而找出提升游客满意度的关键指标，可以从这些因素出发，进行有针对性的改进，达到推动需求拉动型模式乡村旅游转型升级之目的。

（一）我国乡村旅游的游客需求趋势

西方发达国家经历了漫长的城市化过程，城乡一体的发展模式已经相对成熟，自20世纪70年代以来，这些国家甚至出现了城市空心化的逆向发展现象。

这些国家的乡村旅游消费者大多数是基于"文化体验+乡村休闲"的绿色度假需求出游①。而我国城市居民的乡村旅游需求动机复杂多变，不同细分群体的旅游者往往对乡村持有不同的文化认同、情感诉求和现实需求。

目前，我国乡村旅游游客对乡村旅游产品的需求仍保持在初级阶段，大多数仍然以观光休闲和娱乐体验为主，这表明乡村旅游产品类型单一、产品粗糙、管理泛化问题依然广泛存在。当然，随着经济的快速发展，旅游逐渐成为一种普遍的生活方式。国内旅游多极化和旅游消费个性化发展趋势明显，乡村旅游也在朝观赏、考察、学习、参与、娱乐、购物、度假的综合方向发展。总体上看，旅游者对多功能、复合型乡村旅游产品的需求日益强烈。

（二）需求拉动型模式下乡村旅游转型升级影响因素

本部分主要基于游客满意度提升视角探寻乡村旅游转型升级影响因素。

1. 发展现状的调查

（1）数据来源。本书数据来源于2018～2019年广东、四川、河南部分乡村旅游点问卷调查。本次调查由经过严格挑选培训的调查员，在乡村旅游点对游客开展调查。本次调查共发放问卷1200份，回收有效问卷1146份，有效回收率95.5%。

（2）样本基本情况。

1）年龄。在1146份调查问卷中，年龄分布相对均衡。其中，20岁及以下共有219人，占19.1%；21～30岁290人，占25.3%；31～40岁有360人，占31.4%；41～50岁有144人，占12.6%；51～60岁有109人，占9.5%；60岁以上有24人，占2.1%。说明游客比较年轻，31～40岁和21～30岁占比较高，如表5-1所示。

表5-1　被调查对象的年龄分布

年龄	数量（人）	百分比（%）	有效百分比（%）	累计百分比（%）
20岁及以下	219	19.1	19.1	19.1
21～30岁	290	25.3	25.3	44.4
31～40岁	360	31.4	31.4	75.8
41～50岁	144	12.6	12.6	88.4
51～60岁	109	9.5	9.5	97.9
60岁以上	24	2.1	2.1	100.0
合计	1146	100.0	100.0	—

---

① 新型城镇化建设新进展④丨收缩型城市：以"瘦身强体"替代"增量规划"［EB/OL］.（2020-06-12）［2022-08-30］. https://baijiahao.baidu.com/s? id=1669187091363288203&wfr=spider&for=pc.

2）性别。在 1146 份问卷数据中，男性有 464 人，占 40.5%；女性有 682 人，占 59.5%。男女性别结构相对均衡，女性占比略高，如表 5-2 所示。

表 5-2　被调查对象的性别构成

性别	数量（人）	百分比（%）	有效百分比（%）	累计百分比（%）
女	682	59.5	59.5	59.5
男	464	40.5	40.5	100.0
合计	1146	100.0	100.0	—

3）民族。在 1146 位被调查对象中，汉族有 1099 人，占 95.9%；蒙古族有 11 人，占 1.0%；满族有 8 人，占 0.7%；回族有 3 人，占 0.3%；藏族有 11 人，占 1.0%；壮族有 3 人，占 0.3%；维吾尔族有 8 人，占 0.7%；其他少数民族共计有 3 人，占 0.3%，如表 5-3 所示。

表 5-3　被调查对象的民族分布

民族	数量（人）	百分比（%）	有效百分比（%）	累计百分比（%）
汉族	1099	95.9	95.9	95.9
蒙古族	11	1.0	1.0	96.9
满族	8	0.7	0.7	97.6
回族	3	0.3	0.3	97.8
藏族	11	1.0	1.0	98.8
壮族	3	0.3	0.3	99.0
维吾尔族	8	0.7	0.7	99.7
其他少数民族	3	0.3	0.3	100.0
合计	1146	100.0	100.0	—

4）政治面貌。在 1146 份调查问卷中，中共党员有 323 人，占 28.2%；共青团员有 482 人，占 42.1%；群众有 312 人，占 27.2%；民主党派和无党派人士有 29 人，占 2.5%，如表 5-4 所示。

表 5-4　被调查对象的政治面貌

政治面貌	数量（人）	百分比（%）	有效百分比（%）	累计百分比（%）
中共党员	323	28.2	28.2	28.2

政治面貌	数量（人）	百分比（%）	有效百分比（%）	累计百分比（%）
共青团员	482	42.1	42.1	70.5
群众	312	27.2	27.2	97.5
民主党派和无党派人士	29	2.5	2.5	100.0
合计	1146	100.0	100.0	—

5）受教育程度。在 1146 位被调查对象中，没上过学的有 14 人，占 1.2%；小学的有 49 人，占 4.3%；初中的有 99 人，占 8.6%；高中的有 113 人，占 9.9%；技校、职高的共有 118 人，占 10.3%；大专的有 431 人，占 37.6%；本科的有 277 人，占 24.2%；研究生的有 45 人，占 3.9%。总体来看，大专及以上学历占比达到 65.7%，说明被调查对象的总体受教育程度较高，如表 5-5 所示。

表 5-5　被调查对象的受教育程度

受教育程度	数量（人）	百分比（%）	有效百分比（%）	累计百分比（%）
没上过学	14	1.2	1.2	1.2
小学	49	4.3	4.3	5.5
初中	99	8.6	8.6	14.1
高中	113	9.9	9.9	24.0
技校、职高	118	10.3	10.3	34.3
大专	431	37.6	37.6	71.9
本科	277	24.2	24.2	96.1
研究生	45	3.9	3.9	100.0
合计	1146	100.0	100.0	—

6）婚姻状况。从 1146 位被调查对象的数据统计来看，已婚群体占比较高，有 650 人，占 56.7%；再婚群体有 62 人，占 5.4%；离婚群体有 20 人，占 1.7%；未婚群体有 407 人，占 35.5%；丧偶群体有 7 人，占 0.6%，如表 5-6 所示。

表 5-6　被调查对象的婚姻状况

婚姻状况	数量（人）	百分比（%）	有效百分比（%）	累计百分比（%）
已婚	650	56.7	56.7	56.7
再婚	62	5.4	5.4	62.1
离婚	20	1.7	1.7	63.9

婚姻状况	数量（人）	百分比（%）	有效百分比（%）	累计百分比（%）
未婚	407	35.5	35.5	99.4
丧偶	7	0.6	0.6	100.0
合计	1146	100.0	100.0	—

7）职业。从1146位被调查对象的数据统计来看，农民有134人，占11.7%；工人有90人，占7.9%；商业、服务业人员有164人，占14.3%；事业单位、公务员有237人，占20.7%；其他固定工作者有179人，占15.6%；退休人员有54人，占4.7%；无业、失业人员有288人，占25.1%，如表5-7所示。

表5-7 被调查对象的职业分布

职业	数量（人）	百分比（%）	有效百分比（%）	累计百分比（%）
农民	134	11.7	11.7	11.7
工人	90	7.9	7.9	19.6
商业、服务业人员	164	14.3	14.3	33.9
事业单位、公务员	237	20.7	20.7	54.6
其他固定工作者	179	15.6	15.6	70.2
退休人员	54	4.7	4.7	74.9
无业、失业人员	288	25.1	25.1	100.0
合计	1146	100.0	100.0	—

8）居住地。在被调查的1146位游客中，居住在城区的有541人，占47.2%；居住在集镇的有228人，占19.9%；居住在农村的有377人，占32.9%，如表5-8所示。

表5-8 被调查对象的居住地

居住地	数量（人）	百分比（%）	有效百分比（%）	累计百分比（%）
城区	541	47.2	47.2	47.2
集镇	228	19.9	19.9	67.1
农村	377	32.9	32.9	100.0
合计	1146	100.0	100.0	—

9）户口类型。从1146位被调查对象的数据统计来看，农业户口有544人，

占 47.5%，非农业户口有 588 人，占 51.3%；其他有 14 人，占 1.2%，如表 5-9 所示。

表 5-9　被调查对象的户口类型

户口类型	数量（人）	百分比（%）	有效百分比（%）	累计百分比（%）
农业户口	544	47.5	47.5	47.5
非农业户口	588	51.3	51.3	98.8
其他	14	1.2	1.2	100.0
合计	1146	100.0	100.0	—

10）家庭结构。从 1146 位被调查对象的数据统计来看，单身有 445 人，占 38.8%；已婚但无小孩有 125 人，占 10.9%；已婚且孩子未成年有 352 人，占 30.7%；已婚且孩子已经成年有 193 人，占 16.8%；其他有 31 人，占 2.7%，如表 5-10 所示。

表 5-10　被调查对象的家庭结构

家庭结构	数量（人）	百分比（%）	有效百分比（%）	累计百分比（%）
单身	445	38.8	38.8	38.8
已婚但无小孩	125	10.9	10.9	49.7
已婚且孩子未成年	352	30.7	30.7	80.5
已婚且孩子已经成年	193	16.8	16.8	97.3
其他	31	2.7	2.7	100.0
合计	1146	100.0	100.0	—

11）平均月收入。从 1146 位被调查对象的数据统计来看，平均月收入在 2000 元及以下的有 303 人，占 26.4%；平均月收入在 2001~3500 元的有 353 人，占 30.8%；平均月收入在 3501~5000 元的有 321 人，占 28.0%；平均月收入在 5000 元以上的有 169 人，占 14.7%，如表 5-11 所示。

表 5-11　被调查对象的平均月收入

平均月收入	数量（人）	百分比（%）	有效百分比（%）	累计百分比（%）
2000 元及以下	303	26.4	26.4	26.4
2001~3500 元	353	30.8	30.8	57.2

续表

平均月收入	数量（人）	百分比（%）	有效百分比（%）	累计百分比（%）
3501~5000 元	321	28.0	28.0	85.3
5000 元以上	169	14.7	14.7	100.0
合计	1146	100.0	100.0	—

12）旅行方式。从 1146 位被调查对象的数据统计来看，自驾游的有 588 人，占 51.3%；乘坐火车的有 207 人，占 18.1%；乘坐汽车的有 226 人，占 19.7%；其他的有 125 人，占 10.9%，如表 5-12 所示。

表 5-12　被调查对象的旅行方式

旅行方式	数量（人）	百分比（%）	有效百分比（%）	累计百分比（%）
自驾游	588	51.3	51.3	51.3
火车	207	18.1	18.1	69.4
汽车	226	19.7	19.7	89.1
其他	125	10.9	10.9	100.0
合计	1146	100.0	100.0	—

13）来访形式。从 1140 位被调查对象的数据统计来看，来访形式为团体的有 304 人，占 26.7%；来访形式为散客的有 457 人，占 40.1%；来访形式为家庭的有 379 人，占 33.2%，如表 5-13 所示。

表 5-13　被调查对象的来访形式

来访形式	数量（人）	百分比（%）	有效百分比（%）	累计百分比（%）
团体	304	26.5	26.7	26.7
散客	457	39.9	40.1	66.8
家庭	379	33.1	33.2	100.0
合计	1140	99.5	100.0	—

14）旅游时间。从 1140 位被调查对象的数据统计来看，旅游时间为 1 天的有 292 人，占 25.6%；旅游时间为 2~3 天的有 587 人，占 51.5%；旅游时间为 4~5 天的有 186 人，占 16.3%；旅游时间为 6~7 天的有 34 人，占 3.0%；旅游时间为 7 天以上的有 41 人，占 3.6%，如表 5-14 所示。

表5-14　被调查对象的旅游时间

旅游时间	数量（人）	百分比（%）	有效百分比（%）	累计百分比（%）
1天	292	25.5	25.6	25.6
2~3天	587	51.2	51.5	77.1
4~5天	186	16.2	16.3	93.4
6~7天	34	3.0	3.0	96.4
7天以上	41	3.6	3.6	100.0
合计	1140	99.5	100.0	—

15）旅游动机。从1140位被调查对象的数据统计来看，旅游动机为感受农家气氛的有588人，占51.6%；旅游动机为休闲疗养度假的有373人，占32.7%；旅游动机为购物的有23人，占2.0%；旅游动机为考察学习的有67人，占5.9%；旅游动机为走亲访友的有53人，占4.6%；旅游动机为其他的有36人，占3.2%，如表5-15所示。

表5-15　被调查对象的旅游动机

旅游动机	数量（人）	百分比（%）	有效百分比（%）	累计百分比（%）
感受农家气氛	588	51.3	51.6	51.6
休闲疗养度假	373	32.5	32.7	84.3
购物	23	2.0	2.0	86.3
考察学习	67	5.8	5.9	92.2
走亲访友	53	4.6	4.6	96.8
其他	36	3.1	3.2	100.0
合计	1140	99.5	100.0	—

16）是否可获得旅游地足够信息。从1140位被调查对象的数据统计来看，获得旅游地信息非常多的有234人，占20.5%；获得旅游地信息比较多的有395人，占34.6%；获得旅游地信息一般的有414人，占36.3%；获得旅游地信息比较少的有82人，占7.2%；获得旅游地信息非常少的有15人，占1.3%，如表5-16所示。

表5-16　对旅游地的信息获取

信息获取	数量（人）	百分比（%）	有效百分比（%）	累计百分比（%）
非常多	234	20.4	20.5	20.5

续表

信息获取	数量（人）	百分比（%）	有效百分比（%）	累计百分比（%）
比较多	395	34.5	34.6	55.2
一般	414	36.1	36.3	91.5
比较少	82	7.2	7.2	98.7
非常少	15	1.3	1.3	100.0
合计	1140	99.5	100.0	—

（3）乡村旅游发展的现状调查。

1）民俗民风。为了解乡村旅游中的民俗民风状况，问卷设计了"您对乡村旅游中民俗民风的评价"这一问题，问卷统计结果显示，认为"民俗民风"非常好的有310人，占27.1%；认为"民俗民风"比较好的有632人，占55.1%；认为"民俗民风"一般的有201人，占17.5%；认为"民俗民风"比较差的有3人，占0.3%，如表5-17所示。

表5-17 对乡村旅游中民俗民风的评价

"民俗民风"评价	数量（人）	百分比（%）	有效百分比（%）	累计百分比（%）
非常好	310	27.1	27.1	27.1
比较好	632	55.1	55.1	82.2
一般	201	17.5	17.5	99.7
比较差	3	0.3	0.3	100.0
合计	1146	100.0	100.0	—

2）乡土建筑。为了解乡村旅游中的乡土建筑状况，问卷设计了"您对乡村旅游中乡土建筑的评价"这一问题，问卷统计结果显示，认为"乡土建筑"非常好的有315人，占27.5%；认为"乡土建筑"比较好的有645人，占56.3%；认为"乡土建筑"一般的有180人，占15.7%；认为"乡土建筑"比较差的有6人，占0.5%，如表5-18所示。

表5-18 对乡村旅游中乡土建筑的评价

"乡土建筑"评价	数量（人）	百分比（%）	有效百分比（%）	累计百分比（%）
非常好	315	27.5	27.5	27.5
比较好	645	56.3	56.3	83.8
一般	180	15.7	15.7	99.5

续表

"乡土建筑"评价	数量（人）	百分比（%）	有效百分比（%）	累计百分比（%）
比较差	6	0.5	0.5	100.0
合计	1146	100.0	100.0	—

3）乡村生活方式。为了解乡村旅游中的乡村生活方式，问卷设计了"您对乡村旅游中乡村生活方式的评价"这一问题，问卷统计结果显示，认为"乡村生活方式"非常好的有322人，占28.1%；认为"乡村生活方式"比较好的有621人，占54.2%；认为"乡村生活方式"一般的有194人，占16.9%；认为"乡村生活方式"比较差的有6人，占0.5%；认为"乡村生活方式"非常差的有3人，占0.3%，如表5-19所示。

表5-19 对乡村旅游中乡村生活方式的评价

"乡村生活方式"评价	数量（人）	百分比（%）	有效百分比（%）	累计百分比（%）
非常好	322	28.1	28.1	28.1
比较好	621	54.2	54.2	82.3
一般	194	16.9	16.9	99.2
比较差	6	0.5	0.5	99.7
非常差	3	0.3	0.3	100.0
合计	1146	100.0	100.0	—

4）山水田园景观。为了解乡村旅游中的山水田园景观，问卷设计了"您对乡村旅游中山水田园景观的评价"这一问题，问卷统计结果显示，认为"山水田园景观"非常好的有438人，占38.2%；认为"山水田园景观"比较好的有525人，占45.8%；认为"山水田园景观"一般的有177人，占15.4%；认为"山水田园景观"比较差的有6人，占0.5%，如表5-20所示。

表5-20 对乡村旅游中山水田园景观的评价

"山水田园景观"评价	数量（人）	百分比（%）	有效百分比（%）	累计百分比（%）
非常好	438	38.2	38.2	38.2
比较好	525	45.8	45.8	84.0
一般	177	15.4	15.4	99.5
比较差	6	0.5	0.5	100.0
合计	1146	100.0	100.0	—

5）特色农业资源。为了解乡村旅游中的特色农业资源，问卷设计了"您对乡村旅游中特色农业资源的评价"这一问题，问卷统计结果显示，认为"特色农业资源"非常好的有 352 人，占 30.7%；认为"特色农业资源"比较好的有 559 人，占 48.8%；认为"特色农业资源"一般的有 228 人，占 19.9%；认为"特色农业资源"比较差的有 7 人，占 0.6%，如表 5-21 所示。

表 5-21　对乡村旅游中特色农业资源的评价

"特色农业资源"评价	数量（人）	百分比（%）	有效百分比（%）	累计百分比（%）
非常好	352	30.7	30.7	30.7
比较好	559	48.8	48.8	79.5
一般	228	19.9	19.9	99.4
比较差	7	0.6	0.6	100.0
合计	1146	100.0	100.0	—

6）自然清新空气。为了解乡村旅游中的自然清新空气状况，问卷设计了"您对乡村旅游中自然清新空气的评价"这一问题，问卷统计结果显示，认为"自然清新空气"非常好的有 456 人，占 39.8%；认为"自然清新空气"比较好的有 544 人，占 47.5%；认为"自然清新空气"一般的有 142 人，占 12.4%；认为"自然清新空气"比较差的有 4 人，占 0.3%，如表 5-22 所示。

表 5-22　对乡村旅游中自然清新空气的评价

"自然清新空气"评价	数量（人）	百分比（%）	有效百分比（%）	累计百分比（%）
非常好	456	39.8	39.8	39.8
比较好	544	47.5	47.5	87.3
一般	142	12.4	12.4	99.7
比较差	4	0.3	0.3	100.0
合计	1146	100.0	100.0	—

7）村民友好程度。为了解乡村旅游中的村民友好程度，问卷设计了"您对乡村旅游中当地村民整体友好程度的评价"这一问题，问卷统计结果显示，认为"村民友好程度"非常好的有 420 人，占 36.6%；认为"村民友好程度"比较好的有 486 人，占 42.4%；认为"村民友好程度"一般的有 234 人，占 20.4%；认为"村民友好程度"比较差的有 3 人，占 0.3%；认为"村民友好程度"非常差的有 3 人，占 0.3%，如表 5-23 所示。

表5-23　对乡村旅游中村民友好程度的评价

"村民友好程度"评价	数量（人）	百分比（%）	有效百分比（%）	累计百分比（%）
非常好	420	36.6	36.6	36.6
比较好	486	42.4	42.4	79.1
一般	234	20.4	20.4	99.5
比较差	3	0.3	0.3	99.7
非常差	3	0.3	0.3	100.0
合计	1146	100.0	100.0	—

8）游览解说与介绍。为了解乡村旅游中游览解说与介绍的状况，问卷设计了"您对乡村旅游中游览解说与介绍的评价"这一问题，问卷统计结果显示，认为"游览解说与介绍"非常好的有312人，占27.2%；认为"游览解说与介绍"比较好的有538人，占46.9%；认为"游览解说与介绍"一般的有284人，占24.8%；认为"游览解说与介绍"比较差的有12人，占1.0%，如表5-24所示。

表5-24　对乡村旅游中游览解说与介绍的评价

"游览解说与介绍"评价	数量（人）	百分比（%）	有效百分比（%）	累计百分比（%）
非常好	312	27.2	27.2	27.2
比较好	538	46.9	46.9	74.2
一般	284	24.8	24.8	99.0
比较差	12	1.0	1.0	100.0
合计	1146	100.0	100.0	—

9）生活配套设施。为了解乡村旅游中生活配套设施的状况，问卷设计了"您对乡村旅游中生活配套设施的评价"这一问题，问卷统计结果显示，认为"生活配套设施"非常好的有299人，占26.1%；认为"生活配套设施"比较好的有557人，占48.6%；认为"生活配套设施"一般的有271人，占23.6%；认为"生活配套设施"比较差的有19人，占1.7%，如表5-25所示。

表5-25 对乡村旅游中生活配套设施的评价

"生活配套设施"评价	数量（人）	百分比（%）	有效百分比（%）	累计百分比（%）
非常好	299	26.1	26.1	26.1
比较好	557	48.6	48.6	74.7
一般	271	23.6	23.6	98.3
比较差	19	1.7	1.7	100.0
合计	1146	100.0	100.0	—

10）食宿卫生条件。为了解乡村旅游中食宿卫生条件的状况，问卷设计了"您对乡村旅游中食宿卫生条件的评价"这一问题，问卷统计结果显示，认为"食宿卫生条件"非常好的有323人，占28.2%；认为"食宿卫生条件"比较好的有565人，占49.3%；认为"食宿卫生条件"一般的有240人，占20.9%；认为"食宿卫生条件"比较差的有15人，占1.3%；认为"食宿卫生条件"非常差的有3人，占0.3%，如表5-26所示。

表5-26 对乡村旅游中食宿卫生条件的评价

"食宿卫生条件"评价	数量（人）	百分比（%）	有效百分比（%）	累计百分比（%）
非常好	323	28.2	28.2	28.2
比较好	565	49.3	49.3	77.5
一般	240	20.9	20.9	98.4
比较差	15	1.3	1.3	99.7
非常差	3	0.3	0.3	100.0
合计	1146	100.0	100.0	—

11）消防和医疗配备。为了解乡村旅游中消防和医疗配备的情况，问卷设计了"您对乡村旅游中消防和医疗配备的评价"这一问题，问卷统计结果显示，认为"消防和医疗配备"非常好的有299人，占26.1%；认为"消防和医疗配备"比较好的有522人，占45.5%；认为"消防和医疗配备"一般的有296人，占25.8%；认为"消防和医疗配备"比较差的有29人，占2.5%，如表5-27所示。

表5-27 对乡村旅游中消防和医疗配备的评价

"消防和医疗配备"评价	数量（人）	百分比（%）	有效百分比（%）	累计百分比（%）
非常好	299	26.1	26.1	26.1
比较好	522	45.5	45.5	71.6

续表

"消防和医疗配备" 评价	数量（人）	百分比（%）	有效百分比（%）	累计百分比（%）
一般	296	25.8	25.8	97.5
比较差	29	2.5	2.5	100.0
合计	1146	100.0	100.0	—

12）社会治安。为了解乡村旅游中社会治安的状况，问卷设计了"您对乡村旅游中当地的社会治安的评价"这一问题，问卷统计结果显示，认为"社会治安"非常好的有351人，占30.6%；认为"社会治安"比较好的有513人，占44.8%；认为"社会治安"一般的有263人，占22.9%；认为"社会治安"比较差的有16人，占1.4%；认为"社会治安"非常差的有3人，占0.3%，如表5-28所示。

表5-28　对乡村旅游中社会治安的评价

"社会治安" 评价	数量（人）	百分比（%）	有效百分比（%）	累计百分比（%）
非常好	351	30.6	30.6	30.6
比较好	513	44.8	44.8	75.4
一般	263	22.9	22.9	98.3
比较差	16	1.4	1.4	99.7
非常差	3	0.3	0.3	100.0
合计	1146	100.0	100.0	—

13）餐饮特色。为了解乡村旅游中的餐饮特色，问卷设计了"您对乡村旅游中餐饮特色的评价"这一问题，问卷统计结果显示，认为"餐饮特色"非常好的有301人，占26.3%；认为"餐饮特色"比较好的有603人，占52.6%；认为"餐饮特色"一般的有242人，占21.1%，如表5-29所示。

表5-29　对乡村旅游中餐饮特色的评价

"餐饮特色" 评价	数量（人）	百分比（%）	有效百分比（%）	累计百分比（%）
非常好	301	26.3	26.3	26.3
比较好	603	52.6	52.6	78.9
一般	242	21.1	21.1	100.0
合计	1146	100.0	100.0	—

14) 土特产品。为了解乡村旅游中的土特产品，问卷设计了"您对乡村旅游中土特产品的评价"这一问题，问卷统计结果显示，认为"土特产品"非常好的有311人，占27.1%；认为"土特产品"比较好的有603人，占52.6%；认为"土特产品"一般的有226人，占19.7%；认为"土特产品"比较差的有6人，占0.5%，如表5-30所示。

表5-30 对乡村旅游中土特产品的评价

"土特产品"评价	数量（人）	百分比（%）	有效百分比（%）	累计百分比（%）
非常好	311	27.1	27.1	27.1
比较好	603	52.6	52.6	79.8
一般	226	19.7	19.7	99.5
比较差	6	0.5	0.5	100.0
合计	1146	100.0	100.0	—

15) 活动项目可参与程度。为了解乡村旅游中活动项目可参与程度，问卷设计了"您对乡村旅游中活动项目可参与程度的评价"这一问题，问卷统计结果显示，认为"活动项目可参与程度"非常好的有264人，占23.0%；认为"活动项目可参与程度"比较好的有565人，占49.3%；认为"活动项目可参与程度"一般的有288人，占25.1%；认为"活动项目可参与程度"比较差的有23人，占2.0%；认为"活动项目可参与程度"非常差的有6人，占0.5%，如表5-31所示。

表5-31 对乡村旅游中活动项目可参与程度的评价

"活动项目可参与程度"评价	数量（人）	百分比（%）	有效百分比（%）	累计百分比（%）
非常好	264	23.0	23.0	23.0
比较好	565	49.3	49.3	72.3
一般	288	25.1	25.1	97.5
比较差	23	2.0	2.0	99.5
非常差	6	0.5	0.5	100.0
合计	1146	100.0	100.0	—

16) 与周边农民交往。为了解乡村旅游中游客与周边农民的交往，问卷设计了"您对乡村旅游中与周边农民交往的评价"这一问题，问卷统计结果显示，认为"与周边农民交往"非常好的有293人，占25.6%；认为"与周边农民交

往"比较好的有 567 人，占 49.5%；认为"与周边农民交往"一般的有 268 人，占 23.4%；认为"与周边农民交往"比较差的有 15 人，占 1.3%；认为"与周边农民交往"非常差的有 3 人，占 0.3%，如表 5-32 所示。

表 5-32　对乡村旅游中与周边农民交往的评价

"与周边农民交往"评价	数量（人）	百分比（%）	有效百分比（%）	累计百分比（%）
非常好	293	25.6	25.6	25.6
比较好	567	49.5	49.5	75.0
一般	268	23.4	23.4	98.4
比较差	15	1.3	1.3	99.7
非常差	3	0.3	0.3	100.0
合计	1146	100.0	100.0	—

17）交通的方便程度。为了解乡村旅游中交通的方便程度，问卷设计了"您对乡村旅游中交通的方便程度的评价"这一问题，问卷统计结果显示，认为"交通的方便程度"非常好的有 289 人，占 25.2%；认为"交通的方便程度"比较好的有 556 人，占 48.5%；认为"交通的方便程度"一般的有 267 人，占 23.3%；认为"交通的方便程度"比较差的有 31 人，占 2.7%；认为"交通的方便程度"非常差的有 3 人，占 0.3%，如表 5-33 所示。

表 5-33　对乡村旅游中交通的方便程度的评价

"交通的方便程度"评价	数量（人）	百分比（%）	有效百分比（%）	累计百分比（%）
非常好	289	25.2	25.2	25.2
比较好	556	48.5	48.5	73.7
一般	267	23.3	23.3	97.0
比较差	31	2.7	2.7	99.7
非常差	3	0.3	0.3	100.0
合计	1146	100.0	100.0	—

18）交通的价格水平。为了解乡村旅游中交通的价格水平，问卷设计了"您对乡村旅游中交通的价格水平的评价"这一问题，问卷统计结果显示，认为"交通的价格水平"非常好的有 282 人，占 24.6%；认为"交通的价格水平"比较好的有 553 人，占 48.3%；认为"交通的价格水平"一般的有 268 人，占 23.4%；认为"交通的价格水平"比较差的有 40 人，占 3.5%；认为"交通的价

格水平"非常差的有 3 人，占 0.3%，如表 5-34 所示。

表 5-34　对乡村旅游中交通的价格水平的评价

"交通的价格水平"评价	数量（人）	百分比（%）	有效百分比（%）	累计百分比（%）
非常好	282	24.6	24.6	24.6
比较好	553	48.3	48.3	72.9
一般	268	23.4	23.4	96.2
比较差	40	3.5	3.5	99.7
非常差	3	0.3	0.3	100.0
合计	1146	100.0	100.0	—

19）餐饮的价格水平。为了解乡村旅游中餐饮的价格水平，问卷设计了"您对乡村旅游中餐饮的价格水平的评价"这一问题，问卷统计结果显示，认为"餐饮的价格水平"非常好的有 289 人，占 25.2%；认为"餐饮的价格水平"比较好的有 476 人，占 41.5%；认为"餐饮的价格水平"一般的有 335 人，占 29.2%；认为"餐饮的价格水平"比较差的有 37 人，占 3.2%；认为"餐饮的价格水平"非常差的有 9 人，占 0.8%，如表 5-35 所示。

表 5-35　对乡村旅游中餐饮的价格水平的评价

"餐饮的价格水平"评价	数量（人）	百分比（%）	有效百分比（%）	累计百分比（%）
非常好	289	25.2	25.2	25.2
比较好	476	41.5	41.5	66.8
一般	335	29.2	29.2	96.0
比较差	37	3.2	3.2	99.2
非常差	9	0.8	0.8	100.0
合计	1146	100.0	100.0	—

20）门票的价格水平。为了解乡村旅游中门票的价格水平，问卷设计了"您对乡村旅游中门票的价格水平的评价"这一问题，问卷统计结果显示，认为"门票的价格水平"非常好的有 313 人，占 27.3%；认为"门票的价格水平"比较好的有 441 人，占 38.5%；认为"门票的价格水平"一般的有 342 人，占 29.8%；认为"门票的价格水平"比较差的有 50 人，占 4.4%，如表 5-36 所示。

表5-36 对乡村旅游中门票的价格水平的评价

"门票的价格水平"评价	数量（人）	百分比（%）	有效百分比（%）	累计百分比（%）
非常好	313	27.3	27.3	27.3
比较好	441	38.5	38.5	65.8
一般	342	29.8	29.8	95.6
比较差	50	4.4	4.4	100.0
合计	1146	100.0	100.0	—

21）土特产品的价格水平。为了解乡村旅游中土特产品的价格水平，问卷设计了"您对乡村旅游中乡村土特产品的价格水平的评价"这一问题，问卷统计结果显示，认为"土特产品的价格水平"非常好的有312人，占27.2%；认为"土特产品的价格水平"比较好的有479人，占41.8%；认为"土特产品的价格水平"一般的有321人，占28.0%；认为"土特产品的价格水平"比较差的有31人，占2.7%；认为"土特产品的价格水平"非常差的有3人，占0.3%，如表5-37所示。

表5-37 对乡村旅游中土特产品的价格水平的评价

"土特产品的价格水平"评价	数量（人）	百分比（%）	有效百分比（%）	累计百分比（%）
非常好	312	27.2	27.2	27.2
比较好	479	41.8	41.8	69.0
一般	321	28.0	28.0	97.0
比较差	31	2.7	2.7	99.7
非常差	3	0.3	0.3	100.0
合计	1146	100.0	100.0	—

22）游客投诉及时处理。为了解乡村旅游中游客投诉及时处理情况，问卷设计了"您对乡村旅游中游客投诉及时处理的评价"这一问题，问卷统计结果显示，认为"游客投诉及时处理"非常好的有327人，占28.5%；认为"游客投诉及时处理"比较好的有519人，占45.3%；认为"游客投诉及时处理"一般的有276人，占24.1%；认为"游客投诉及时处理"比较差的有18人，占1.6%；认为"游客投诉及时处理"非常差的有6人，占0.5%，如表5-38所示。

表5-38　对乡村旅游中游客投诉及时处理的评价

"游客投诉及时处理"评价	数量（人）	百分比（%）	有效百分比（%）	累计百分比（%）
非常好	327	28.5	28.5	28.5
比较好	519	45.3	45.3	73.8
一般	276	24.1	24.1	97.9
比较差	18	1.6	1.6	99.5
非常差	6	0.5	0.5	100.0
合计	1146	100.0	100.0	—

23）游客投诉合理解决。为了解乡村旅游中游客投诉合理解决情况，问卷设计了"您对乡村旅游中游客投诉合理解决的评价"这一问题，问卷统计结果显示，认为"游客投诉合理解决"非常好的有303人，占26.4%；认为"游客投诉合理解决"比较好的有536人，占46.8%；认为"游客投诉合理解决"一般的有273人，占23.8%；认为"游客投诉合理解决"比较差的有31人，占2.7%；认为"游客投诉合理解决"非常差的有3人，占0.3%，如表5-39所示。

表5-39　对乡村旅游中游客投诉合理解决的评价

"游客投诉合理解决"评价	数量（人）	百分比（%）	有效百分比（%）	累计百分比（%）
非常好	303	26.4	26.4	26.4
比较好	536	46.8	46.8	73.2
一般	273	23.8	23.8	97.0
比较差	31	2.7	2.7	99.7
非常差	3	0.3	0.3	100.0
合计	1146	100.0	100.0	—

24）游客在旅游过程中的安全感。为了解乡村旅游中游客在旅游过程中的安全感，问卷设计了"您对乡村旅游中游客在旅游过程中的安全感的评价"这一问题，问卷统计结果显示，认为"游客在旅游过程中的安全感"非常好的有323人，占28.2%；认为"游客在旅游过程中的安全感"比较好的有521人，占45.5%；认为"游客在旅游过程中的安全感"一般的有280人，占24.4%；认为"游客在旅游过程中的安全感"比较差的有19人，占1.7%，认为"游客在旅游过程中的安全感"非常差的有3人，占0.3%，如表5-40所示。

表5-40 对乡村旅游中游客在旅游过程中的安全感的评价

"游客在旅游过程中的安全感"评价	数量（人）	百分比（%）	有效百分比（%）	累计百分比（%）
非常好	323	28.2	28.2	28.2
比较好	521	45.5	45.5	73.6
一般	280	24.4	24.4	98.1
比较差	19	1.7	1.7	99.7
非常差	3	0.3	0.3	100.0
合计	1146	100.0	100.0	—

25）标志标牌指示明确。为了解乡村旅游中标志标牌指示明确情况，问卷设计了"您对乡村旅游中标志标牌指示明确的评价"这一问题，问卷统计结果显示，认为"标志标牌指示明确"非常好的有321人，占28.0%；认为"标志标牌指示明确"比较好的有532人，占46.4%；认为"标志标牌指示明确"一般的有266人，占23.2%；认为"标志标牌指示明确"比较差的有27人，占2.4%，如表5-41所示。

表5-41 对乡村旅游中标志标牌指示明确的评价

"标志标牌指示明确"评价	数量（人）	百分比（%）	有效百分比（%）	累计百分比（%）
非常好	321	28.0	28.0	28.0
比较好	532	46.4	46.4	74.4
一般	266	23.2	23.2	97.6
比较差	27	2.4	2.4	100.0
合计	1146	100.0	100.0	—

26）停车场满足游客需要。为了解乡村旅游中停车场能否满足游客需要的情况，问卷设计了"您对乡村旅游中停车场能否满足游客需要的评价"这一问题，问卷统计结果显示，认为"停车场满足游客需要"非常好的有294人，占25.7%；认为"停车场满足游客需要"比较好的有554人，占48.3%；认为"停车场满足游客需要"一般的有285人，占24.9%；认为"停车场满足游客需要"比较差的有10人，占0.9%；认为"停车场满足游客需要"非常差的有3人，占0.3%，如表5-42所示。

表 5-42　对乡村旅游中停车场能否满足游客需要的评价

"停车场满足游客需求"评价	数量（人）	百分比（%）	有效百分比（%）	累计百分比（%）
非常好	294	25.7	25.7	25.7
比较好	554	48.3	48.3	74.0
一般	285	24.9	24.9	98.9
比较差	10	0.9	0.9	99.7
非常差	3	0.3	0.3	100.0
合计	1146	100.0	100.0	——

27）厕所满足游客需要。为了解乡村旅游中厕所能否满足游客需要的情况，问卷设计了"您对乡村旅游中厕所能否满足游客需要的评价"这一问题，问卷统计结果显示，认为"厕所满足游客需要"非常好的有367人，占32.0%；认为"厕所满足游客需要"比较好的有493人，占43.0%；认为"厕所满足游客需要"一般的有269人，占23.5%；认为"厕所满足游客需要"比较差的有14人，占1.2%；认为"厕所满足游客需要"非常差的有3人，占0.3%，如表5-43所示。

表 5-43　对乡村旅游中厕所能否满足游客需要的评价

"厕所满足游客需要"评价	数量（人）	百分比（%）	有效百分比（%）	累计百分比（%）
非常好	367	32.0	32.0	32.0
比较好	493	43.0	43.0	75.0
一般	269	23.5	23.5	98.5
比较差	14	1.2	1.2	99.7
非常差	3	0.3	0.3	100.0
合计	1146	100.0	100.0	——

28）休憩设施满足游客需要。为了解乡村旅游中休憩设施能否满足游客需要的情况，问卷设计了"您对乡村旅游中休憩设施能否满足游客需要的评价"这一问题，问卷统计结果显示，认为"休憩设施满足游客需要"非常好的有368人，占32.1%；认为"休憩设施满足游客需要"比较好的有542人，占47.3%；认为"休憩设施满足游客需要"一般的有220人，占19.2%；认为"休憩设施满足游客需要"比较差的有13人，占1.1%；认为"休憩设施满足游客需要"非常差的有3人，占0.3%，如表5-44所示。

表5-44 对乡村旅游中休憩设施能否满足游客需要的评价

"休憩设施满足游客需要"评价	数量（人）	百分比（%）	有效百分比（%）	累计百分比（%）
非常好	368	32.1	32.1	32.1
比较好	542	47.3	47.3	79.4
一般	220	19.2	19.2	98.6
比较差	13	1.1	1.1	99.7
非常差	3	0.3	0.3	100.0
合计	1146	100.0	100.0	—

29）休闲项目。为了解乡村旅游中游客对休闲项目的评价，问卷设计了"您对乡村旅游中休闲项目的评价"这一问题，问卷统计结果显示，认为"休闲项目"非常好的有342人，占29.8%；认为"休闲项目"比较好的有500人，占43.6%；认为"休闲项目"一般的有291人，占25.4%；认为"休闲项目"比较差的有13人，占1.1%，如表5-45所示。

表5-45 对乡村旅游中休闲项目的评价

"休闲项目"评价	数量（人）	百分比（%）	有效百分比（%）	累计百分比（%）
非常好	342	29.8	29.8	29.8
比较好	500	43.6	43.6	73.5
一般	291	25.4	25.4	98.9
比较差	13	1.1	1.1	100.0
合计	1146	100.0	100.0	—

2. 影响游客对乡村旅游评价的因素分析

研究影响游客对乡村旅游评价的因素，本部分从以下层面展开：对乡村旅游的总体评价、对乡村旅游环境的评价、对乡村旅游服务的评价、对乡村旅游交通的评价、对乡村旅游住宿的评价、对乡村旅游餐饮的评价、对乡村旅游卫生的评价。

（1）对乡村旅游的总体评价。从1146位被调查对象的数据统计来看，对乡村旅游的总体评价"非常好"的有386人，占33.7%；对乡村旅游的总体评价"比较好"的有592人，占51.7%；对乡村旅游的总体评价"一般"的有159人，占13.9%；对乡村旅游的总体评价"比较差"的有6人，占0.5%；对乡村旅游的总体评价"非常差"的有3人，占0.3%，如表5-46所示。

表 5-46   对乡村旅游的总体评价

总体评价	数量（人）	百分比（%）	有效百分比（%）	累计百分比（%）
非常好	386	33.7	33.7	33.7
比较好	592	51.7	51.7	85.3
一般	159	13.9	13.9	99.2
比较差	6	0.5	0.5	99.7
非常差	3	0.3	0.3	100.0
合计	1146	100.0	100.0	——

（2）对乡村旅游环境的评价。从 1146 位被调查对象的数据统计来看，对乡村旅游环境的评价"非常好"的有 400 人，占 34.9%；对乡村旅游环境的评价"比较好"的有 543 人，占 47.4%；对乡村旅游环境的评价"一般"的有 200 人，占 17.5%；对乡村旅游环境的评价"非常差"的有 3 人，占 0.3%，如表 5-47 所示。

表 5-47   对乡村旅游环境的评价

环境评价	数量（人）	百分比（%）	有效百分比（%）	累计百分比（%）
非常好	400	34.9	34.9	34.9
比较好	543	47.4	47.4	82.3
一般	200	17.5	17.5	99.7
非常差	3	0.3	0.3	100.0
合计	1146	100.0	100.0	——

（3）对乡村旅游服务的评价。从 1146 位被调查对象的数据统计来看，对乡村旅游服务的评价"非常好"的有 352 人，占 30.7%；对乡村旅游服务的评价"比较好"的有 534 人，占 46.6%；对乡村旅游服务的评价"一般"的有 245 人，占 21.4%；对乡村旅游服务的评价"比较差"的有 12 人，占 1.0%；对乡村旅游服务的评价"非常差"的有 3 人，占 0.3%，如表 5-48 所示。

表 5-48   对乡村旅游服务的评价

服务评价	数量（人）	百分比（%）	有效百分比（%）	累计百分比（%）
非常好	352	30.7	30.7	30.7
比较好	534	46.6	46.6	77.3

续表

服务评价	数量（人）	百分比（%）	有效百分比（%）	累计百分比（%）
一般	245	21.4	21.4	98.7
比较差	12	1.0	1.0	99.7
非常差	3	0.3	0.3	100.0
合计	1146	100.0	100.0	—

（4）对乡村旅游交通的评价。从1146位被调查对象的数据统计来看，对乡村旅游交通的评价"非常好"的有316人，占27.6%；对乡村旅游交通的评价"比较好"的有479人，占41.8%；对乡村旅游交通的评价"一般"的有302人，占26.4%；对乡村旅游交通的评价"比较差"的有43人，占3.8%；对乡村旅游交通的评价"非常差"的有6人，占0.5%，如表5-49所示。

表5-49 对乡村旅游交通的评价

交通评价	数量（人）	百分比（%）	有效百分比（%）	累计百分比（%）
非常好	316	27.6	27.6	27.6
比较好	479	41.8	41.8	69.4
一般	302	26.4	26.4	95.7
比较差	43	3.8	3.8	99.5
非常差	6	0.5	0.5	100.0
合计	1146	100.0	100.0	—

（5）对乡村旅游住宿的评价。从1146位被调查对象的数据统计来看，对乡村旅游住宿的评价"非常好"的有296人，占25.8%；对乡村旅游住宿的评价"比较好"的有530人，占46.2%；对乡村旅游住宿的评价"一般"的有284人，占24.8%；对乡村旅游住宿的评价"比较差"的有33人，占2.9%；对乡村旅游住宿的评价"非常差"的有3人，占0.3%，如表5-50所示。

表5-50 对乡村旅游住宿的评价

住宿评价	数量（人）	百分比（%）	有效百分比（%）	累计百分比（%）
非常好	296	25.8	25.8	25.8
比较好	530	46.2	46.2	72.1
一般	284	24.8	24.8	96.9

续表

住宿评价	数量（人）	百分比（%）	有效百分比（%）	累计百分比（%）
比较差	33	2.9	2.9	99.7
非常差	3	0.3	0.3	100.0
合计	1146	100.0	100.0	—

（6）对乡村旅游餐饮的评价。从1146位被调查对象的数据统计来看，对乡村旅游餐饮的评价"非常好"的有313人，占27.3%；对乡村旅游餐饮的评价"比较好"的有549人，占47.9%；对乡村旅游餐饮的评价"一般"的有242人，占21.1%；对乡村旅游餐饮的评价"比较差"的有39人，占3.4%；对乡村旅游餐饮的评价"非常差"的有3人，占0.3%，如表5-51所示。

表5-51　对乡村旅游餐饮的评价

餐饮评价	数量（人）	百分比（%）	有效百分比（%）	累计百分比（%）
非常好	313	27.3	27.3	27.3
比较好	549	47.9	47.9	75.2
一般	242	21.1	21.1	96.3
比较差	39	3.4	3.4	99.7
非常差	3	0.3	0.3	100.0
合计	1146	100.0	100.0	—

（7）对乡村旅游卫生的评价。从1146位被调查对象的数据统计来看，对乡村旅游卫生的评价"非常好"的有321人，占28.0%；对乡村旅游卫生的评价"比较好"的有535人，占46.7%；对乡村旅游卫生的评价"一般"的有261人，占22.8%；对乡村旅游卫生的评价"比较差"的有29人，占2.5%，如表5-52所示。

表5-52　对乡村旅游卫生的评价

卫生评价	数量（人）	百分比（%）	有效百分比（%）	累计百分比（%）
非常好	321	28.0	28.0	28.0
比较好	535	46.7	46.7	74.7
一般	261	22.8	22.8	97.5
比较差	29	2.5	2.5	100.0
合计	1146	100.0	100.0	—

3. 重游意愿与乡村旅游评价的关系

当游客进行一次乡村旅游后，其重游意愿的强弱在较大程度上决定着乡村旅游未来的客源市场发展空间，进而决定乡村旅游能否持续走上健康的发展道路。当游客在乡村旅游目的地游览消费后仍然具有较强的重游意愿，说明该乡村旅游目的地经营得比较成功，对游客具有较大的吸引力，而游客的口碑传播又会给乡村旅游带来新的客源，从而促进该旅游地持续发展。通过乡村旅游中游客总体评价与重游意愿的交互分析，本书发现重游意愿的强弱与乡村旅游总体评价之间存在明显的相关关系。对再次进行乡村旅游持"非常愿意"和"比较愿意"的游客对乡村旅游持总体评价"较好"的比例非常高，达到了100%和86.4%（见表5-53）；对再次进行乡村旅游持"一般"和"不太愿意"的游客对乡村旅游持总体评价"较好"的比例比较低，仅为62.9%和20.0%，说明游客对乡村旅游的总体评价会在较大程度上影响游客的重游意愿。因此，研究游客的总体评价，分析影响游客总体评价的关键因素并有针对性地提出改进措施可以较好地促进乡村旅游的良性发展及转型升级。

表5-53　乡村旅游中游客重游意愿与满意度的交互分析　　　单位：%

| | | 是否愿意再次进行乡村旅游 | | | | 合计 |
		非常愿意	比较愿意	一般	不太愿意	
乡村旅游 总体评价	较差	0.0	53.6	39.3	7.1	100.0
		0.0	13.6	37.1	80.0	14.7
	较好	29.6	58.6	11.5	0.3	100.0
		100.0	86.4	62.9	20.0	85.3
合计		25.3	57.8	15.6	1.3	100.0
		100.0	100.0	100.0	100.0	100.0

4. 研究假说、模型构建与变量选择

（1）研究假说。游客对乡村旅游的总体评价主要取决于三方面的因素：一是乡村旅游目的地相关要素，即乡村旅游环境、乡村旅游服务、乡村旅游交通、乡村旅游住宿、乡村旅游餐饮及乡村旅游卫生等；二是游客的旅游行为，包括游客的旅行方式、来访形式、旅游时间和年出游次数；三是游客的个体特征，即人口统计特征，包括性别、年龄、受教育程度、婚姻状况及月均收入等。

首先，乡村旅游的目的地是远离城市的乡村社区，其目的是满足游客回归大自然、回归原生态，在休闲和消遣中体验与城市不同的另一种生活方式。乡村旅游以城市居民为主要的目标客源市场，城市居民选择乡村旅游是要体验农村独特的生态环境和乡村氛围，因此乡村旅游的环境越舒适，游客的总体评价就会越高；乡村旅游中游客的满意度在较大程度上受到旅游从业人员服务态度和服务效率的影响，乡村旅游服务越到位，游客的旅游体验就会越好，满意度就越高；乡村旅游作为一种远离城市的休闲旅游方式，其支持系统的完善与否将会影响游客的旅游体验，乡村旅游交通越便利越完善，乡村住宿越便宜越舒适，乡村旅游餐饮越有特色，乡村旅游卫生状况越良好越干净，游客的总体评价就会越高。游客在乡村旅游的体验中不可避免地会产生一些不愉快的经历，如饮食的不卫生、住宿的不舒适、交通的拥堵、旅游从业人员的态度强硬等，这些因素都会极大影响游客的满意度，进而影响对乡村旅游的总体评价。

本部分提出研究假设一：在乡村旅游总体评价的各构成要素中，乡村旅游的环境越舒适、乡村旅游服务越到位、乡村旅游交通越便利、乡村旅游住宿越舒适、乡村旅游餐饮越有特色、乡村旅游卫生越干净，游客的总体评价越高。

其次，在旅游行为特征中，游客在旅行方式选择上通常包括自驾游和乘坐公共交通出游。一般而言，自驾游游客的日程安排相对比较灵活，可以根据交通状况和旅游地的客流量情况及时调整自己的旅游计划，从而获得相对较好的旅游体验，总体评价也相对较高。一般而言，团体及家庭游会有比较详细的出游计划，旅游体验会更加接近旅游预期，总体评价会相对较高。从旅游时间来看，旅游时间较短的游客会对旅游更加重视，旅游安排也会更加合理高效，其旅游体验通常也会较好，旅游评价较高。年出游次数方面，通常来讲出游次数较少的游客平时的闲暇时间相对较少或者用于旅游休闲的预算不多，将每年进行的 $1\sim2$ 次乡村旅游作为舒缓工作压力、放松身心的重要体验，从而在整个旅游过程中更多地感受旅游带来的美好，因此这些游客的满意度相对较高。

本部分提出研究假设二：在旅游行为特征中，自驾游游客的总体评价较高；团体和家庭游的游客总体评价较高；旅游时间较短、年出游次数较少的游客的总体评价相对较高。

最后，人口统计特征方面，就性别而言，男性参与乡村旅游主要是出于文化和健康的动机，即观光游览、品尝美食、调节身心、消除疲劳等；而女性会有购物等其他方面的动机，男性相对简单的旅游动机更有可能获得较高的满意度。就年龄而言，年龄较大的游客由于丰富的个人经历和体验，更有可能包容旅游过程中的不愉快，从而满意度较高。就受教育程度而言，受教育程度越高的游客对旅游信息的搜集整理能力和对旅游行程的安排能力越强，较好的前期准备可以更好地应对旅游过程中的突发事件，因此对旅游的满意度就较高。就婚姻状况而言，无配偶群体的旅游安排相对比较自由，可以根据自己的时间、兴趣爱好安排自己的乡村旅游活动，总体评价也就较高。就收入水平而言，收入水平越高，可以选择的乡村旅游地范围越广，旅游过程中受花费方面的约束较少，旅游体验会相对较好，总体评价也就较高。

本部分提出研究假设三：在游客的人口统计学特征中，男性、年龄较大的游客的总体评价相对较高；受教育程度越高的游客的总体评价越高；无配偶群体总体评价较高；收入水平越高，乡村旅游总体评价越高。

（2）模型构建。因变量是游客对乡村旅游的总体评价，问卷设计的是"您对乡村旅游的总体评价"，答案有"非常好""比较好""一般""比较差""非常差"五个选项。本部分研究影响游客对乡村旅游总体评价的因素，因此对因变量进行适当的处理，合并为二分类变量。将"非常好""比较好"两项合并为"乡村旅游总体评价好"，赋值为"1"，将"一般""比较差""非常差"三项合并为"乡村旅游总体评价差"，赋值为"0"。

设游客 i 评价乡村旅游"好"的概率为 p（y = 1 | x）= p_i，（1 − p_i）表示游客评价乡村旅游"差"的概率，它们均是由自变量向量 x 构成的非线性函数：

$$p_i = \frac{1}{1 + e^{-(\alpha + \sum\limits_{i=1}^{m}\beta_i x_i)}} = \frac{e^{\alpha + \sum\limits_{i=1}^{m}\beta_i x_i}}{1 + e^{\alpha + \sum\limits_{i=1}^{m}\beta_i x_i}}, \quad 1 - p_i = 1 - \frac{e^{\alpha + \sum\limits_{i=1}^{m}\beta_i x_i}}{1 + e^{\alpha + \sum\limits_{i=1}^{m}\beta_i x_i}} = \frac{1}{1 + e^{\alpha + \sum\limits_{i=1}^{m}\beta_i x_i}}$$

$$(5-1)$$

游客评价乡村旅游"好"和"差"的概率之比 $\dfrac{p_i}{1-p_i}$ 被称为事件发生比，简写为 Odds，Odds 一定为正值（因为 $0 < p_i < 1$），并且没有上界。对 Odds 进行对数变换，得到 Logistic 回归模型的线性表达式：

$$\ln(\frac{p_i}{1 - p_i}) = \alpha + \sum_{i=1}^{m} \beta_i x_i \quad (5-2)$$

在式（5−1）和式（5−2）中，α 为常数项，m 为自变量的个数，β_i 是自变量的系数，反映自变量影响游客对乡村旅游满意度评价的方向及程度。

（3）变量选择。自变量从游客的人口统计特征、旅游行为特征及旅游目的地相关要素三个方面进行选择。从变量类型来看，乡村旅游环境、乡村旅游服务、乡村旅游交通、乡村旅游住宿、乡村旅游餐饮、乡村旅游卫生、旅游时间、年出游次数、年龄、受教育程度、月均收入 11 个变量属于有序多分类变量，性别、婚姻状况、旅行方式、来访形式属于二分类虚拟变量。本书的自变量满足回归分析的基本要求，采用 SPSS 21.0 软件对数据进行描述性分析，如表 5−54 所示。

表 5-54　自变量解释及统计描述

变量分类	变量名称	变量含义与赋值	均值	标准差
人口统计特征	性别	男=1；女=0	0.40	0.491
	年龄	20岁及以下=1；21~30岁=2；31~40岁=3；41~50岁=4；51~60岁=5；60岁以上=6	2.74	1.28
	受教育程度	没上过学=1；小学=2；初中=3；高中=4；技校或职高=5；大专=6；本科=7；研究生=8；其他=9	5.53	1.56
	婚姻状况	有配偶=1；无配偶=0	0.63	0.48
	月均收入	2000元及以下=1；2001~3500元=2；3501~5000元=3；5000元以上=4	2.31	1.02
旅游行为特征	旅行方式	乘坐公共交通出游=0；自驾游=1	0.51	0.50
	来访形式	散客游=1；团体或家庭游=0	0.40	0.49
	旅游时间	1天=1；2~3天=2；4~5天=3；6~7天=4；7天以上=5	2.07	0.93
	年出游次数	1次=1；2次=2；3次=3；4次及以上=4	2.82	0.85
目的地相关要素	乡村旅游环境	非常好=1；比较好=2；一般=3；比较差=4；非常差=5	1.83	0.72
	乡村旅游服务	非常好=1；比较好=2；一般=3；比较差=4；非常差=5	1.94	0.76
	乡村旅游交通	非常好=1；比较好=2；一般=3；比较差=4；非常差=5	2.08	0.86
	乡村旅游住宿	非常好=1；比较好=2；一般=3；比较差=4；非常差=5	2.05	0.80
	乡村旅游餐饮	非常好=1；比较好=2；一般=3；比较差=4；非常差=5	2.01	0.80
	乡村旅游卫生	非常好=1；比较好=2；一般=3；比较差=4；非常差=5	2.00	0.78

5. 影响乡村旅游游客评价的因素分析

（1）模型估计结果。为了检验个体特征、旅游行为特征、旅游目的地相关要素对乡村旅游中游客总体评价的影响，本书采用二元 Logistic 回归方法，得到模型回归分析结果。由回归结果可知，人口统计特征方面的性别、受教育程度，旅游行为特征方面的旅行方式、年出游次数，旅游目的地形象评价方面的乡村旅游环境、乡村旅游支持系统等显著影响游客对乡村旅游的满意度评价。至于人口统计特征方面的其他变量（如年龄）、旅游目的地形象评价方面的其他变量（如乡村旅游服务）虽然也对回归结果产生一定的影响，但影响效果并不显著，如表 5-55 所示。

表 5-55　乡村旅游中游客总体评价影响因素的 Logistic 回归结果

自变量	B	S. E.	Wals	df	Sig.	Exp（B）
性别	0.208	0.360	0.335	1	0.563	1.231
年龄	1.268	0.222	32.697	1	0.000	3.553

续表

自变量	B	S. E.	Wals	df	Sig.	Exp（B）
受教育程度	0.680	0.149	20.759	1	0.000	1.975
婚姻状况	-2.977	0.674	19.528	1	0.000	0.051
月均收入	0.145	0.219	0.440	1	0.507	1.156
旅行方式	-0.223	0.455	0.240	1	0.625	0.800
来访形式	-0.045	0.397	0.013	1	0.909	0.956
旅游时间	-0.305	0.185	2.716	1	0.099	0.737
年出游次数	-0.653	0.235	7.695	1	0.006	0.521
乡村旅游环境	-4.086	0.420	94.794	1	0.000	0.017
乡村旅游服务	-1.867	0.373	25.019	1	0.000	0.155
乡村旅游交通	-0.946	0.315	9.027	1	0.003	0.388
乡村旅游住宿	-0.439	0.306	2.059	1	0.151	0.645
乡村旅游餐饮	-0.154	0.316	0.237	1	0.626	0.857
乡村旅游卫生	-0.701	0.334	4.396	1	0.036	0.496
Constant	18.901	2.346	64.885	1	0.000	1617.655

模型显著水平 = 0.000　　　　　$-2 \text{ Log likelihood} = 277.703$

Cox&Snell $R^2 = 0.448$　　　　Nagelkerke $R^2 = 0.789$

（2）模型估计结果的理论阐释。由模型估计结果可以看出，在人口统计特征、旅游行为特征、旅游目的地相关因素三个层面的 15 个因素中，年龄、受教育程度、婚姻状况、旅游时间、年出游次数、乡村旅游环境、乡村旅游服务、乡村旅游交通、乡村旅游卫生共计 9 个自变量显著影响乡村旅游中游客的总体评价。

1）人口统计特征层面的影响。年龄在 1% 的统计水平上显著正向影响游客在乡村旅游中的总体评价，即年龄较大的游客的总体评价更好。可能的解释是年龄较大的游客由于丰富的个人经历，能够更加包容旅游过程中的不愉快，所以总体评价较高。受教育程度在 1% 的统计水平上显著正向影响游客在乡村旅游中的满意度评价，即受教育程度越高的被调查对象对乡村旅游的满意度评价越高。这也印证了前面的研究假设。婚姻状况在 1% 的统计水平上显著负向影响游客在乡村旅游中的总体评价，即无配偶群体的总体评价更好。其可能的原因是无配偶群体的旅游安排相对比较自由，可以根据自己的时间、兴趣爱好安排自己的乡村旅游行为，因此总体评价较高。

2）旅游行为特征层面的影响。旅游时间在 10% 的统计水平上显著负向影响游客在乡村旅游中的总体评价,即旅游时间较短的游客对乡村旅游的总体评价较高,而旅游时间较长的游客对乡村旅游的总体评价较低。这也印证了前面的研究假设,即旅游时间较短的游客会更加重视旅游,对旅游的安排合理高效,因此旅游体验通常也会较好,旅游评价较高。年出游次数在1%的统计水平上显著负向影响游客在乡村旅游中的总体评价,即年出游次数较少的游客对乡村旅游的满意度评价较高,而年出游次数较多的游客对乡村旅游的满意度评价较低。这也印证了前面的研究假设,即出游次数较少的游客平时的闲暇时间相对较少或者用于旅游休闲的预算不多,将每年进行的1~2次乡村旅游作为舒缓工作压力、放松身心的重要体验,从而在整个旅游过程中会更多地感受旅游带来的美好,总体评价相对较高。

3)旅游目的地相关因素层面的影响。乡村旅游环境在1%的统计水平上显著负向影响游客在乡村旅游中的总体评价,即在乡村旅游过程中,游客对乡村旅游环境的评价越高则总体评价就越高,这也印证了前面的研究假设,即游客普遍希望乡村旅游地区具备良好的旅游环境,即旅游地具备较好的治安、生态环境等。因此,在美丽乡村建设背景下,应该注重乡村基础设施的改善、村民文明素养的提升、乡村整体氛围的改进等,从而营造良好的旅游大环境,促进乡村旅游健康有序的发展。乡村旅游服务在1%的统计水平上显著负向影响游客在乡村旅游中的总体评价,即在乡村旅游的过程中,游客对乡村旅游服务的评价越高则满意度就越高,这也印证了前面的研究假设,即乡村旅游中游客的满意度在较大程度上会受到旅游从业人员服务态度和服务效率的影响,乡村旅游服务越到位,游客的旅游体验就会越美好,总体评价也就越高。乡村旅游交通在1%的统计水平上显著负向影响游客在乡村旅游中的总体评价,即在乡村旅游的过程中,游客对乡村旅游交通的评价越高则满意度就越高,这也印证了前面的研究假设,即乡村旅游中游客的满意度在较大程度上会受到旅游交通状况的影响,乡村旅游交通越便利,游客的旅游体验就会越美好,总体评价就越高。乡村旅游卫生在5%的统计水平上显著负向影响游客在乡村旅游中的总体评价,即在乡村旅游的过程中,游客对乡村旅游卫生的评价越高则满意度就越高,这也印证了前面的研究假设,乡村旅游卫生状况越好,游客的总体评价就会越高。

6. 研究结论

第一,本部分研究发现乡村旅游中游客的总体评价较高,但乡村旅游各构成要素的满意度评价差距明显。调研数据显示,乡村旅游发展进程中游客的总体评价较高,认为乡村旅游总体"好"的比例接近85.3%,这从侧面说明了乡村旅游建设成效得到了游客的普遍认可。从前文可以看出,在乡村旅游的五个构成要素中,乡村旅游环境的总体评价最高,其次为乡村旅游服务和乡村旅游餐饮;乡村旅游卫生的总体评价适中，乡村旅游住宿及乡村旅游交通的总体评价较差，其中乡村旅游交通方面存在的问题较为严重。在五个构成要素中，乡村旅游环境、乡村旅游服务、乡村旅游卫生等属于旅游软实力建设方面，这也反映出当前我国乡村旅游建设进程中除了要注重硬件设施的建设，也要重视对旅游软实力方面的建设。游客总体评价作为衡量游客旅游后满意度的重要标尺，应该对满意度总体评价不高的要素进行慎重考察，找出可以优化改进的地方。

第二，本部分研究发现乡村旅游中游客重游意愿的强弱与乡村旅游总体评价之间存在明显的相关关系。调研数据显示，乡村旅游者多为有稳定收入来源的工作者，具有相对较高的文化程度，自驾游的比例也较高。他们的旅游行为多为休闲旅游、深度游，不同于普通游客的观光游。观光游一般是选择自己想去的比较著名的地方去观赏风景名胜、文化古迹、城市美景、乡土人情等，通过短暂的休闲停留增长见识、愉悦身心，既享受大自然造化之美，又体验异地购物的乐趣。由于世界上有大量的旅游地等待游客去观光旅游，而每一位游客的时间相对有限，所以选择观光游的游客通常不会重复选择某一固定的旅游地，游客对某一景点参观过一次之后通常不会再次选择该景点旅游，因此观光旅游地不太注重对游客重游意愿的考察。乡村旅游地多为城市周边的特色乡村，游客群相对比较稳定，多为城市的上班族，游客对乡村旅游的满意度会在较大程度上影响游客的重游意愿，进而决定乡村旅游能否健康发展。游客重游意愿的强弱在较大程度上取决于其第一次乡村旅游的总体体验。当游客在乡村旅游目的地游览消费后仍然具有较强的重游意愿，说明该乡村旅游目的地的经营较为成功，对游客具有较强的吸引力，而游客的口碑传播又会给乡村旅游地持续不断地带来新的稳定客源，从而促进该旅游地健康持续的发展。

第三，个人特征层面的年龄、受教育程度、婚姻状况，旅游行为层面的旅游时间、年出游次数，目的地相关因素层面的乡村旅游环境、乡村旅游服务、乡村旅游交通、乡村旅游卫生显著影响乡村旅游中游客的满意度评价。

年龄较大的游客对乡村旅游总体评价较高；受教育程度越高的游客对乡村旅游的满意度评价越高；无配偶群体的总体评价更高，可能的原因是无配偶群体的旅游安排相对自由，可以根据自己的时间、兴趣爱好安排自己的乡村旅游活动；旅游时间较短的游客对乡村旅游的总体评价较高；年出游次数较少的游客对乡村旅游的总体评价较高。在乡村旅游的过程中，乡村旅游环境越舒适、乡村旅游交通越便利、乡村住宿越便宜越舒适、乡村旅游餐饮越有特色、乡村旅游卫生状况越良好，游客的总体评价就会越高。因此，在美丽乡村建设的背景下，应构建旅游信息互通共享系统，绘制清楚的游览标识方便游客游览参观，从而营造一个良好的旅游大环境和相对健全的旅游支持系统，促进乡村旅游健康有序的发展。

第四，乡村旅游的发展不仅要重视旅游者的体验感和满意度，更要重视旅游服务总体质量的提升。要发挥政府在乡村旅游发展中的基础设施建设、土地利用、环境保护等方面的宏观调控作用，并对乡村旅游发展提供财政支持；要保证乡村社区在乡村旅游发展中的主体地位，使其充分参与乡村旅游发展并从中获得经济收益；要重视乡村自然环境和文化环境的保护，塑造鲜明的乡村旅游主题形象；要推动乡村旅游多维营销网络的建设等。只有这样，我国乡村旅游才能走上健康快速发展的道路。

第五，纵观近年来我国乡村旅游发展的战略部署，乡村旅游、全域旅游都被作为重点关注对象。其中，对于游客而言，"全域"可以被理解为旅游的"全过程"，即游客从居住地到预期目的地涉及的交通、餐饮、饭店、购物等一个或多个环节构成的完整的旅行全过程。在"全域旅游"模式发展阶段，游客满意度将得到重点关注。一个地方乡村旅游业的可持续发展将由市场秩序决定，而市场秩序以游客满意度为重要衡量标准。值得注意的是，乡村旅游竞争力取决于该地是否具有规范有序的旅游市场秩序，因此在未来的乡村旅游经营发展中，需要各级组织通过全域治理来实现旅游市场规范有序这一目标。鉴于本部分研究中发现游客对乡村旅游各构成要素的满意度评价依然存在明显差距，在未来的乡村旅游开发中，无论是政府管理部门制定政策措施还是旅游企业的经营管理，都必须更新观念，致力于为旅游者呈现全新形态的旅游目的地，即旅游相关要素配置完备、游客体验需求能够得到全面满足，全面提升游客总体评价。

二、支持作用型模式乡村旅游转型升级的影响因素

在支持作用型乡村旅游发展模式下，政府部门往往占主导地位。政府的引导在很大程度上会对地区乡村旅游转型升级起到明显的影响作用，而在所有的影响中，来自政府政策的影响尤为显著。因此，这里主要基于政府政策来分析影响转型升级的因素，可供所在地政府主管部门参考，从这些因素出发，有针对性地采取扶持性政策，达到推动支持作用型模式乡村旅游转型升级之目的。

（一）支持作用型模式乡村旅游的发展特征

研究支持作用型模式乡村旅游转型升级问题，需要明晰这种模式下乡村旅游的发展特征。厘清这些特征，有利于未来乡村目的地在乡村旅游转型升级过程中结合自身实际，进行归属分类，并且针对影响转型升级的关键因素采取有针对性的对策，达到成功转型升级之目的。

1. 政府部门往往占主导地位

如前文所述，支持作用型乡村旅游发展模式下，政府作为主导部门，全面部署推动乡村旅游的发展。例如，兴建公路、桥梁、公厕等各类公共基础设施，破

除乡村内部投资旅游业发展的资金瓶颈，推进本地区下辖乡村的旅游发展。这些手段包括制定各种扶持性的政策，也包括由政府牵头发起的地方旅游推介活动等。

2. 区位分布多集中于远离客源地的西部地区

支持作用型乡村旅游发展模式多集中在我国西部地区。这些地区具备了发展乡村旅游的潜力，但由于经济发展较为滞后，各方面的基础设施和服务都达不到要求，也因为如此，该地区环境没有被人为破坏，为发展乡村旅游提供了很好的资源和生态条件。

（二）支持作用型模式下乡村旅游转型升级的影响因素

1. 政府乡村旅游政策支持体系的完备程度

2000 年以前，乡村旅游作为新生事物没有针对性的专项政策，多是依附于其他行业政策而发展；2001 年和 2002 年出台的《农业旅游发展指导规范》和《全国农业旅游示范点、工业旅游示范点检查标准（试行）》，为农业旅游发展和全国农业旅游示范点的创建提供了依据，有效促进了农业旅游产品专业化、规范化和市场化水平的提高；2006 年，《国家旅游局关于促进农村旅游发展的指导意见》引领了乡村旅游相关政策的进一步细化发展。近年与乡村旅游成长壮大相关的政策如表 5-56 所示。

表 5-56　乡村旅游成长壮大期的旅游政策

年份	单位	文件名称/相关事件
2017	国家发展和改革委员会等	《促进乡村旅游发展提质升级行动方案（2017 年）》
2018	国家发展和改革委员会等	《促进乡村旅游发展提质升级行动方案（2018 年—2020 年）》
2019	国家发展和改革委员会	旅游业类《产业结构调整指导目录（征求意见稿）》
2020	国务院	《关于促进旅游业改革发展的若干意见》

2. 政府产业政策扶持的全面性

产业政策引导国家乡村建设资金向乡村旅游特色地区投入。具体的政策涉及小额贷款金融政策、村民就业与社会劳动保障政策、与乡村旅游开发相关的土地政策及创业扶持的工商税收政策等。

3. 政府在其他方面支持力度的大小

对于"老、少、边"地区，支持作用型发展模式，除了政府给予政策扶持外，还需要政府在公共服务供给力度和对乡村旅游事业给予资金支持力度之间做好协调，支持的力度将直接影响这些地区旅游发展的成败和已经步入正轨发展的乡村旅游未来转型升级能否成功。

三、供给推动型模式乡村旅游转型升级的影响因素

基于旅游系统论视角，旅游资源优势相对突出的乡村地区，通常可以通过供给推动型模式发展乡村旅游。在当地政府的高度重视和开发引导推动下，村集体或村民合作社主动进行旅游发展部署，这类地区往往通过乡村旅游产业和其他产业的联动，努力追求多个产业互促联合、共同发展，既能够丰富乡村经济发展形式，又能够在整体上实现多个产业协调发展，实现乡村可持续发展的目标。

（一）供给推动型模式乡村旅游的发展特征

供给推动型模式乡村旅游的发展特征主要表现在以下几个方面：

1. 多由乡村主管部门、村集体内部发力进行乡村旅游开发

在供给推动型模式下，乡村旅游发展主要表现为供给占据主导，乡村地区物质或者非物质形式的资源都直接影响乡村旅游的发展成败。村集体或村民合作社作为这种模式下的利益主体，一方面注意到本地区参与发展乡村旅游的市场机会，另一方面缺少发展旅游业的资金，因此依靠村镇或所在地社区内部的力量和资金，对本地区的旅游资源进行全面规划、开发和整合，有意愿且有实力的村民会自愿参与旅游开发。这些参与其中的村民们既解决了生计出路问题，又找到了增加农业额外收入的机会并享受了发展乡村旅游带来的收益。当然，整个村镇经济也获得了发展。

2. 地理区位往往在核心城市的辐射带内

与经济发达的核心城市比邻的乡村旅游地往往较多地采用供给推动型发展模式。相较于其他地区，一些经济实力雄厚、拥有先天资源优势的乡村地区，依其自身独特的旅游资源或者生态环境，逐渐形成旅游吸引力，吸引周边城市的居民前去旅游。这些乡村地区或以原有资源为基础进一步创意打造，形成名人故居、工业旧厂房旅游开发及人文旅游景区景点，或凭借本地的山川河湖为基础打造各类主题自然生态景区景点。这类乡村旅游目的地在不断的探索中，其旅游产品内涵逐渐丰富、形式逐渐多样，对周边城市居民颇具吸引力。

3. 得益于周边县市的乡村旅游开发的辐射带动

深受周边县市乡村旅游开发的带动影响，部分乡村旅游地逐渐形成供给推动型发展模式。当看到了相邻地区的农户纷纷致富，部分农户受到启发，逐渐开始经营旅游。随着实力增强，他们可能采取"农户+农户"的模式，或进一步扩大经营规模。之后，一些农户开始进行旅游项目建设，如打造农庄等，这些农庄构成旅游景区，这时农户们开始独立从事旅游接待活动，并提供旅游一条龙服务。在此过程中，附近的大量闲散劳动力被吸纳进来，他们发挥自身所长，或靠手工绝技、民间杂耍、习俗表演获取工作机会和收入。随着农户们经营规模的扩大，

还会逐步引入先进的经营管理理念，并创建了大数据、人工智能平台以增加产出。

（二）供给推动型乡村旅游转型升级的影响因素

在系统论视角下，供给推动型乡村旅游发展主要受到乡村内部村集体或村民组织的影响。因此，研究此类型乡村旅游转型升级的影响因素主要基于乡村内部旅游发展供给视角进行探讨。

1. 基础供给条件改善程度产生的影响

基础供给条件状况是乡村旅游转型升级的一个主要影响因素。具体可以从以下几个方面来分析：

（1）景区内部的旅游交通运输设施条件产生的影响。如果说所有的乡村旅游都必须解决旅游可达性问题，即提供良好的旅游交通运输设施，那么在供给型乡村旅游开发中，尤其要重视景区内部的交通问题。随着美丽乡村建设的推进，外部交通条件作为政府投资的公共工程都已经得到了较好的建设。当然，部分地区为了招商引资也会将村镇内部的道路一起修建。但是，乡村旅游是动态发展的，随着旅游开发的深度加大，各旅游节点之间的连接就必须由村镇内部协调修建。在乡村旅游转型升级过程中，这类基础交通设施的完善程度，对单个乡村地区的旅游市场规模有很大的影响。

（2）景区内部的旅游接待宾馆设施条件产生的影响。初创期的供给型开发模式，往往由单个农户提供旅游接待服务，接待的游客数量和提供的服务都非常有限。随着游客数量的增加，农户们慢慢会联合起来提供公寓式的住宿接待服务，甚至会投资兴建一些村镇招待所，但总体上，无论是规模还是服务水平都难以达到游客要求。个别地区会引进外来投资者，投资兴建宾馆，达到床位数量增加的目的，解决目的地接待游客容量不足的问题。总之，供给型开发模式中，村镇内部自建、政府政策扶持都是提升供给能力的路径，会对这类地区的转型升级产生直接的影响。

（3）景区内旅游途中休憩节点设施条件产生的影响。在供给型开发模式中，随着对本地资源的挖掘和旅游景区布局的扩充，乡村旅游供给能力也要相应提升。旅游途中节点之间的旅游路途较长，有必要设置休憩驿站，这是提高游客旅游体验的一个办法，也体现了景区对旅游者的关怀，可以提升乡村旅游景区的吸引力和声誉评价。

（4）景区内旅游餐饮购物环境产生的影响。在乡村旅游发展中，村民们自发参与旅游事业以获取收益，在当地村民的自发推动中，地方特色餐饮和农产品交易逐渐形成了市场规模，但多表现出无序、自发、高度不确定性特点。未来餐饮与旅游购物能否实现集约化、特色化、休憩化的发展目标，能否在实现购物餐饮一条街规范化的同时保留乡土特色，是这类乡村挖掘自身资源、提升供给能力、吸引旅游者的重要内容，也会对转型升级产生重要的影响。

2. 资源本地性和可利用性挖掘程度产生的影响

在供给型模式下，村镇内部或者村民不断地挖掘本地能够被利用的景观资源，立足本地自然环境，挖掘人文层面的独特因素，以此吸引城市居民或乡村居民，满足他们的旅游需求，发展本地的乡村旅游事业。在此过程中，开发者需要注重考虑人类文化印记与自然资源的紧密结合，突出本地旅游资源的特色，这是乡村旅游开发的坚实基础。因此，基于旅游开发者角度，以下方面会对乡村旅游转型升级产生影响：

（1）资源本地性特色挖掘塑造程度因素。由于存在共性的资源特征，如依托农业自然资源发展乡村旅游，因农业自然资源总是以其固有的方式按照季节更替变化着，往往很容易在旅游产品开发和地区乡村旅游形象塑造方面与其他相邻地区出现重复，因此要注重人为因素，即通过人为地创意种植来体现景区的差异化。同样，也可以在牧场、渔场、饲养场等地区按照此思路挖掘本地特色。至于那些能够吸引旅游者前往的村庄历史风貌等人文类旅游资源，对其进行本地特色挖掘和创新，往往更能激发旅游者的旅游兴趣。

（2）资源特色的可利用性挖掘程度因素。毕竟乡村旅游资源还有一些不能被人们直接通过感官感知的无形成分，即乡村人文旅游资源，如人们的思想意识、道德情操、价值观念、心理特征、民族文化、历史沿革、风俗习惯等。这些东西虽然是无形的，但游客可以亲身体会到其魅力。它们构成了乡村旅游资源的核心，是乡村旅游资源的灵魂和精髓所在。因此，提升这些资源的可利用性对地区乡村旅游发展有着重要的意义。在转型升级过程中，这些资源的可利用性将影响产品的丰富程度和旅游地形象塑造等多个层面，所以要高度重视这些人文旅游资源。

3. 对乡村文化资源的认知程度因素

乡村绚丽多彩的民间传统文化，有着悠久的历史和丰富的内涵，致使乡村旅游在文化层面上有着高品位的特点。乡村的各种民俗节庆、工艺美术、民间建筑、民间文艺、趣事传说等，都赋予了乡村旅游很深厚的文化底蕴。由于乡村地区具有浓厚的区域特征和家乡特色，所以对城市游客来说具有极大的诱惑力和吸引力。在供给型模式下，开发者对乡村文化资源的认知程度，将直接影响产品品质的升级和乡村旅游的转型升级。

4. 乡村经济多元化与经济效益高低因素

乡村旅游资源种类较多，为了迎合游客们多种多样的需求，开发形式也日趋多元化。仅就旅游开发而言，有些是一枝独秀，有些是花开各路。具体有以下几个方面：一是乡村自然风光旅游。这种以乡野农村的自然风光为吸引物的旅游活动形式多样，如乡间散步、爬山、滑雪、骑马、划船、漂流等。二是农庄旅游或农场旅游，包括休闲农庄、观光果园、观光茶园、观光花园、休闲渔场和教育农园等。三是乡村民俗旅游和民族风情旅游。以当地民间的日常生活方式及其文化吸引外来旅游者，如山村民俗游、水乡民俗游、渔村民俗游等。四是乡村遗产旅游。乡村遗产是乡村及乡村文化精华的体现，也是其成为国际化旅游产品的切入点，如我国的平遥古城、丽江古城、乌江古镇等以其历史文化名扬世界。五是乡村意境体验游。旅游者在乡村会产生对山水田园文化的深层体会，并从中真正获得一种意境美的享受和情操的陶冶，如江南水乡能体会"小桥、流水、人家"的独特韵味，犹如身在山水田园作品所描写的诗情画意般的美丽梦境中。

多元化的发展形式、农户们的参与也为地区旅游收益提升提供了多种可能性。在不断加剧的市场竞争情况下，如何保持乡村经济多元化与经济效益的优势，对地区乡村旅游转型升级提出了挑战。

四、中介影响型模式乡村旅游转型升级的影响因素

在中介影响发展模式下，旅行社、旅游行业协会、网络平台和各类媒体等机构，积极发挥自身的优势主导作用，运用各种手段积极推销乡村旅游产品，吸引游客的注意力，并促使他们参与乡村旅游活动，购买乡村地区的旅游商品，解决了特定的乡村地区旅游发展的市场开拓问题，在供给和需求之间架起了一座桥梁，将两者紧密联系起来。研究中介影响型模式乡村旅游转型升级的影响因素需要在明晰这类地区发展特征的基础上，探究基于中介接待能力提升视角的乡村旅游转型升级影响因素。

（一）中介影响型模式乡村旅游的发展特征

研究中介影响型模式乡村旅游转型升级问题，需要明晰这种模式下乡村旅游的发展特征。厘清这些特征，有利于未来乡村目的地在乡村旅游转型升级过程中结合自身实际，进行归属分类，针对影响转型升级的关键因素采取有针对性的对策，达到成功转型升级之目的。

1. 区位属于知名景区周边或城市远郊

在我国有一类乡村地区具备了良好的旅游资源，对旅游者形成了极强的吸引力，并且具备发展乡村旅游的基本条件，但是出于地理分布原因，附属于知名景区或者远离大城市，这些乡村旅游业供给系统和需求系统在区位距离上呈现割裂状态，两者无法直接联系起来，需要通过旅游中介机构提供相关服务。

2. 资源特色鲜明，传统乡村文化内涵相对丰富

靠中介机构影响带动的乡村往往较好地保留了自然风貌，留存着风格迥异的

风土人情、乡风民俗。古朴的村庄作坊、原始的劳动形态、真实的民风民俗、本土化的农副产品，成为此类乡村地区乡村旅游发展的优势条件。无可比拟的"古、始、真、土"为吸引旅游者提供了优越条件。

绚丽多彩的民间传统文化也是这类地区的一大优势。这些乡村或保留了拥有悠久历史的文化遗存，包括工艺美术、民间建筑、名人故居等；或很好地传承了文化底蕴厚重的民间文艺、趣闻故事等。所有带有纯朴性和神秘性的民间传统文化，对旅游者都具有极强的吸引力。

3. 市场对住宿、餐饮等接待设施的需求逐渐迫切

当中介机构打通了供给与需求两端的对接节点，人们开始对这类乡村有所了解，并逐渐加深印象，进而产生旅游动机。美丽乡村建设步伐的加快，老百姓生活的富裕程度提升，再加上闲暇时间的富余，于是追求新生活方式的人们开始向往远离市区的乡村，以期达到返璞归真、探险猎奇、释放压力、抚慰乡愁、愉悦安抚身心之目的。当参与旅游活动的游客越来越多时，对当地住宿、餐饮等接待设施的需求就不断增加。

4. 借事件提升知名度的效果较好

远离大城市的乡村因事件（申遗、赛事、新闻等）驱动，联合附近知名景区进行营销宣传，往往都会取得不错的效果。例如，安徽省黄山市黟县东南部8千米处的西递古村，资源先天禀赋很好，尤其是地域文化特征突出的人文景观风貌，完美彰显了徽州建筑的精良技艺及景观设计在接近自然方面的浑然天成。该村庄距黄山风景区38千米，在黄山景区的辐射效应下发展旅游业，于2000年进入世界文化遗产保护名录之后，知名度上升较快；后又借助与黄山景区及宏村等古村落的联合宣传，一度名声大噪。近年来更是因影视剧的取景等原因，借助影视营销效应及网络平台等的宣传效应，成为古镇游爱好者必打卡的景区。

（二）中介影响型模式乡村旅游转型升级的影响因素

在系统论视角下，中介影响型模式的乡村旅游发展主要受到旅行社等旅游中介服务机构的影响，尤其是中介机构的接待能力和服务水平。因此，探讨此类型乡村旅游转型升级的影响因素主要从中介机构接待能力和服务水平出发。

1. 市场需求增长拉动中介接待能力提升的因素

乡村旅游发展壮大往往都要经历探索积累，对于远离中心城市分布的乡村地区，借助周边风景名胜区的发展优势往往是一条捷径。中介机构会将这些地区作为知名景区的延伸产品进行营销推广，满足游客的多元化需求，最终形成知名景区，并与乡村游产品互补互促、良性发展。例如，四川省自贡市的沿滩区拥有"全国休闲与乡村旅游示范点"称号的百胜村，同其相邻的仙市古镇共同发展，造就了"古镇游带乡村游，乡村游促古镇游"的典型示范。随着美丽乡村建设

步伐的加快，乡村与知名景区之间的关系逐渐由依存关系变为互促关系，需求的提升带来了发展机会，也在一定程度上驱动了乡村旅游转型升级。如何科学地应对市场需求的变化、了解游客对乡村旅游产品的真实想法、科学预测未来发展的走势等问题，将会对中介机构的规划产生影响。因此，在中介影响型模式下，考虑市场需求增长带来的影响，及时有效地从接待能力角度考虑，对地区乡村旅游转型升级至关重要。

2. 旅行社等中介机构参与分配乡村旅游收益高低因素

从利益分配视角看，旅行社等中介机构在远离城市中心的乡村旅游地区发挥着很重要的作用，因而也从旅游发展中获益，并且未来还将获取更多的利益。在乡村旅游发展过程中，如何更好地分配利益，对调动中介机构的积极性、激发产品研发创新都有直接的影响，也会进一步对乡村旅游转型升级产生影响。因此，进行利益分配模式的探索，进而激发中介机构的创造性和积极性，对远离城市中心的乡村旅游转型升级的成败产生了直接影响。

3. 乡村旅游发展利润空间大小因素

近年来，随着我国美丽乡村建设的开展，美丽乡村、美丽田园吸引着大批旅游者，乡村旅游市场也呈现出"井喷式"发展态势。中介影响型乡村地区旅游业繁荣发展与中介机构的市场开拓不可分割。以旅行社为典型代表的乡村旅游中介机构，面对乡村旅游发展的巨大利润空间，能否审时度势，从自身入手积极应对，提升游客服务接待水平，满足旅游者的诉求，为远离城市中心的乡村带来更多客源，这些直接影响乡村地区的旅游业能否实现转型升级。因此，旅行社等旅游服务中介机构应考虑市场发展的利润空间大小，及时合理地提升服务接待能力。

五、混合驱动型模式乡村旅游转型升级的影响因素

在混合驱动型模式下，来自供给子系统、需求子系统、支持子系统、中介子系统的各方主体积极发挥自身的优势主导作用，运用各种手段建立协同机制，共同发力助推乡村旅游发展。在多主体多系统混合驱动乡村旅游发展的过程中，丰富的经营经验造就乡村旅游市场的众多发展典范，为其他地区的发展提供了宝贵的经验参考，也为美丽乡村建设提供了强大的支撑。研究这种模式下乡村旅游转型升级的影响因素，需要从子系统协同视角来着手。

（一）混合驱动型模式乡村旅游的发展特征

研究混合驱动型模式乡村旅游转型升级问题，需要明晰这种模式下乡村旅游发展的特征。厘清这些特征有利于未来乡村目的地在乡村旅游转型升级过程中结合自身实际，进行归属分类，针对影响转型升级的关键因素采取有针对性的对策，达到成功转型升级之目的。

1. 区位靠近大城市或处于经济发达地区

以浙江省安吉县为例，该县位于长江三角洲腹地的湖州市内，与浙江省的长兴县、湖州市吴兴区、德清县、杭州市余杭区、临安市和安徽省的宁国县、广德县为邻，面积 1885.71 平方千米，全县 2016 年末户籍人口 46.61 万人。安吉不仅处在长江三角洲经济圈中心腹地，又在杭州都市经济圈辐射范围内，可谓是得到了两大经济圈的助力。与上海（距离 215 千米）、南京（距离 235 千米）构成了 3 小时交通圈，与杭州（距离 58 千米）、湖州市区（距离 55 千米）等构成了 1 小时交通圈。杭长高速更是促成了 30 分钟到杭湖、90 分钟达沪宁的安吉高速交通网络时代的到来。商合杭高铁、申嘉湖高速西延工程自 2015 年底破土动工，更是开启了安吉"两高时代"，与杭州的同城发展也在城际轨道交通项目助力下得以实现。

安吉的旅游业也因优越的地理位置和便捷的交通项目获得了快速发展的机会。仅从 2016 年的数据来看，国内外来安吉旅游的旅游者达到 1928.8 万人次，比 2015 年增长 29.0%。

2. 生态历史人文资源很丰富

仍以前述安吉县为例。①总体资源概况。安吉气候宜人，光照充足、气候温和、雨量充沛、四季分明，适宜农作物的生长。安吉农业资源丰富，拥有竹笋、白茶、高山蔬菜等一大批名、优、新、特农产品，农业产业化经营呈现良好的发展态势。安吉环境优美，大气质量达到国家一级标准，水体质量极大部分在二类水体以上。毛竹蓄积量和商品竹均名列全国第一，是著名的"中国竹乡"。安吉又是闻名全国的"白茶之乡"，安吉白茶在 2000 年被评为中国国际茶博览会国际名茶金奖。安吉矿产资源丰富，黄砂、石英石、花岗岩、膨润土等资源储量大，开发前景广阔。安吉县内群峦叠嶂、山清水秀、景色宜人、秀竹连绵，是新崛起的生态旅游县。位于灵峰山麓的竹子博览园，集旅游、娱乐、休闲、科研为一体，占地 600 余亩，各类竹子 300 余种，被誉为"世界一流的竹种园"。龙王山海拔 1587.4 米，是黄浦江的源头，奇峰怪石，古木异草，保存有 1200 亩的原始森林，为浙北第一峰，属省级自然保护区，有许多稀有动植物，被称为天然的物种园和基因库。世界级特大型电力企业——华东天荒坪抽水蓄能电站位于天荒坪大溪山巅，电站总装机容量 180 万千瓦，规模为亚洲最大，世界第二。电站与奇峰翠竹浑然一体，煞是壮观。附近有藏龙百瀑、九龙峡、龙庆园等景点。②安吉文化。安吉曾是古代越国重要的活动地和秦三十六郡之一的古鄣郡郡治所在地。上马坎遗址赋予了安吉独具魅力的文化符号，成为"浙江旧石器文化遗址考古第一点"；千年古刹灵峰寺，与杭州灵隐寺被誉为姊妹寺。安吉人杰地灵，一代又一代才俊，传承了底蕴深厚的地方历史文脉，涌现了三国东吴名将朱然、南朝文学家吴均、中国近代杰出的艺术家吴昌硕、著名林学家陈嵘等文化名人。安吉文化属吴越文化。安吉方言是一种吴语方言，属吴语太湖片苕溪小片。③民俗风情方面。中南百草园"梅花节"：每年正月初一至正月十五在安吉中南百草园举办，以踏雪赏梅为主题，开展各项活动，如古罗马竞技场、阿佤山寨歌舞表演、山顶极限飞车等。安吉生态日：每年 3 月 25 日在安吉县城举办，因"中国竹乡"安吉以其世外桃源般的良好生态闻名遐迩。最近几年，安吉大力实施"生态立县"，赢得广泛支持，生态意识深入人心。为更好地保护安吉的秀美山川，促进人与自然的和谐发展，2004 年安吉设立"生态日"，进行环保宣传、植树造林、清除垃圾等活动。中国竹乡生态旅游节：每年 9～10 月在安吉县城举办，安吉素有"中国竹乡"的美称，其独特的竹林生态环境孕育了别具风情的民俗文化。竹乡生态旅游节结合天荒坪抽水蓄能电站、龙王山自然保护区、吴昌硕画展等旅游观光活动，以竹筏会、游览大竹海、野营龙王山、竹技表演、民间灯会、书法交流等一系列参与性极强的节目展示竹乡的风土人情。凡此种种，都在说明区位靠近大城市或处于经济发达地区的优势。

3. 当地政府重视旅游业

随着"绿水青山就是金山银山"重要理念的提出，安吉乡村旅游获得了历史性跨越式发展。如今，安吉的旅游产业成果已成为"两山"转化的美丽诠释，产业增加值占地区生产总值的比重超过 13.5%，列浙江省第二①，旅游业正在成为全县发展的支柱性产业，"一业兴百业旺"的特性在安吉得到很好的演绎。

安吉县政府经历十年探索，以"四个率先"下好全域旅游先手棋，让安吉"绿水青山"生态优势转化为全域旅游发展的产业优势。2008 年安吉在全国率先开展"中国美丽乡村"建设，坚持把整个县域作为一个"大景区"来布局，十年实现全覆盖；率先出台建设县域大景区的实施意见，统筹开展旅游行业管理和产业促进工作；率先强化旅游规划统筹职能，设立"总规划师"职位，出台《休闲旅游产业导向目录》，对旅游项目招商开展预审评估，做到了资源统筹"一盘棋"；率先实施乡镇个性化分类考核，打造了各具特色的旅游特色功能区。2019 年 9 月 23 日，文化和旅游部公布首批国家全域旅游示范区名单，浙江省安吉县成功入选。该奖项是国家旅游业的"奥斯卡金奖"，此次名单公布进一步打响了安吉旅游的知名度。该县从 2009 年提出建设县域大景区，2018 年安吉接待游客 2504.5 万人次，实现旅游收入 324.7 亿元，较之 10 年前分别增长了 5 倍和

---

① 张卉卉. 做足"旅游+"文章　走出全域旅游产业振兴之路 ［N］. 浙江日报，2019-09-02.

15 倍①。

4. 各参与主体之间利益分配协调

如今，安吉乡村旅游点遍地开花，像景溪村这样大大小小的村落组成了一个不收门票的大景区，人气居高不下。2009 年以前，安吉的旅游发展模式却与此不同，全县上下一哄而上建景区景点的乱象随处可见；家家户户开农家乐，建成了同质化乡村宾馆，却弄丢了农家风味。安吉初始的旅游业，和全国绝大多数地区一样，以落后粗制的开发模式利用自然资源，以简单低效的观光方式收取门票，吸引眼球。后来，吉安改变了这种经营模式。安吉县景溪村旅游高峰期每日来这个小村庄旅游的不下 2000 人。该村党总支书记经验总结，"这些年的美丽乡村建设，大量的资金投入农村基础设施，美丽是我们的底色。但作为国家 3A 级景区，我们村庄是不收门票的"。"这里山美水美，村里办起了'股份漂'，每个村民都入股漂流项目，能享受到生态带来的价值。"总之，各参与主体之间利益分配较为协调。

（二）混合驱动型模式乡村旅游转型升级的影响因素

因为该类型中多个子系统协同发力，没有明显占主导地位的突出主体，因此本书从多系统协同视角来分析该模式下的影响因素。

1. 来自供给子系统的影响

在外界公共基础设施条件改善的情况下，本地农户或村集体进一步优化旅游资源，凸显旅游资源的本土性和可利用性；同时，随着村民对乡村资源文化内涵价值的认知度提升，开始有意地保护或者挖掘更多富有文化价值的本地传统文化资源。当地旅游接待户通过参与乡村旅游，逐渐获得旅游经济效益；同时，农村经济日渐多元化，不仅有助于当地美丽乡村建设步伐的加快，也进一步让老百姓在发展传统农业之外，又多了一条谋生之路。上到国家层面，下到所在地各级政府发布的各项扶持性政策文件，无一例外地都对农民参与乡村旅游发展产生了极大的鼓励，越来越多的先锋农户投入乡村旅游建设中，激励更多的人参与其中。

2. 来自需求子系统的影响

随着我国城镇居民经济收入、闲暇时间不断增加，很多人具备了参与旅游活动最基本的条件，过去看上去有些奢侈的旅游休闲活动，逐渐从偶尔消费变成了日常必备。同时，长期生活在城市的人们开始对乡村产生了旅游需求，或出于亲近田园的目的，或出于乡间聚会的目的。总之，这一切的变化都在悄悄地引领着乡村旅游市场的发展方向，对未来乡村旅游转型升级产生影响。

---

① 乡村旅游促"六农"要素发展［EB/OL］．（2020-04-14）［2022-09-06］．http：//www. farmer. com. cn/2020/04/14/99851142. html.

3. 来自中介子系统的影响

旅行社和媒体等机构，一方面，受市场需求日益增长的驱动，将会越来越多地关注乡村旅游的市场前景，在业务平衡上有所倾斜；另一方面，面对乡村旅游发展的利润空间，优化乡村旅游收益分配模式，与所在地各方主体通力合作，共促地区乡村旅游繁荣。消费者对旅游产品的反馈，也在不断地驱使中介机构提升自身经营管理水平和产品设计销售能力。

4. 来自支持子系统的影响

在美丽乡村建设的背景下，出于促进农民经济收入增长的目的，政府往往采用政策引导和直接投资等方式。当乡村旅游逐渐发展、农民生计问题得到解决之后，政府部门会进一步发展农村的旅游经济，这也会对周边县市的乡村旅游发展起到示范带动作用。因此，在加快城乡一体化步伐下，很多地方政府进一步发力助推乡村旅游发展。我国农村经济的多元化程度进一步加深，乡村旅游转型升级拥有了更多的可能性。

混合驱动型模式下乡村旅游转型升级将受到方方面面的影响，这些影响因素都在共同作用于地区旅游经济的每个阶段、每个节点，多主体的通力配合最终将为这些地区的转型升级带来动力和引导，促进乡村旅游跃上新台阶。

第六章 乡村旅游转型升级的原则、思路与内容

第一节 乡村旅游转型升级的总体原则

美丽乡村建设早日开花结果，呈现农业发展、农民增收和农村繁荣的美好画卷是我们的期盼。乡村旅游的繁荣发展是实现这一理想目标的重要产业抓手，肩负特殊使命与目标，伴随不断变动的市场需求，同时学习外部国际乡村旅游的发展潮流与趋势。从总体原则的把握角度看，乡村旅游的转型升级需要坚持若干个基本原则。

一、重视旅游拉动乡村产业重构的使命

在美丽乡村建设过程中，乡村发展遇到各种各样的问题，其中，产业层面的问题是根本。我国乡村土地碎片化生产模式、农村传统产业结构单一、收益低下，这些使农村经济发展缓慢。

乡村旅游作为一种新型的产业形态，有望拉动乡村产业的重建，在乡村旅游的转型升级过程中，应坚持将拉动乡村产业重构作为重要使命。进行乡村产业重构，提升农业附加值，即改变乡村单一的线状产业链，逐步演变为网状产业链，追求农产品在实现最终价值之前，其消费次数和消费形式等方面的增长和丰富。而旅游业本身的基本属性就体现出综合性强、关联度高等特征，为乡村旅游拉动乡村产业重建提供了极大的可能性。在乡村旅游大力发展过程中，带来更多的产业发展空间，吸引人力资本和乡村资本大量回流，甚至创造条件支持乡村创业，最终实现乡村旅游拉动乡村产业重构的重要作用。

二、重视乡村文化的传承与整合

乡村文化，是中国人不容割舍的民族文化构成，中华儿女乡愁记忆的体现。留住了乡村文化，就留住了乡愁记忆。看得见的乡村建筑、看不见的乡村故事、忘不了的乡村历史、传说中的乡村仪式、昔日的乡邻笑语……这一切关于乡村的文化记忆，正是中华文化立足的深厚根基。

无论是建设美丽乡村，还是文化厚土的感召，传承与保护乡村文化都具有非比寻常的意义，也是我们发展乡村旅游的重要使命和责任。借助乡村旅游的发展载体，唤醒和复兴乡土文化，不仅是时代使命，也是乡村旅游发展的内在需求。

在美丽乡村建设背景下，为了满足井喷式需求，乡村旅游业在发展初期的经营模式相对比较粗糙。当人们满足了初步旅游需求后，自然就会上升到更深层次的旅游需求，对乡村旅游的各项服务和设施有了更高更严格的要求。此时，乡村旅游通过创意手段，对那些带有乡村文化印记的生产方式、民俗风情、民间故事、工艺绝技、历史人物等文化资源进行整合开发，对乡村旅游特色产品进行打造，既能够让游客重温旧时的乡村文化，又能够塑造乡村旅游转型升级后的独特产品内涵和品牌声誉。旅游者的深层次需求得到了满足，其会产生重游意愿，乡村旅游的持久吸引力也将逐渐形成。

三、重视乡村生态的改善与提升

在美丽乡村建设过程中，需要大力推进生态文明建设。党的十八大报告中指出，建设生态文明，是关系人民福祉、关乎民族未来的长远大计。面对资源约束趋紧、环境污染严重、生态系统退化的严峻形势，必须树立尊重自然、顺应自然、保护自然的生态文明理念，把生态文明建设放在突出地位，融入经济建设、政治建设、文化建设、社会建设各方面和全过程，努力建设美丽中国，实现中华民族永续发展。为乡村旅游的未来发展提供了重要的时代机遇，并指明了方向。

同时，乡村旅游发展需要保持良好的生态环境，以提升对旅游者的吸引力。设想乡村旅游区放眼看去没有垃圾与污水，只有青山与绿水；没有雾霾与嘈杂，只有洁净与安宁；没有混乱与无序，只有热情与闲适……这样的乡村地区怎能不吸引旅游者呢？因此，努力保持良好的发展氛围，大力改善乡村生态，突出自然和社会生态环境的重要性，是乡村旅游转型升级必不可少的保障。

四、重视乡土特征的彰显与突出

乡村旅游者的旅游动机来自城市居民想要暂时逃离城市的喧嚣与压力和重温乡村的安宁与闲适。无论是出于乡土气息的安抚功能，还是突出化解乡愁的平复作用考虑，乡村旅游发展始终都要重视突出"乡土味道"，要求在乡村旅游转型升级过程中从服务层面到实体产品层面都要处处彰显出"农业、农村、农民"的乡土特征。

五、重视地方性特色保护与强化

"地方性特色"意味着一地有一地的风景，一时有一时的特色。在此处有它处看不到的风景，吃不到的地道美食，体会不到的民俗风情，听不到的民间故事，见不到的手工绝技……坚持如此发展思路，才可能在千篇一律的"吃农家菜、住农家屋、玩牌垂钓"的同质化竞争中脱颖而出，最终实现整个乡村旅游业的可持续发展。因此，在乡村旅游转型升级过程中，经营者要善于寻求并强化地方特色，突出地方差异，如此方能获得长足发展。

六、重视利益输送本地化体系构建

保证乡村旅游利益输送本地化的体系，在美丽乡村建设的背景下，该体系构建的意义尤为突出。外来资金与本地资本关系的处理，将影响本地居民、地方经营者及外来经营者等利益主体的关系[1]，进而影响美丽乡村建设的进程。

在"共生共栖"的发展基础上，尽可能避免利益漏损，尽最大努力实现利益的本地化，避免出现乡村旅游发展的"飞地化"情况，实现助农富民、改善乡村经济发展质量的目标。

第二节　乡村旅游转型升级的基本思路

一、强化新型发展理念

（一）强化智慧旅游发展理念

在美丽乡村建设的时代大背景下，乡村文化复兴、美丽乡村空间营造、龙头产业引领带动、产业与乡土社区协同发展机制形成……一系列举动的背后，往往都离不开"互联网+"的技术支撑。乡村旅游转型升级同样需要技术保障与支撑，因此迎合适应互联网领域的技术进步与创新已成大势所趋。

乡村旅游业"智慧化"发展理念的贯彻落实，将有助于旅游服务水平提升、乡村游整体旅游体验改善、经营管理创新、乡村旅游资源规划开发与优化利用，

---

① 黄洁. 旅游目的地居民与相关利益主体间的冲突和解决 [D]. 上海：复旦大学硕士学位论文，2004.

进一步增强乡村旅游业竞争力，推进产业协同发展机制构建。

我国的北京、南京、扬州等城市都已经在发展乡村"智慧旅游"方面进行了积极探索，积累了一定的发展经验。在乡村旅游产品在线营销、电子商务采购、旅游资讯发布等关键环节的试点已初见成效，下一步需要积极推动乡村旅游各领域的智慧化应用和运营。未来，以"互联网+"为核心思想的乡村旅游智慧化建设将全面系统地渗入乡村旅游目的地和经营单位的服务及管理水平提升实践，进而有望改变乡村旅游运营管理和传统商业盈利模式，实现旅游企业更新改造和产业价值链重新构建。

（二）强化品牌化发展理念

在千篇一律的旅游产品同质化市场上，品牌化是形成辨识度和区别于同类型竞争者的一个重要手段。当旅游经济发展进入品牌经营时代，过去的竞争内容已经被改写，品牌竞争已经深入人心，只有消费者的注意力锁定了品牌，才意味着消费者认可和肯定。因此，只有塑造深入人心的品牌形象，才能在竞争中获取市场份额和市场机会。

我国美丽乡村建设背景下涌现出了一大批诸如"安吉"等"样板"乡村，成都、北京等大城市也出现了一批知名的乡村旅游产品品牌，但这些乡村旅游目的地的知名度和影响力还很有限，仍处于同质化竞争阶段。未来，要想获得大的改变，必须认清培养品牌意识的重要性，将品牌化理念作为竞争优势打造的指导思想。

（三）强化低碳旅游发展理念

美丽乡村建设过程中同样要求低碳发展。我国早在 2009 年，国务院就出台了《关于加快发展旅游业的意见》，提出倡导低碳旅游方式，当时出于节能减排的需要，国家对旅游业发展做出了相关的战略指导。近年来，乡村旅游发展也不可避免地受到了碳排放超标问题的制约；同时，各地资源开发或其他项目建设都或多或少地对乡村生态环境造成了破坏。缺乏前瞻性眼光的乡村旅游开发，要么受到既有观念所限，要么因为资金技术缺失，往往在后续发展中不可避免地出现大量配套设施高碳化运转，旅游者缺乏相关低碳意识引导，旅游消费当中浪费破坏现象严重。这一切都提示未来乡村旅游转型升级必须有所行动，必须纠正过往的偏差。

美丽乡村建设目标体系对生态文明建设提出了要求。在我国旅游产业追求发展方式和质量改变、效益提升的过程中，低碳旅游理念无疑是一种不容忽视的发展选择。因此，美丽乡村建设背景下乡村旅游转型升级必须对低碳旅游理念做出积极响应。

（四）强化标准化发展理念

旅游业标准化问题，近年来受到了各方的广泛关注。有了标准，意味着有了规范，有了引导产业发展的手段。乡村旅游业转型升级过程中坚持标准化发展理念有助于整个产业的素质提升和核心竞争力的培养。从乡村旅游服务水平提升、乡村旅游市场秩序规范，到整个行业监督管理，乃至乡村旅游产业最终转型升级，都需要走标准化道路。秉承标准化理念，在转型升级过程中，从产品到市场开发，从旅游者到经营主体，从目的地到政府，在启动相关工作时都要为实现目标而制定一系列规范和标准，这好比大海航行有了灯塔，有了规范和标准，再去落实强化，进而实现乡村旅游转型升级的目标。

（五）强化开放发展理念

在美丽乡村建设背景下，我国的一些乡村示范区建设坚持内外联动、开放发展。已经证明"走出去"和"引进来"是建设美丽乡村行之有效的途径。乡村旅游产业转型升级，同样不能故步自封，需要借鉴成功经验；需要引进外来资本和先进的经营管理人才，需要与有实力的经营主体深度合作。

第一，在乡村旅游转型升级过程中，需要当地人"走出去"看看外面，开阔视野，并借鉴国内甚至国外的先进乡村旅游发展地区的经验。通过一定的手段，让本地的乡村旅游产品为外人所知。将本地乡村旅游产业特色进行强化凸显，抓住一切可以利用的机会宣传自己，扩大本地乡村旅游品牌的知名度。

第二，乡村旅游转型升级必须努力争取"引资引智引技"。我国不少乡村旅游发展空有好山好水好风光，却受困于缺钱缺人缺技术的境况中。首先，积极"引资"，通过大量引入外来资本，助力当地乡村旅游开发不失为一条好路子。山西省左权县生态庄园发展新模式，就得益于依靠吸引山西企业家们的投资助力；大力吸引实力雄厚的大公司和社会富余资本投资乡村旅游开发，不仅可行而且相对没有太多困难。其次，积极"引智"，多渠道解决人力资本缺失问题。通过国家的一系列助农惠农政策和人才援助措施，积极争取在规划、设计及营销等关键环节获得各领域专家的点拨助力，甚至通过顾问等形式聘请专家把关。通过专家们的知识传播和技术指导，既能够解决当地的发展技术困境，还有可能提高当地百姓的认知水平，提高村民对乡村旅游转型升级的认同度，以获得他们的大力支持和配合。经营管理人才的缺失可以通过吸引外出企业家、大学毕业生，以及农民工等手段解决。最后，积极"引技"。千篇一律的乡村旅游产品和服务内容，已经无法让旅游者心动，主动学习先进的服务技能，引入先进的科技产品助力，优化旅游景区节点的接驳，改善旅游者在各个景区节点的消费体验，提升本地乡村旅游产品的竞争力已成为转型升级的必经环节。

（六）强化共享发展理念

建设美丽乡村要为人民，美丽乡村建设要靠人民，美丽乡村成果要人人共享，让全体人民在共建共享中有更多的获得感。2016 年，中共中央、国务院发布的《关于落实发展新理念加快农业现代化实现全面小康目标的若干意见》明确提出：把坚持农民主体地位、增进农民福祉作为农村一切工作的出发点和落脚点；让广大农民平等参与现代化进程、共同分享现代化成果。不难看出，共享发展是关乎公平正义的问题。在美丽乡村建设背景下，所有建设工作都需要兼顾社会公平正义。乡村旅游转型升级过程中同样需要坚持共享发展理念。

第一，美丽乡村为人民而建，发展乡村旅游有益于人民。借助乡村旅游产品开发、创造就业机会等有助于农民早日致富，提升农民的生活幸福感。建设美丽乡村是要给乡亲们造福，乡村旅游转型升级则是在更具体的层面上解决就业、农产品售卖、增加收入渠道等问题。当然，建设美丽乡村，实施乡村旅游的转型升级，更好地解决农村人面临的各种发展问题，更是有助于城市人的需求满足。生活在城市中的人们，心理压力需要排解，远离故土的城市人，乡愁需要化解，乡村旅游的针对性产品开发将很好地满足人们的心理需求。企业家需要寻求商机，乡村旅游产业最终将满足各利益主体的需求，调动他们的积极性，在约束性的范围之下充分激发他们的工作才能，为人民造福。

第二，乡村旅游转型升级需要当地农民、各方企业家、各级政府部门通力合作，甚至借助社会力量，最终实现人人共享乡村旅游转型升级的成果。

综上所述，在美丽乡村建设背景下，加快乡村旅游转型升级必须秉承新型发展理念，紧跟时代步伐，坚持并践行智慧发展、品牌发展、低碳发展、开放发展、共享发展。只有坚持新型发展理念，并将其贯彻落实到乡村旅游转型升级的过程中，才能建成有技术支撑、有核心竞争力、有品牌影响力、有成长空间、有内外良性互动、有百姓支持根基的新型乡村旅游产业，才能最终实现乡村旅游的可持续发展。

二、丰富旅游产品的创意

乡村旅游的产品好坏直接关系到旅游者的体验，关系到产品的市场竞争力，关系到旅游目的地未来发展的成败。早期的乡村旅游仅凭借天然的山水、乡野田园风景、美味地道的"农家饭"就能吸引到络绎不绝的城市人，但随着旅游者需求的提升，今天人们对参与体验的项目有了更多的期待、更高层次的要求。于是，原有产品的市场开拓发展遇到了困境。在转型升级过程中，需要我们时刻关注：旅游产品所处的发展阶段，针对产品不同时期面临的竞争状态，采取有针对性的发展对策。

旅游产品生命周期理论源于产品周期理论。产品周期理论是从时间尺度来研究和评价产品的理论，它是指产品从进入市场到被市场淘汰所经历的整个过程，一般由投入期、成长期、成熟期和衰退期四个阶段构成。国外学者大都将生命周期理论放置于具体的案例中，进行理论检验和问题分析。目前被学者们公认并广泛应用的旅游地生命周期理论由加拿大地理学家巴特勒于 1980 年提出。巴特勒认为一个地方的旅游开发不可能永远处于同一个水平，而是随着时间推移不断演变的，并采用一条近似于 S 形的曲线来说明不同发展阶段旅游地的发展状况。国内对于旅游地生命周期理论的研究起步较晚，对具体旅游地的研究运用较少。保继刚等在《旅游地理学》中首次向国内介绍了巴特勒旅游地生命周期的思想，并先后于 1995 年、1996 年分别将该理论应用于广东丹霞山的开发及喀斯特洞穴与主题公园生命周期的探讨。

从演变和动态发展的视角看待旅游产品生命周期，让人们认识到必须以发展的眼光看待旅游业发展。在乡村旅游发展中，随着旅游产品的种类和层次日渐丰富，部分地区和部分旅游资源已经无法适应市场需求，转型升级必须被尽快提上日程。当乡村旅游产品在市场上遇到了瓶颈，旅游经营者必须增加大量功能丰富、种类多样、特色突出的体验、休闲项目，并以全新的丰富产品体系吸引乡村旅游者的注意力，甚至达到获得大量回头客的目的。要突破产品层面的各种制约瓶颈，需要进行多维度的调研，清楚旅游者的真实需求，在乡村旅游产品体系的开发创意上做文章，深挖旅游者的需求，对旅游者满意度进行相关考察，弄清楚竞争状况和自身的优劣势，扬长避短创新打造基于本地特色的多元化、品牌化产品体系，满足人们的休闲体验等深层次的旅游需求。只有这样，我国乡村旅游才能够及时跟上市场需求，才能做到维持长期的旅游吸引力。

三、充实参与主体队伍

要实现乡村旅游产品体系化、创意化，乡村旅游整个业态丰富化，必须推动乡村旅游参与主体进一步拓展。

除了乡村旅游地旅游接待户、地方政府等常规的参与主体之外，应更多地在实际经营管理层面，增加决策管理指导团队，如成立乡村旅游发展行业协会、乡村旅游合作社等。在引进资金、推进投资开发工作层面，吸引外部旅游投资企业，引入连锁经营模式。在乡村旅游运营管理层面，通过各类新媒体平台，以多种形式进行营销推广工作。通过多渠道引入外部资金和人力资本，助力乡村旅游深度开发、日常经营和营销推广，形成多方参与、合作共赢的新时代乡村旅游发展格局。

四、推进经营方式多元化

乡村旅游的发展实践走过了最初的政府主导型发展阶段，经历了政府主导下快速推进产业发展、满足市场需求的过程，随之而来的资源配置效率不高、经营活力不足等问题逐步显现。这与我们当前经济全面转型升级的主流趋势并不相符，乡村旅游业同样需要朝着全球化、信息化、大众化、市场化等趋势发展。在遵守国家相关法律法规的前提下，积极探索农民土地经营权入股、农宅入股、旅游咨询机构智力入股、旅游众筹等新型投资机制，引导乡村旅游从单一的"农民自营+政府引导"，走向"公司+农户""合作社+农户""新农人+政府+社区"等多元化经营之路。

五、实施产业融合发展

参考前文已经阐述的美丽乡村建设过程中形成产业发展的相关特点，不难发现相较于其他旅游业态，乡村旅游的产业关联度更高，综合带动效应更大，涉及农业、工业、会展、文化娱乐、创意产业、康体疗养、体育赛事等诸多产业。多种层次的互动、融合，也意味着更多的发展机会和更广阔的市场潜力。乡村旅游转型升级必须重视开发多种新的业态，力争多产业融合发展，发挥旅游业的关联带动效应。一方面，实现乡村旅游业与传统的农林牧副渔手工艺等传统产业的融合；另一方面，通过引入创意产业、体育赛事、农产品主题会展等新兴产业，丰富各类型产品层次和内核，打造新老结合、多元并进、适应不同层次需求的乡村旅游产业链条，并在一定地域空间内通过旅游资源吸引人流、物流、资金流、服务设施和重大旅游项目集聚，逐步形成功能完善、要素齐全的乡村旅游产业高地。

第三节　乡村旅游转型升级的内容

在美丽乡村建设背景下，放眼看去，我国未来必将遍布这样的美丽乡村：越变越美的农村生态环境、农业生产逐渐脱离简单机械的重复而变得更加生动有趣、农民日子愈发美好富足。乡村旅游的转型升级也在这样的利好环境下，有了更多的施展可能性。从内容看，乡村旅游的转型涉及乡村旅游产业、主体企业、旅游产品、旅游市场、经营管理、人力资本的引进培养等多方面内容。本部分将重点围绕乡村旅游产业、主体企业、旅游产品、旅游目的地管理的转型升级进行论述。

一、乡村旅游产业的转型升级

在美丽乡村建设的政策支持背景下，实现多方联动，乡村旅游繁荣发展。乡村旅游产业转型升级需从产业结构调整着手，并培养龙头旅游企业引领带动，逐步向多个产业融合发展靠近；借由强势带动弱势，尽可能将产业链条拉长以求增加产值。为了提供产业发展的动力，适度支持乡村旅游合作组织发展。"产业结构调整"意味着乡村旅游地的旅游活动需要由规划之初的"走马观花、游山玩水、品尝美食"向"参与体验、康体疗养、健身休闲"进行转型升级，不仅追求经济功能，还要实现美化生态、助农致富等多重价值功能。在要素配置上，充分抓住每个机会，借助美丽乡村建设的契机，综合考虑旅游者的多方面旅游需求和所在地美丽乡村建设的实际，优化"食、住、行、游、购、娱"的要素配置，合理、高效配置每个节点的要素，实现各要素自身良性成长和各要素之间的协调，进一步实现整个产业链的有机运转，最终实现产业顺利转型升级。在整个产业结构调整过程中，始终兼顾并利用美丽乡村建设的政策红利，展现乡村旅游产业的"生态环保"效应，凸显乡村旅游产业与美丽乡村建设共同倡导的"绿色发展"理念，展现美丽乡村建设背景下乡村旅游绿色"支柱产业"的特色。

"产业融合"的推进意味着需要进一步探索"旅游+"模式的拓展，充分发挥乡村旅游产业的"关联带动"效应，综合带动农业种植、工业生产、会议展览、娱乐休闲、交通运输、文创体验、康体疗养、体育赛事等诸多传统或新兴产业的互动、融合。通过融合发展，为相关产业和乡村旅游业本身寻求更大的空间、更多的机会和更广阔的市场潜力提供了可能。以此诞生一批诸如工业观光、农业体验等新的旅游业态，努力形成新老结合、多元并进、适应不同层次需求的乡村旅游产业链。

"龙头旅游企业"发挥引领带动效应，不仅能为区域旅游开发中大大小小的企业提供"灯塔"指引，还能带动旅游发展上下游企业源源不断地诞生壮大，逐渐促成产业融合、集聚，并以此进一步提质增效，最终实现产业整体转型升级。在美丽乡村建设背景下，政府扶持政策有利于旅游企业的成长，培育一批龙头企业，通过龙头企业的示范带动，不断提升区域发展实力，实现乡村旅游产业转型升级。

乡村旅游价值链不断延伸是实现乡村旅游产业转型升级、实现价值链增值的必经之路，链条上的节点旅游企业大多数要经历由松散增加转向有序合作的过程。在这个过程中，要改变过去企业各自发展、利益分配缺乏产业统一合作的格局。整个过程要经历流程优化、产品转型升级、功能转型升级和跨产业合作转型升级等关键环节，最终实现产业整体提升。随着产业链的延伸和地区适应力的增强，价值链的整体盈利水平也将成为关注重点，受益面也将成为追求的目标，这与美丽乡村建设的核心目标也是一致的，即生态美丽、人民生活水平提升。

当然，乡村旅游合作组织对产业发展的强有力支撑也不容忽视。专业性的乡村旅游合作组织能起到很重要的中介作用，通过专业手段巧妙地促成外部市场内部化，将散落于村落中的旅游接待户和企业联结起来，将生产和市场联结起来，使得乡村旅游经营户和旅游小微企业形成高度组织化的集体，进而提升他们的市场谈判能力和抗风险实力。因此，很多地区事实案例已经证明专业性的旅游合作组织往往更易获得本地乡村旅游接待户、其他经营单位、各类旅游小微企业的支持，这些经营户自身的利益也往往与这类组织紧密联结。在乡村旅游产业转型升级中，让这些组织回归它原本的角色，淡化或者去除行政色彩，还它们市场化的本色，去走企业化经营道路，既服务于各个散户或者小微企业，又参与市场竞争获取整体利益，整体竞争发展能力得到提升。这需要这些组织在规范经营管理细节的同时，努力健全自身运行机制，最终推进整个产业的发展。

二、乡村旅游企业的转型升级

在乡村旅游企业转型升级中，从事旅游经营企业的重要性不能忽视。作为旅游产品的供给者，旅游企业更能敏锐地感知市场趋势和预知未来走向，更具影响整个市场的能力。产业转型升级的成败与否，与企业的经营行为和创新发展能力息息相关。因此，旅游企业转型升级需要切实、有效的推进。

首先，旅游企业的主体市场地位需要得到充分认可。旅游企业是整个乡村旅游产业的主要构成单元，它的转型升级成败，直接关乎整个产业的命运走向。不断地提升节点企业的经营能力和核心竞争力势在必行。让旅游企业适应市场，争夺发展机会，开展经营活动。在这个过程中，需要充分发挥市场调节作用，避免过多的行政干预，充分发挥企业的主体作用。

其次，旅游企业转型升级需要从自身内部寻找并解决问题。在美丽乡村建设背景下，国家出台了一系列政策扶持农村地区各类型企业，当然也包括旅游服务企业。有了良好的外部支持，企业竞争成败往往靠的是自身的实力。因此，解决企业发展中的一系列抑制性因素当为第一要务。虽然针对具体问题需要具体分析，但是针对我国乡村旅游目的地普遍存在的一系列问题，诸如小微旅游企业组织形式过于简单、产权不够明晰、经济管理缺乏专业指导、服务水平长期得不到提升、缺乏适应市场需求的规划意识、面对外部迅速变化的环境缺乏应对能力等，需要从根本上——对症解决。这也是实现乡村旅游企业转型升级的方向和着眼点。未来，要实现乡村旅游企业转型升级，就需要优化这些企业的组织管理方式，进行科学的人力资本配置，引入先进的企业管理文化，从根本上扭转企业的经营管理模式，彻底提升企业的风险应变能力和市场竞争力，提升企业经营的资源利用率，在企业现有业务获得优化的基础上，适时适度地进行前后向的业务延伸，联合各类型旅游企业建立合作共赢的长效机制。

三、乡村旅游产品的转型升级

乡村旅游产品从来都是决定一个地区乡村旅游成败的关键因素。早期简单原始的田园风光就能使旅游者愉悦身心，缓解压力；特色农家美食的助力，更是吸引了大批的旅游者，尤其是来自城市的旅游者。然而，随着旅游者旅游经验的增加和出游动机的改变，很多仅靠提供田园景观和特色餐饮产品吸引旅游者的乡村旅游点很快丧失了吸引力。当旅游开发停留在表面，其提供的产品缺乏深度时，吸引力下降是一定的，旅游者很难故地重游，乡村旅游陷入发展瓶颈，产品转型升级迫在眉睫。

要突破乡村旅游发展制约，需要在产品层面进行转型升级。改变单一重复、缺乏特色的产品，对产品种类和功能方面进行深度挖掘，大量增加内涵丰富、功能多样的产品；同时，在体验参与方式方面予以创新设计，进一步优化供给，大力提升产品的核心竞争力。

乡村旅游产品转型升级，需要在进行广泛市场调查的基础上，了解现在旅游者的真实需求，通过对旅游者和经营者的调查研究，努力做到优化供给，满足有效需求，逐步将产品体系向纵深延伸，实现产品体系多元化、品牌化、特色化、创新化、体验化、功能化。

（1）创造性地进行需求引导。进行广泛的旅游者调查，了解旅游者的真实需求，紧随旅游者需求的变化调整发展方向，牢牢掌握国内外乡村旅游发展的未来趋势，这是一个地方发展乡村旅游、保持客源充足、提升"重游率"的捷径。当人们生活水平不断提升，度假休闲成了百姓日常之后，乡村旅游产品开发提供者有必要立足地区旅游优势资源，通过开展细致的市场调研，进行科学的市场细分，锁定目标市场，积极引进人力资本和资金投入，同时借助大数据技术，开发出适销对路、广受欢迎的创新产品。

在开发新产品，或者强化产品体验休闲功能的过程中，还应注意对旅游者需求变化的趋势进行预测，积极引导和培养旅游者的旅游新需求。让人们逐渐认识到，乡村旅游不只是田园优美风光、美味可口的农家饭……还有更多的可能性，诸如休闲度假、康体疗养、运动放松、亲子互动、儿童教育……当一种产品被人们逐渐接受，并慢慢发展成广泛的日常消费以后，这些体验就有可能演变成旅游者的生活方式，良性循环下去。总之，乡村旅游产品的转型升级，需要在市场调查的基础上，引导旅游者需求，创新性地进行产品种类的深度挖掘。

（2）让旅游产品更富体验价值。在体验经济深入人心的时代，乡村旅游产品开发进一步凸显对人们参与感的重视，将直击旅游者的心理需求，激发他们的旅游动机。我国大部分地区乡村旅游发展停留在初级阶段，与日本和韩国等国家相比，存在很明显的差距。我国乡村旅游业要想实现长足发展，必须在产品层面的转型升级上进行体验式开发，这是解决旅游者重游率低下、市场发展空间有限的有效途径。体验式产品开发需要立足于乡村旅游地的资源优势，将地区与农业生产相关的环节（如灌溉、松土、除虫、收割等）进行创意改造，增加旅游者参与的趣味性和互动性。养殖类项目，同样可以在整个过程中穿插观摩、互动和参与收获等环节，既富有教育性功能又具有娱乐性功能，这样的旅游项目将广受欢迎，尤其适合想要增加亲子沟通的家庭参与。那些与民间手工绝技有关的泥人、糖塑、织衣、绣花、草编木工、窗花皮影等，既可以现场展演互动参与，又可以作为旅游纪念品的延伸。那些与民间节庆相关的纪念活动等民俗风情都可以展示给外来旅游者，既是对美丽乡村建设过程中的传统文化传承的响应，又是一道独特的旅游产品风景线。总之，与农业、林业、养殖业相关的环节，只要肯进行分解、创新，就都有可能变身为吸引旅游者观摩、体验的旅游产品。

那些拥有独特地域优势的温泉、山区旅游地，更是可以综合开发康体疗养、休闲养生综合度假产品，而平原地区可以开发以骑射、滑草、跑步、骑行、越野、野营等运动健身为主的产品……只要能响应旅游者求知探索、体验娱乐的需求，都将对旅游者产生吸引力，吸引旅游者不断重游，综合带动旅游地其他关联产品的消费，提高整体旅游收益。

（3）提升产品的文化内涵。在美丽乡村建设的背景下，人们在提升物质生活水平的同时，也追求精神文化生活的丰富。在乡村旅游产品转型升级中，应凸显旅游地的人文内涵和历史积淀，既是对建设美丽乡村做出的回应，也是改变当前产品缺乏文化内涵、品味层次定位低的一条有效途径。因此，产品转型升级可以向智能化方向发展靠近，开发人工智能辅助的文化展示、体验、参与型产品，如独具一格的特色饮食、民间传说、节事庆祝等体现乡土特色的文化活动，都可以开发演变为凸显文化积淀和旅游者参与体验双重特色的新型乡村旅游产品。

（4）凸显本地乡土特色。乡村旅游产品开发走过了简单复制的发展阶段，进入需要高度关注旅游者真实需求的节点。一个地方的乡村旅游业要想实现长足发展，必须具有抓住旅游者心理需求的因素。这种因素，可以是独特的地域乡土文化，也可以是勾起独特旅游者乡愁记忆的因素……但无论有多少可能的因素，忠实于乡村旅游地的乡土文化，凸显本地有别于其他地方的特色产品是最根本的。

（5）借助大数据技术，让旅游智慧化。现代科技日新月异，技术的突飞猛进为乡村旅游产品转型升级提供了技术支持。旅游产品转型升级可以从增加产品的科技感入手，如引入机器人解说和体验式互动等环节，在服务环节增加机器人辅助，全过程记录旅游者的真实感受，为提升旅游者的满意度收集数据等，让乡村旅游产品实现创新化、多元化发展，进一步提升市场竞争力。

四、乡村目的地管理转型升级

乡村社区通常包括村党支部委员会和村民自治委员会（简称"村两委"）、被赋予行使管理职能的行业协会等组织机构；所在地政府管理部门通常涉及县乡旅游部门，如地方文化和旅游局、农业农村工作委员会、生态环境局、工商、税务等政府部门。因两者利益诉求不同，故常常导致乡村旅游目的地出现"多头管理、政策打架"的局面。因此，在乡村旅游转型升级中，必须划清责任界限和管理边界，以明确责任和权利，借助美丽乡村建设的各种利好政策，更好地实现目的地乡村旅游的发展。

（一）乡村旅游发展中政府部门管理层面的转型升级

政府部门在旅游目的地长远发展规划和具体经营事务方面，常常发挥着不可替代的作用，具有负责发展战略部署、绩效评价裁判、协调各类问题和梳理各方主体关系等功能，这些赋予了政府部门主体身份地位。乡村旅游发展所需的基础配套和公共服务设施，实际上均离不开政府的支持。当然，建设美丽乡村，同样需要政府提供各类准公共品和公共品。针对美丽乡村建设背景下乡村旅游目的地管理而言，未来所在地政府部门需要从多方面入手，做出调整。

首先，观念上需要树立服务乡村旅游发展的意识。借助美丽乡村建设的各种契机，尽力完善乡村旅游发展所需的各项基础设施，指导相关的业务处理，及时收集并发布各类信息，在人才培养、营销宣传、生态美化、文化历史积淀挖掘等方面提供必要的协助。在上述过程中，需要时刻秉承服务乡村社区和旅游经营企业的理念。

其次，在乡村旅游发展中，让专业的人做专业的事情，注重乡村旅游发展市场化调节机制，政府部门应该改变以往直接参与经营的做法，改为提供信息服务和政策扶持引导。在资金支持、税费改革方面多做有益于乡村旅游发展的尝试性探索。同时，在市场监管、标准化制定等方面多做工作、多做贡献。

最后，在各类型旅游企业主体利益协调、关系平衡、市场监管、发展引导等方面，也需要地方政府做出大量贡献。政府各部门之间的责、权、利的界限划分，同样需要进行科学有效推进，形成推进乡村旅游发展的合力管理体制。

（二）乡村旅游发展中社区组织层面的管理转型升级

乡村社区是一定乡村地域上具有相对稳定和完整的结构、功能、动态演化特征及一定认同感的社会空间，是乡村社会的基本构成单元和空间缩影①。目前，我国社区管理还处于改革发展阶段，乡村社区最基层的管理组织职能主要是由"村两委"来承担，"村两委"的日常事务管理涉及村干部与村干部的关系协调、村干部与群众之间的关系协调，整个组织队伍的协调和谐非常重要。乡村旅游发展中社区组织层面的管理机构既可以由"村两委"承担，也可以由社区层面成立的乡村旅游行业协会等组织承担，这类组织共同的特征是不具有行政机构身

① 刘龑. 乡村旅游社区参与机制研究［J］. 太原城市职业技术学院学报，2019（8）：22-24.

份，利益主张更多地代表社区居民的诉求。

乡村旅游发展中社区管理层面的转型升级，在美丽乡村建设背景下具有重要的地位和作用。乡村社区建设事关美丽乡村建设的成败，从乡村旅游发展层面看，乡村社区组织的管理方式和内容同样重要。

我国乡村社区组织中的管理人员普遍缺乏乡村旅游开发规划的常识和经营管理经验。随着乡村社区管理事务和利益协调的复杂化，这些人员的工作能力、文化素质、法治观念、服务意识和管理能力已经不能满足乡村旅游转型升级的需要。

因此，社区组织针对乡村旅游的日常管理，同样需要进行内容和工作方式的转型升级。具体可从以下几个方面入手：

（1）要完善社区组织设置，使党组织与社区建制同步进行。依法管理社区所在地乡村旅游发展事务。

（2）探索社区管理组织中负责乡村旅游事务人员的管理水平提升和能力培养的有效方式。在挑选好具有开拓进取的党支部书记的基础上，进一步在培养乡村旅游经营管理能力突出、旅游服务意识强、思想作风过硬、人民群众信得过的优秀经营管理人才方面下功夫，甚至可以尝试通过积极引进人才和号召生源地大学生返乡就业等办法解决人才制约问题。

（3）在乡村旅游发展中，想尽办法来调动社区内群众的积极性和创造性，最大限度地凝聚各种力量，助力乡村旅游转型升级。例如，通过党员的先锋模范作用和"优秀旅游接待户"的带头作用，让更多的人参与乡村旅游的转型升级。

（4）乡村社区要与美丽乡村建设的目标尽可能保持一致，在乡村旅游相关的发展规模和规划合理性方面力争突出本地优势。在实际工作中，乡村社区组织应该经常性地在乡村旅游的管理中梳理经验，树立科学的管理意识，抛弃盲目的照搬照抄行为，立足本地的资源优势，全面制定本地区乡村旅游发展规划，秉承长远目标和近期规划相结合的观念，理论联系实际，实事求是地发展乡村旅游。

（5）在管理的具体内容方面，未来社区要重点关注公共设施建设。美丽乡村建设要求重点建设公共基础设施，乡村旅游的发展离不开完善的公共基础设施。然而，当前乡村社区建设最薄弱的一个方面也是公共设施建设。未来目的地社区管理组织需要加大对涉及乡村旅游的公共设施及公益性服务方面的投入，必要的话，需要通过制定详细的乡村旅游开发可行性报告，争取国家层面的资金和技术支持。争取在涉及乡村旅游发展的公共服务、公共管理和制度措施方面有所创新，努力改变乡村社区这一薄弱环节，为乡村旅游高质量发展打下坚实的基础。

一方面，乡村社区组织可以汇聚资源，有效利用支持乡村旅游发展的资源和力量，组织协调农村人才、物质、资金、技术等要素配置，集中力量发展乡村旅游。另一方面，社区组织要强化自身的服务意识，通过多种途径提升社区旅游接待户和经营户的管理能力，促进乡村旅游业的繁荣发展。

（6）积极探索创新乡村旅游社区管理组织形式，组建社区乡村旅游发展协会等行业组织。建设美丽乡村，实现乡村旅游转型升级，就要对乡村旅游社区管理形式进行不断创新。要针对乡村旅游目的地发展的特点、乡村旅游资源特色、乡村旅游发展的内外支持环境等，积极强化社区服务管理和公共服务功能，积极探索创新乡村旅游社区管理组织形式。组建社区乡村旅游发展协会等直接管理乡村旅游日常经营发展事务；同时，理顺上述组织与"村两委"、"村两委"内部、上级乡镇政府与"村两委"之间的关系，逐步实现社区各项建设与乡村旅游发展的有机统一。加强对乡村旅游社区管理组织的服务、管理、监督等方面制度措施的研究，保证社区组织在行使管理职责过程中对群众各项民主权利落实到位。

总之，在乡村旅游发展中，地方政府部门和乡村社区明晰自己的责任和工作范畴很有必要，尽量避免发生多头无序的低效管理，形成协调互促的管理机制。

第七章　乡村旅游转型升级的实现路径

在乡村旅游发展中，通常需要从不同视角发现其各种问题。转型升级同样也需要从多个层面进行审视，本书从我国一定时期不同地区乡村旅游产业发展所表现出来的总体方式（即乡村旅游在不同视角下呈现出多种多样的发展模式）出发，对乡村旅游转型升级的路径问题进行研究。乡村旅游要转型升级，发展模式的转型升级是一个重要方面。在外部经济发展环境与特定经济制度、乡村旅游产业自身所处的发展阶段等因素的综合作用下，乡村旅游要实现转型升级，可以通过探索规划开发、经营管理、利益分配、空间布局等多层面多视角的升级路径，解决乡村旅游产业升级中的产业引导、资源规划与开发、整合集聚、特色挖掘等问题，推进整个乡村旅游产业发展模式的升级及路径的创新拓展。

第一节　规划开发层面的乡村旅游转型升级路径

一、规划开发模式转型升级

（一）乡村旅游经典开发模式

农业自古以来在我国就有着不可替代的重要地位，现代社会农业更是国民经济的命脉，依托农业而发展的乡村旅游产业更是得益于厚重的农耕文化积淀。这种农耕文化积淀的形成有着各种因素的共同作用：一方面，我国民间传统农艺和传统手工艺构成了农耕文化的成长沃土；另一方面，传统信仰和伦理道德在价值观层面上促进了农耕文化特有观念的形成，传统文艺与乡风民俗更是传统农耕文化体系中的人文遗产。上述所有共同构成了我国乡村旅游业的文化魅力之源。

1. 农业主题开发模式

在我国乡村旅游经典开发模式中，农业主题开发模式占比很高，实际开发中有以下几种主题形式：①三产融合的农业园。这种农业园大多数意在利用三产融合的契机激发新型业态产生、扩大农业发展空间，促进休闲农业与乡村旅游协同发展。②多元创意融合的农业主题公园。农业主题公园的价值体现在其旅游、休闲、游乐、娱乐、度假等多元化功能组合，体现在对城市家庭节假日休闲市场的准确定位，体现在地产与旅游项目的有效组合，农业主题公园是生态与现代并存、兼具乡土气息和时尚潮流的都市田园。③特色花海主题农业园。多数花海景观以规模取胜，通过大面积种植同类或多种花卉给人带来的视觉冲击来吸引游客观赏。通过延长花海产业链，拓展花海对乡村旅游的价值。

2. 田园农业开发模式

这类开发模式主要以农村田园景观、农业生产活动和特色农产品为旅游吸引物，开发农业游、林果游、花卉游、渔业游、牧业游等不同特色的主题旅游活动，满足游客体验农业、回归自然的心理需求。其主要类型有：①田园风光型。以大田农业为重点，开发欣赏田园风光、观看农业生产活动、品尝和购置绿色食品、学习农业技术知识等旅游活动，以达到了解和体验农业的目的。②园林观光型。以果林和园艺为重点，开发采摘、观景、赏花、踏青、购置果品等旅游活动，让游客观看绿色景观，亲近美好自然。③田园综合体。田园综合体是集现代农业、休闲旅游、田园社区为一体的特色小镇和乡村综合发展类型，是在城乡一体化的格局下，顺应农村供给侧结构性改革，结合农村集体产权制度改革，实现中国乡村现代化、新型城镇化、社会经济全面发展的一种可持续性发展类型。

3. 休闲度假开发模式

依托自然优美的乡野风景、舒适的气候、独特的地热温泉、环保生态的绿色空间，结合周围的田园景观和民俗文化，兴建一些休闲、娱乐设施，为游客提供休憩、度假、娱乐、餐饮、健身等服务。主要类型有以下几种：①休闲度假村。以山水、森林、温泉为依托，以齐全、高端的设施和优质的服务为游客提供休闲度假旅游。②休闲农庄。以优越的自然环境、独特的田园景观、丰富的农业产品、优惠的餐饮和住宿，为游客提供休闲、观光旅游。③乡村酒店。以餐饮、住宿为主，配合周围自然景观和人文景观，为游客提供休闲旅游。④市民农园和共享农庄。利用都市地区及近郊的农地，划分成若干小块供市民承租耕种，让市民享受农耕乐趣，体验田园生活。

4. 民族风情开发模式

这种开发模式以农村风土人情、民俗文化为旅游吸引物，充分突出农耕文化、乡土文化和民俗文化特色，开发农耕展示、民间技艺、时令民俗、节庆活动、民间歌舞等旅游活动，增加乡村旅游的文化内涵。其主要类型有：①农耕文化型。利用农耕技艺、农耕用具、农耕节气、农产品加工活动等，开展农业文化旅游。②民俗文化型。利用居住民俗、服饰民俗、饮食民俗、礼仪民俗、节令民俗、游艺民俗等，开展民俗文化游。③民族文化型。利用民族风俗、民族习惯、民族村落、民族歌舞、民族节日等，开展民族文化游。④乡土文化型。利用民俗歌舞、民间技艺、民间戏剧、民间表演等，开展乡土文化游。

5. 科普教育开发模式

利用农业观光园、农业科技生态园、农业产品展览馆、农业博览园或博物馆，为游客提供了解农业历史、学习农业技术、增长农业知识的旅游活动。其主要类型有：①农业科技教育基地。在农业科研基地的基础上，利用科研设施，以高新农业技术为教材对农业工作者和中、小学生进行农业技术教育，形成集农业生产、科技示范、科研教育为一体的新型科教农业园。②观光休闲教育农业园。利用当地农业园区的资源环境经营活动，开展农业观光、DIY 教育活动。③农业博览园、博物馆、嘉年华。展示当地农业技术、农业生产过程、农业产品、农业文化，让游客参观。

6. 村落乡镇开发模式

以古村镇宅院建筑和新农村格局为旅游吸引物，开发观光旅游。其主要类型有：①乡村古民居和古宅院。多是利用明、清时期村镇建筑来发展观光旅游。②民族村寨型。利用民族特色的村寨发展观光旅游。③古镇建筑。利用古镇房屋建筑、民居、街道、店铺、古寺庙、园林来发展观光旅游。④新乡村风貌。利用现代农村建筑、民居庭院街道格局、村庄绿化、工农企业来发展观光旅游。⑤农家乐聚集村。作为休闲农业和乡村旅游的经典业态类型，农家乐从最初的个体经营方式逐渐演变为集群化发展，整个村的农民利用自家庭院、自己生产的农产品及周围的田园风光、自然景点、农事体验等项目，以低廉的价格吸引游客前来游玩度假休闲。

7. 回归自然开发模式

利用农村优美的自然景观、奇异的山水、绿色的森林、平静的湖水，发展观山、赏景、登山、森林浴、滑雪等旅游活动，让游客感悟大自然、亲近大自然、回归大自然。其主要依托类型有：森林公园、湿地公园、水上乐园、露宿营地、自然保护区、海岛等。

综上所述，从 1986 年我国成都名不见经传的川西小院摇身变为大红大紫的徐家大院农家乐开始，至今短短 30 多年，我国乡村旅游开发从"住农家屋、吃农家饭、干农家活"的简单原始形态，发展到了今天丰富多彩的开发模式，未来还将为适应更多元的需求形式和外在发展机遇，做出更多的创新调整。

（二）规划开发模式转型升级的必要性

首先，随着美丽乡村建设步伐的加快、人们生活水平的全面提升，以及带薪休假的普及，我们离全民休闲时代的梦想更近了一步，旅游市场需求也向着多元化转变，如何在原有的基础上更进一步满足人们的度假休闲需求，将成为未来乡村旅游开发转型升级无法回避的问题。

其次，在乡村地区全面复兴的过程中，乡村旅游有着不可替代的地位。从打造美丽生态、促进产业联动、改善人居环境到实现文化传承等，可以说被寄予了全面承载乡村地区经济发展支柱之重任。然而过去的乡村旅游开发模式，普遍缺乏全面整合地区人才、资本、资源、产业、生态、文化等的战略规划，因而在后期发展中，无法实现强大的拉动力，难以承担重任。未来需要对乡村旅游开发规划模式做出更高层次、更具长远眼光的战略设计。

最后，乡村旅游最初的规划开发多采用粗放简单的模式，这些规划模式往往仅利用乡村地区可视资源，并未进行有效的资源整合，如没有做到深度解读民俗文化和乡村历史积淀，没有深度挖掘乡村地区生态、历史遗留、山水田园、民俗传承在休闲体验层面的价值，有些地方甚至因开发不当对原有生态造成了破坏，种种短视行为破坏了地区乡村旅游的可持续发展。未来乡村旅游需要追求创意化规划开发、精致化打造、集约化资源利用。这对于解决前文所述的我国当前主流规划开发模式遇到的问题具有非常现实的必要性。

二、规划开发模式转型升级路径

在我国美丽乡村建设背景下，乡村旅游迎来了历史性的发展新契机。同时，纵观国际乡村旅游规划开发模式，涵盖了民俗、产业、创意、艺术、影视动漫 IP等众多类型。未来可以因地制宜，边发展、边借鉴，创新我国乡村旅游的发展模式，突出特色、集聚优势、壮大产业。另外，还需要强化追求规划开发与美丽乡村"绿色生态化"发展理念的一致性。

（一）规划开发模式转型升级路径探讨

1. 开发模式转型升级路径之一——乡村旅游的规范化与标准化规划开发

在传统的规划开发模式下，乡村旅游服务水平难以做到规范化和标准化，旅游者到了目的地，无法享受到标准化的服务。服务规范化和标准化程度低，无法满足旅游者对服务品质的要求。

2. 开发模式转型升级路径之二——乡村旅游发展的精致化规划开发

乡村旅游发展历史根植于农村农业发展和农民的热情参与，依托于农民拥有的土地、庭院、经济作物和地方资源等特色，在开发时需要着力关注乡村文化。由于历史原因，我国农村地区普遍落后，农民群体文化素质不高，因此在很长的时间内，我国乡村旅游开发设定的产品定位普遍不高，乡村旅游产品体系整体丰富性难以保证。随着我国休闲体验经济时代的到来，旅游者对参与性、体验性诉求越发强烈，未来的乡村旅游规划开发有必要对上述类似诉求做出积极响应。既要满足都市人化解思乡情怀、享受田园、回归淳朴民俗的要求，更要满足普通大众休闲放松、体验参与的愿望。

3. 开发模式转型升级路径之三——乡村闲置旅游要素利用的市场规范化

乡村旅游发展之初，当地居民大多数凭借手头资源自发参与旅游接待服务，因此服务水平难以保证，目的地发展更多是随性而为。例如，旅游住宿接待环节，农家房质量不一、定价混乱。更多的居民不懂如何经营，半途而废。此外，交通环节更加混乱。未来进行规划开发转型升级，可以对乡村闲置的农宅、交通工具等进行整体改造、规范管理，提高要素资源利用率，满足旅游者的多样化需求。

4. 开发模式转型升级路径之四——乡村休闲聚落创意化规划开发

在乡村旅游发展中，村庄内的山川河湖、田野里的花菜粮棉果都是旅游吸引物，吸引旅游者的视线，但是很多地区在开发中往往更多地保留着原始状态，没有把它们很好地进行创意加工。随着旅游者休闲诉求的日渐强烈，倘若未来开发者能够很好地在创意方面下功夫，将大有可为。

5. 开发模式转型升级路径之五——乡村旅游与农业产业复合化规划开发

随着我国美丽乡村建设步伐的加快，乡村旅游将获得更大力度的扶持。在拓展涉农企业品牌的同时，借助乡村旅游展示技术研发基地，并开展相关主题的旅游活动，实现农业与乡村旅游的良性协调，使两者复合式发展，助力地区乡村旅游整体转型升级。

（二）规划开发转型升级之五类创新模式选择

基于以上探讨，本章选择村落开发规划的模式转型升级展开探讨，认为乡村旅游规划开发模式应综合考虑乡村区位、资源禀赋、历史积淀等个性特色，在美丽乡村建设步伐加快背景下，找寻旅游驱动乡村振兴的新模式，实现美丽乡村建设的伟大目标。

1. 乡村酒店模式——乡村旅游服务规范化与标准化转型升级

乡村旅游服务缺乏规范化和标准化会为目的地带来很多负面效应，不利于使旅游者产生好感，不利于目的地品牌建设。最终会对地区可持续发展造成不可逆转的影响。

乡村酒店模式意味着"将一个乡村打造成一座'乡村酒店'"。在乡村旅游规划开发中，引入现代酒店的规范管理模式，在乡村旅游服务层面推进标准化和规范化，改变过去农村接待户服务品质难以保证的现象，让农家接待无论在美食方面还是在住宿方面都能达到同等的水平，这将大大改善目的地在旅游者心目中的形象，有利于建立目的地品牌和提高美誉度，为传统目的地乡村旅游"农家乐"模式找到一条提升的路径。

2. 个性化文化民俗模式——打造有故事的乡村民宿群落

部分古村落得益于乡村旅游发展带动而焕发生机，无论是当地居民还是社区都从中受益匪浅，并在一定程度上避免了部分古村落的消失。但是，旅游经营者往往着眼于眼前利益，对古村落存在过度开发问题，导致部分古村落过于商业化，破坏了村落文脉与历史遗留的珍贵古建筑。因此，如何做到既能够对历史积淀进行保护和传承，又能够保证乡村旅游发展顺利，是今天乡村旅游规划开发必须思考的问题。

个性化文化民俗模式意味着"将一个乡村打造成一座'乡土博物馆'"。这样的乡村旅游规划，与对古村落实施整体化保护、整体化利用、整体化传承的路径内核刚好一致。根植于古村落的历史积淀，传承保护传统文化，挖掘文化内核，促进其艺术化、创意化、体验化开发利用；讲好故事、追求精致，形成乡村特有的文化休闲体系，在尽可能可控的范围内开发、凸显古村落的文化特色，让古村落的文化资源得到保护。既保留传统又加入当前的流行元素，让传统与时尚巧妙交汇融合，使游客乐享其中，打造精致的乡村生活方式。

3. 高品质度假乡居模式——让闲置的民宅产生旅游效益

近年来，我国部分乡村地区出现了空心村现象，大量民宅处于闲置状态，如何利用乡村旅游发展的契机，优化利用类似闲置资源是乡村旅游规划开发过程中面临的又一新问题。

在美丽乡村建设背景下，打造高品质度假乡居模式意味着"将一个乡村建成一座独特的野奢度假综合体"，既是对实现美丽乡村建设伟大目标的响应，也为乡村旅游找到一条全新的路径。通过多方联动，合理协调，将乡村闲置民宅统一规划，实施整体化改造工程，达到对这些民居的度假化改造目的，既能够让这些村民获取稳定的租金，又能够通过统一的品牌推广策略，打造具有影响力的乡村旅游度假区，达到这些地区乡村旅游转型升级发展的目的。

4. 乡野游乐场模式——创意化多元化游乐

乡村聚落的山川河湖、田园野郊、花果林木等都是极具旅游吸引力的要素，单个开发模式很难在市场中具有竞争力，应综合利用，加入丰富的创意，这样才能产生持久的吸引力。

规划开发乡野游乐场模式意味着"将一个乡村打造成一座整体'游乐场'"，整合乡村内部一切充满田园野趣的要素资源，并加入全新的创意，合理进行开发和策划，让这些资源流动起来，好玩起来，使旅游者来了不想走，玩了还想下次再来玩。当各种趣味好玩的"乡土游乐项目"对游客产生了独特的旅游吸引力后，那么游客重游率将会提升，从而实现发展模式的转型升级。

5. 产业化主题庄园模式——农业与乡村旅游功能复合

农业科技创新已经在我国产生了巨大的收益，未来仍将发挥更大的作用。现代农业需要引入高科技，在进行相关研发的过程中，需要大量真实的试验，这些试验基地在培育各类新品种和新技术的过程中，本身就是一条独特的风景线，对旅游者具有巨大的吸引力。各类涉农企业也在着力打造自己的品牌，争取在乡村地区有更大的发展空间。

乡村旅游规划开发"产业化'主题庄园'"模式意味着"将一个乡村打造成一个主题庄园"。依托于现代农业和涉农企业的品牌影响力，向旅游者展示现代农业生产与农业科技研发过程，旅游者既可以参观企业研发基地，又可以参加度假休闲活动，还可以体验高科技。这样的主题庄园，既达到了展示企业品牌及科技研发的目的，又满足了旅游者的诉求。未来产业化主题庄园模式将成为高品质田园度假综合体的主要形式，这是实现乡村旅游转型升级的又一条路径。

第二节　经营管理层面的乡村旅游转型升级路径

一、经营管理模式及其转型升级的必要性

随着我国美丽乡村建设的初见成效，乡村旅游增长也展现出了强劲的势头，铸就了一颗颗夺目的新星。随着乡村旅游的转型升级、提质增效的推进，经营管理模式也要相应地寻求转型升级的路径。

乡村旅游经营管理主要是对目的地的旅游资源进行开发、经营、整合、维护、监督等多方面的活动，其范围涉及所有已经开发的、待开发的旅游资源，如山地、林地、果园、菜园、民族建筑、历史遗址、名人故居及农户住宅、养殖场等特色突出的景物。在经营管理方法方面，由于受到多种条件的约束，我国乡村旅游经营主体，特别是农民群体很难通过科学的经营管理方式，有效地对乡村旅游项目实施经营和管理。

纵观过去的经营模式，主要存在以下问题：

首先，最为常见的自主经营模式，大多数由经营者自己投资经营，持这种经营管理方式的组织者大多数抱着获得长期稳定的经济效益的想法。然而，在实际经营管理中，却常常遭遇投资风险。因为随着项目经营的推进，为了维护和改善经营条件，资金追加压力会越来越大，如果资金压力得不到及时妥善的解决，很可能会造成乡村旅游项目的夭折。

其次，过去合约式的经营方式在乡村旅游发展中也较为常见。该经营方式由

2 名或 2 名以上的经营者共同经营，在一定程度上避免了自主经营存在的较大投资风险问题，有利于规模效益的形成。但是，由于经营者经验的缺乏和对项目发展长期目标的认识差异，在实际操作中，这类经营模式往往存在着较大的决策困难，导致不能及时地应对外部的各种变化，以及错失可能的市场机会。

最后，通过将土地、建筑物及其他要素租赁给专业的人或企业的租赁经营模式，既能够解决自主经营模式的投资压力问题，又能够很好地回避合约经营的决策困难问题。但是，随着美丽乡村建设的大力推进，人民生活逐渐富裕、旅游需求不断提升，旅游市场将更加繁荣，这种经营模式可能会因未及时进行新的产品开发而限制乡村旅游的创新发展，也可能使目的地居民错过获取更大收益的机会。

未来除了上述基本模式，还有更多的创新经营方式会被运用到实践中，从我国四川"农家乐"、贵州"村寨游"、北京"民俗游"等乡村旅游先进地区的示范中总结经验，探索科学合理的经营模式，将成为乡村旅游转型升级的重点关注问题。

二、多重经营管理模式创新实施路径

本部分基于对经营管理模式的探讨，试图厘清各类经营管理模式的适用性及存在的问题，找到经营管理转型升级的路径。这些经营模式本身并不一定是最新提出的，但对特定地区而言，可能是最适用的。因此，本章在探讨时，会注意这些经营模式的适用性，力图与"因地制宜"原则保持一致，并在此基础上进一步探讨创新路径。

（一）"农户+农户"模式

该模式在乡村旅游初期非常普遍。在这种模式下，由于农民对第三方经营者的不信任，因而普遍抵触外来的经营参与者。这些农户善于学习别人的经验，借助成功农户的经验发展农家乐，逐步形成了"农户+农户"的经营模式。例如，北京平谷区金海湖地区红石门村，从事民俗旅游经营的 6 家农户，接待条件非常有限，但凭借真诚的个性化服务，打动了旅游者，获得了很好的评价。但也因受管理水平和资金投入的限制，这些地方的乡村旅游往往规模有限，进而带动效应有限。在未来乡村旅游转型升级中，这类模式通常会被更复杂的经营模式替代。

（二）"公司+农户"模式

这种经营管理模式通常以专业的旅游企业为主导，再加上部分当地农民的参与，往往能够较高效率地集聚农户闲置的资产、剩余劳动力等，开展旅游经营活动。该模式在旅游者接待服务能力提升、规避接待户之间不良竞争等方面有着明显的优势。专业的旅游企业在充分听取农户意见的基础上，吸引农户参与经营管理。例如，在广西灵川县毛洲岛的经营管理实践中，37位员工中有33位是农户代表。如此高比例的农户参与率，在我国的乡村旅游发展实践中并不多见，但大多数农户乐于接受这样的管理模式，投资商与农户和谐共处，大大提升了决策效率。

当然未来对这一模式的探索，需要重点关注以下问题：一是建立在一定经济基础上的"公司+农户"合作模式，与投资商实力息息相关；二是要提高农户的知识水平、素质、服务意识；三是在这种合作模式下，合理做好旅游者的分流。

（三）"公司+社区+农户"模式

在"公司+农户"经营管理模式的基础上，引入社区（如村委会），这将提升管理效率，"公司+社区+农户"三方协力参与乡村旅游经营管理。公司与农户不再直接接触，省去了大量时间，但依然可以为农户提供必要的专业培训，通过广泛的调研，制定约束农户行为的相关规定，达到维持接待服务水平之目的。有了社区的监督作用，公司与农户之间的利益分配矛盾便找到了克服途径，解决了乡村旅游发展中的违规操作问题，使其驶上发展快车道。

（四）公司制模式

在乡村旅游初期阶段，经营者采用起点层次高的公司制管理模式，能够快速进入发展状态，在战略规划合理、经营方法科学的前提下，能快速地实现乡村旅游开发有序化发展。以广西兴安县开发的"乡里乐"和"忘忧谷"两个旅游品牌为例，由当地农民注册成立的"瑶苑旅游开发公司"经营管理"忘忧谷"，由3位农民集资注册成立的"乡里乐休闲山庄公司"开发经营"乡里乐"，均在启动阶段就采用公司制经营管理模式，取得了很好的经营收益。

（五）股份制经营管理模式

当乡村旅游发展到一定阶段，对规模和发展层次就有了更高的追求，股份制经营管理模式将国家、乡村集体、村民小组和农户个人等主体的产权进行合理界定、最大限度地保证了乡村集体和农民的经营份额，各方通力合作，合理开发、经营管理旅游资源，最终按照各自的股份获得相应的收益。

（六）"政府+公司+乡村旅游协会+旅行社"模式

在这一模式下，乡村旅游的规划和基础设施建设、发展环境优化往往由政府负责；乡村旅游公司通过运用科学的经营管理方法对目的地进行经营；农民旅游协会负责联系村民，调动他们参与的积极性和配合旅游产品开发工作。如此职责分明、分工明确的模式将大大激发各方潜能，充分发挥旅游产业链中各环节的优势，形成"一盘棋"格局。通过合理分享利益形成相应的约束机制，为有效解决乡村旅游发展中的过度商业化、本土文化特色丧失问题找到了解决途径。

（七）"政府+公司+农户"模式

在乡村旅游发展中，地方政府和旅游主管部门按市场需求和行政区域内旅游的总体规划，发动当地村民积极投入到旅游项目开发中，同时给予必要的方法指导和方向引导。村民自己或者与外来的投资者联合组建乡村旅游开发有限责任公司，负责乡村旅游相关经营管理事务，所得收益由村民和投资人按照一定比例分成。村民除了拥有这部分收入外，还可以通过提供接待服务和特色美食等获得更多收益。相比其他模式，该模式下政府的投入较少，当地居民直接参与乡村旅游发展并获取收益；同时，由于很多内外事务都由旅游公司管理，政府部门的管理难度也得到了降低。

（八）个体农庄模式

农民依托自己的农牧果场等资源，打造出具有特色的旅游景区，既能够充分解决目的地富余劳动力就业问题，又能够借助旅游产品开发契机，传承目的地乡土文化。纵观整个过程，实现了以点带面，逐渐惠及整个区域的乡村旅游发展模式。乡村旅游多重经营管理模式如表7-1所示。

表7-1 乡村旅游多重经营管理模式概况

序号	模式	形式	规模	优势	缺点
1	"农户+农户"模式	单个农户自主经营	初级阶段农家乐	原真性强、起点低、短平快	接待量有限、管理水平和资金投入差、经济效益差
2	个体农庄模式	规模农业、个体户自主经营、相对独立	规模较大的农、牧、果场	旅游个体户独立自主经营，积极性较高	管理水平不够高，资金技术条件差，投资力度差
3	村集体经营模式	村集体统一开发管理，组织村民参与	规模小的村落	易于统一管理，农户积极性高	管理和投资方面，以及人才储备成为其限制条件
4	公司制模式	公司经营，政府和村集体不参与，农户以个人名义参与	旅游开发价值较高的村落	起点高、发展速度快，规模大，服务管理水平高	农民很难获利，最大受益者为公司，双方矛盾加深
5	"公司+农户"模式	公司经营，农户以房屋、劳动力等方式出资参与	旅游开发价值较高、农户参与度较高的村落	资金、管理水平和农户利益有一定保障	受投资商实力的影响较大，农户和公司利益失衡，存在风险

续表

序号	模式	形式	规模	优势	缺点
6	"公司+村委会+农户"模式	公司经营，村委会组织农户参与，公司和农户直接合作	旅游开发价值较高，规模小、农户参与度较高的村落	便于克服公司与农户因利益分歧产生矛盾	公司借助村委会与村民合作，加之农户知识水平有限，导致农户参与性不高，影响经营管理水平
7	"政府+公司+农户"模式	政府主导、企业经营、农户参与	旅游开发价值较高、开发规模较大的村落	达到政府获益、企业增值、农户增收的效果，并获得良好的宏观发展环境	农户参与方式单一
8	"政府+公司+农村旅游协会+旅行社"模式	政府主导，公司经营，协会运作，旅行社开拓市场，农民参与	旅游开发价值较高、具有一定开发基础的村落	充分发挥旅游产业链中各环节的优势，共同分享利益	随着不断开发会造成生态环境污染，利益分配不均或引起利益冲突
9	股份制	村集体和农户个体以特殊技术、劳动力等入股，收益分配按股份分红与按劳分红相结合	乡村旅游发展较为成熟的村落	村民作为股东和员工，直接参与利益分配	自负盈亏，获益双方有一定的风险

第三节　利益分配层面的乡村旅游转型升级路径

一、利益分配概况及其转型升级的必要性

在许多规模较大、产业化的乡村旅游景区，城市投资者垄断了旅游资源的经营权，获取了大部分旅游收入，当地农民只能得到很少的红利和补偿。城乡统筹发展的主要机制是"以城带乡、城乡并举"。然而，在这些看似城市人"飞地"的乡村旅游景区中，旅游发展的结果却是"乡带城市"。

要全面实现转型升级，利益分配模式要及时跟上。从参与主体视角看，大部分乡村旅游主体的参与动机与经济利益分不开，因此利益分配模式转型升级的重

点是将松散无序的小团体联结成利益共同体。在美丽乡村建设背景下，实现农民变身为乡村旅游经营者和服务者，并逐渐成为旅游发展和经营主体的重要构成，同时成为乡村旅游发展的直接受益者。

二、打造"利益联结体"与"联动发展模式"

利益相关者理论是在 20 世纪 60 年代发展起来的。美国、英国等长期以来都采用外部控制型组织治理模式。利益相关者理论与传统的股东导向组织发展理论不同，这一理论认为任何组织的发展都是与利益相关者的参与和投入密不可分的。在为股东利益服务的同时，组织也应保护其他利益相关者的利益。利益相关者理论最初作为企业治理的经济理论，受到了人们广泛的关注，随着利益相关者理论研究内容的不断发展和深化，其应用范围不断扩大，被广泛应用于各个管理领域。

利益相关者理论最为核心的思想是任何组织的发展都离不开各种利益相关者。因此，无论利益相关者在组织发展中是参与经营还是投资，相关组织的经营管理活动都要平衡各种利益相关者的利益。组织应该追求利益相关者的整体利益，而不是单一主体利益，或者是部分主体利益。在该理论指导下，管理者应妥善处理组织与各利益相关者之间的关系，尽可能平衡利益相关者的合法权益；同时，抵制不合理要求，力求利益相关者的最大化合作，以便切实可行地实现相关组织的总体战略目标[1]。

从前述内容不难发现，探索形成"利益联结体"的路径具有充分的现实意义。我国很多地方的乡村旅游发展先进地区的实践已经证明了合同制模式、合作制模式、股份制模式、租赁制模式、委托管理制模式都是有可能成功的，都是值得探索的。未来可以在实践中不断摸索总结出最适合本地区的利益联结模式。

另外，如果从乡村旅游产业链视角看，利益分配模式转型升级还需要探索区域内部或者区域之间的"联动发展模式"实现路径。具体可以通过产业链延伸，发挥同一区域内旅游业与农业、工业等的关联效应；还可以通过不同区域之间的协同发展机制，实现信息共享、客源整合。通过建立"联动发展模式"，既可以规避重复开发、同质化竞争等问题，又能够解决不同区域间交通、住宿、游览等要素的对接问题，从而实现乡村旅游整合式发展。

---

① 贾君钰. 转变经济发展方式背景下民族村寨旅游转型升级研究［D］. 武汉：中南民族大学硕士学位论文，2013.

第四节 空间布局层面的乡村旅游转型升级路径

未来我国乡村旅游的空间布局转型升级，可以从多方面进行探索，要注意结合美丽乡村建设的科学规划布局理念。本内容针对路径探索提供了一种思路，即在我国美丽乡村建设背景下，乡村地区也逐渐进入高铁网络辐射范围，乡村旅游目的地可以借助高速铁路网络实现空间布局协同升级。这部分主要研究了以下方面：一是围绕"借助高速铁路实现跨越式转型升级的可行性"展开探讨，二是围绕"高铁网络为沿线乡村旅游目的地空间协同实现提供了机遇"展开探讨。

一、空间布局概况及其转型升级的必要性

在空间布局视角下，若能在乡村旅游发展中将一定区域内或者相邻区域内的乡村旅游点进行重新规划，根据不同的规划设计思路，将这些"碎片化"旅游点整合在一起，可以推断，如此进行空间布局模式转型升级，必将显著影响地区旅游业的发展，为乡村旅游目的地带来新的发展机遇。

二、借助高铁实现空间布局转型升级

高速铁路明显影响了地区旅游业的发展，给沿线乡村旅游目的地带来了新的发展机遇。通过探讨高铁对目的地发展的影响发现，高铁的广泛开通为沿线乡村旅游目的地空间协同发展带来了机遇。在此基础上阐述了乡村旅游目的地协同发展的内涵，同时研究了空间协同发展的理论基础和原则依据。针对高铁沿线乡村旅游目的地发展的障碍和机遇，本书认为不同发展阶段的乡村旅游地应该采取不同的策略实现协同发展，实现空间布局升级。

（一）高铁网络为沿线乡村旅游目的地空间协同实现提供了机遇

1. 高铁开通对沿线乡村旅游目的地的影响

高铁的发展，实现了速度、便捷、优质服务的统一，打破了空间距离，缩短了时间距离，拉近了心理距离，整合了人文距离，淡化了城市间形态边界。"高速时代"将开创旅游业新的局面，发生同城化、近城化、网络化、网格化等多种变化，旅游者时间成本和空间成本也将发生新的变化，旅游目的地选择将被重新分配，高铁运营对沿线旅游目的地的影响如图 7-1 所示。

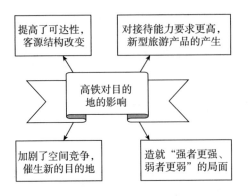

图7-1　高铁对乡村旅游目的地的影响

（1）提高了沿线乡村旅游目的地的可达性水平，改变了旅游目的地的客源结构。旅游目的地的可达性是通过交通设施的帮助，从旅游者居住地到达旅游目的地的方便程度。在高铁开通运营之前，受线路技术、站点等级及客运组织等因素的影响，各旅游目的地的可达性水平还存在很大的差距。高铁的开通改善了沿线旅游目的地与交通网络的连接程度。同时，旅游目的地与部分旅游者居住地的相对位置拉近，旅游目的地将吸引更多的旅游者。高铁开通运营后，大大提高了旅游者往来于沿线城市尤其是端点城市的便捷程度和舒适程度，促使更多旅游者参与旅游休闲活动，客运流量大大增加，旅游市场的结构随之改变，新的客源市场空间格局逐步形成。其表现在入境游的旅游目的地不再仅限于北京、上海等城市，已经明显涉及其他省市。国内游方面，高铁沿线较为发达的地区明显表现出散客化、同城化、区域化的发展趋势，各个相关旅游目的地的市场辐射范围进一步扩大。高铁对旅游者消费行为意向的影响明显，旅游市场结构随之改变。短线旅游如节假日探亲游因高铁的开通更加容易实现。

（2）对乡村旅游目的地接待能力提出了更高的要求，刺激了新型旅游产品的产生。伴随大量旅游者搭乘高铁旅游，旅游目的地短时间内的食住行游购娱等接待能力均面临严峻考验。旅游餐厅的接待压力加大，数据显示，早期武广高铁开通后，大批来自广东省的旅游者来到武汉市，由于长期缺乏接待设施，在旅游高峰到来时显然难以满足需要。另外，导游服务环节也表现出了类似问题，外语导游和方言导游明显紧缺。高铁带来的大批旅游者除了对目的地的常规接待能力造成压力外，同时也在考验景区的承载力。如果一个城市的旅游产品以初级观光类为主，骨干景区、新景区较少且现有景区容量有限、旅游者承载量偏低，那么在高铁开通后，大批商务旅游者和其他高端旅游者的需求必然不能很好地得到满足，进而影响旅游目的地的形象和未来发展。开发新型旅游产品将成为这类旅游目的地的重要课题。

（3）加剧了乡村旅游目的地之间的空间竞争，催生了新的目的地。从以往的经验来看，几乎所有的沿线城市都将高铁的开通看作良好的发展机遇，众多地方新建改建旅游景点，高铁沿线的旅游目的地与时间赛跑，均不愿错过这场"高铁盛宴"。值得一提的是，竞争并非仅局限在一条线路上，不同高铁沿线乡村旅游目的地之间的竞争也包括在内。就全国范围来看，从"高铁自由风，好客山东行"到"天津滨海新区高铁旅"，再到浙江"谋划高铁旅游3D新干线"，可以看出这场竞争将是一场因高铁而产生的长期的客源争夺战。另外，因高铁开通运营而诞生的旅游目的地也在悄悄成长中。以山东济宁市为例，该市曾在京沪高铁上成功举办"高铁自由行、休闲在济宁"高铁营销大会，使旅客对该市三孔、两孟、水泊梁山、微山湖等景区有了深刻的印象，特别是在导游主持的模拟游济宁活动后，更是激起了旅客对济宁旅游的浓厚兴趣。全国类似的做法越来越多，因高铁而由"冷清"到"温点"再到"热点"的旅游目的地越来越多，高铁催生的旅游目的地数量也在不断增长。

（4）区域旅游发展呈现"马太效应"。这样的竞争局面确实给不少旅游目的地带来了新的发展机会和更大的市场空间，但同时也带来了不少负面影响。一些地方未经科学规划，在没有任何可行性论证的情况下盲目追风，难免造成浪费和负面的社会影响。能否留住高铁带来的大批旅游者，对沿线各目的地的旅游产品品质提出了更高的要求。高铁沿线的一部分旅游目的地属于旅游吸引力偏弱的区域和旅游产业的洼地，这些地区的旅游接待能力、基础设施完善程度，以及服务业结构优化和转型升级的步伐速度，将决定这些地方能否成为旅游热点。如果高铁沿线上的一部分地区没有成为旅游热点，那么大批旅游者就会去各方面条件比较成熟的目的地，造成"强者更强，弱者更弱"的结果，这便出现了区域旅游发展的"马太效应"。

2. 高铁沿线乡村旅游目的地空间布局协同的良好机遇

在强调地区平衡发展的形势下，高铁沿线目的地选择的发展方式至关重要，并且要求该发展方式既能够实现整体发展目标，又能够实现整体带动局部，互利共赢。高铁沿线乡村旅游目的地抛弃其他发展方式选择协同发展，既能够实现整条线上目的地全面发展，又能避免个别目的地因自身实力等因素在激烈竞争中遭遇失败。从以上分析中不难发现，目前高速铁路沿线旅游目的地的协同效应仍然不强。各个目的地纷纷采取应对措施，力图抓住机会，赢得自身发展。然而，越来越多的证据表明，高铁沿线目的地仅凭一己之力，很难完全达到发展目标；相反，只会加重"强者更强，弱者更弱"的不合理格局，高铁沿线乡村旅游目的地协同发展及其实现路径研究迫在眉睫。

（二）高铁沿线乡村旅游目的地空间布局协同发展及其理论基础

1. 旅游目的地协同发展的含义

赫尔曼·哈肯指出，协同学是一门横断学科，它研究系统中子系统之间怎样合作以产生宏观的空间结构、时间结构或功能结构。它研究的是由完全不同性质的大量子系统所构成的各种系统。"协同作用"是协同学与协同理论的基本概念，实际上就是系统内部各要素或各子系统相互作用和有机整合的过程。本部分研究的旅游目的地空间布局协同发展正是基于赫尔曼·哈肯所提出的协同学思想，是高铁沿线各子区域（旅游目的地）和经济组分之间协调与共生，自成一体，形成高效和高度有序化的整合，实现整条高铁线路上的各地域单元和经济组分"一体化"运作的旅游经济发展方式。空间布局协同发展的旅游目的地有一致的联合与合作发展目标和规划，区际之间有高度的协调性和整合度，共同形成统一的旅游市场，商品及生产要素可以自由流动与优化组合，具有严谨和高效的组织协调与运作机制，内部各个目的地之间是平等和相互开放的，同时也向外部开放，使空间布局协同发展的区域体系形成一个协调统一的系统，既有利于内部子系统的发展，又有利于保持与外部系统（如全国性经济系统或全球经济系统）的对接和互动。

2. 高铁沿线乡村旅游目的地空间布局协同发展的原则

伴随多条高铁线路的开通，沿线各类旅游目的地协同发展需要一套切实可行的理论原则作为指导，如此才能保证协同整合工作具备理论上的科学性、现实上的操作可行性。

（1）差别化与合作共赢原则。高铁沿线目的地协同发展的内在动力来源于打造一条与众不同的线路，并且该条线路上的各个目的地特色鲜明，存在旅游吸引物的互补性，竞争优势明显。各旅游目的地只有与众不同，空间布局协同发展才有动力，才能保证各个目的地合理分工、有序竞争，才能实现"1+1＞2"的效果，进而保证合作各方实现成果共享、合作共赢。

（2）合理性与长远性原则。高铁沿线目的地协同发展的目标、方向、线路主题定位，以及如何实现目标等方案的确定，需要经过严格的论证，既要立足具体现实，又要着眼未来；既要符合当前旅游业发展的要求，科学合理地推进，又要为其在未来长远发展打好基础。

（3）实际运作的可行性和可控性原则。高铁沿线乡村旅游目的地情况相差很大，既有早已闻名遐迩的热点地区，也有大大小小快速成长的目的地，更多目的地则处于起步阶段。在这样的情况下，要把这些目的地统一起来并不容易。这就对组织实施协同发展的各方提出了更高的要求，既要兼顾中小型旅游目的地迫切引进客源的愿望，又要注意维护热点旅游城市的形象。因此，合作各方必须在战略上形成一致的认识，对操作方案、实施方法、保障机制等的可行性和实际可操作性加以认真考证，确保各项方案的可行性和可控性。

（4）局部效益和整体效益结合原则。将所有旅游目的地纳入整体来考虑，在组织协同发展的过程中，单个目的地被作为一个小的构成单元来看待，进而实现一条线路上的旅游目的地的整体一致性，保证局部效益和整体效益达到最佳的结合。

（5）效率优先与兼顾公平原则。效率和公平是存在矛盾的，尤其是在旅游资源禀赋存在空间差异性和区域旅游经济发展不平衡背景下更加突出。就高铁沿线而言，沿线旅游目的地极容易出现这种发展步伐不一致的情况，必须科学合理地规划整条线路，实现协同发展的目标。但并不能因为急于缩小地区差距而只重视旅游业相对落后地区的发展，而是需要对协同发展进行长远的统筹规划，否则，必然影响整个协同发展区域的"积累"和发展后劲，最终会阻碍区域旅游业的发展。因此，最好以效益原则为出发点，适度兼顾公平。

（三）高铁沿线乡村旅游目的地协同发展实现路径

1. 目的地协同发展的障碍与机遇

（1）协同发展的障碍。一方面，很难避免低水平重复建设问题，导致最终旅游吸引物严重同质化；另一方面，部分地区已经制定了规划，但并没有真正实施。值得注意的是，资源同质化导致产品同质化和目标市场同质化。同质化问题最终带来竞争，直接影响沿线地区协同发展一体化的最终目标能否实现。各地旅游业发展条件和水平并不均衡。就城市而言，按照旅游业在产业结构中的比重及接待规模，可将城市分为旅游热点城市、旅游温点城市和旅游冷点城市。同样，高铁沿线目的地也存在着"热点"旅游目的地、"温点"旅游目的地和新兴旅游目的地之分。处在不同发展阶段的目的地，对协同发展的期望、协同目标制定及统筹旅游接待方面等问题的看法并不能完全一致。合作，必须是互利。地区发展不平衡，是高铁沿线目的地的现状。协同发展的实现可以采用互惠的共生模式。然而，现实操作难度也是不容忽视的。"自愿合作"是合作的基础，只有这样，才能搭建较为稳固的合作平台。

（2）协同发展的机遇。主要包括高铁效应带来的客源保证。近年来，国内游已经成为旅游市场的主体。从武广高铁开通之日起，沿线旅游景点城市的旅客越来越多。伴随旅游需求的增长，必须有更加丰富的产品与服务来适应这种变化。随着旅游者旅游次数的增加，消费者因追求新奇的心理驱动，已经不再满足于原有的供给。加之高铁本身的吸引力，高铁沿线乡村旅游目的地的协同合作正好成为当前中国旅游新产品、新主题开拓的一股新动力。

2. 不同发展阶段目的地把握发展机会的方式

（1）"热点"旅游目的地稳中求胜。交通条件的改善，对一些热点旅游目的地而言，将促使产业要素进一步集聚，市场结构进一步优化。以西安为例，郑西高铁带来的可达性和旅游交通成本的变化，已经给西安带来了更多的要素集聚优势，表现为劳动力、资金和技术等产业要素不断地向西安集聚，旅游市场结构随之发生变化。同时，对西安的旅游接待设施和服务水平都提出了更高的要求。在市场营销方面，热点旅游目的地根据先期发展经验，往往更能准确地把握目标市场的消费行为意向，因此可以进行更多更有针对性的市场营销工作，寻求更大的发展机会，有效应对高铁带来的市场变化，使得久负盛名的旅游目的地借高铁运营之机再次掀起旅游高潮。

（2）"温点"旅游目的地转型升级。"温点"旅游目的地指在高铁开通运营之前已经具有一定知名度的旅游目的地，但整个目的地的发展情况并不是完全令人满意。出现此种状况或限于交通条件，或因为营销推广效果不佳等原因所致。这类旅游目的地在区域内处于相对弱势地位，旅游要素发展相对滞后，但旅游资源禀赋往往较高。借助高铁开通的机会，依据目的地具体情况进行二次开发，有可能给旅游目的地注入新的生机，重新定位目的地的形象，进而吸引到大批旅游者。此类旅游目的地普遍存在，这些目的地可以借助高铁与旅游之间的联系，即借助高铁沿线目的地的协同发展、营销推广的契机，构建旅游目的地营销系统，进一步了解旅游者的偏好与消费意向、意见和建议，根据旅游者消费需求的变化对自己的资源重新整合。通过寻找"热点"目的地未触及的细分市场，有针对性地打造旅游吸引物；灵活运用营销策略，营造优质形象，为进一步成长为旅游热点城市创造条件。

（3）新兴旅游目的地借机而生。尚未开发或处于开发初期阶段、知名度较低的旅游目的地，借助高铁开通运营的机会，实施基于全局的旅游开发方案，通过整合局部区域内众多分散的旅游资源，或打造新的旅游吸引物，形成自己独特的主题产品，从而获得发展机会。对于资源依赖型地区而言，抓住高铁机会将大大加快旅游业的发展速度，如在市场推广初期，这种模式将有利于旅游区知名度的快速提升。长期以来，一些偏远地区虽然拥有高品位的自然资源和文化景观，却由于交通条件受限，难以吸引大量的旅游者。高铁的开通运营，无疑给这些地区带来前所未有的发展机遇。对于这部分地区而言，应利用丰富的自然资源和文化景观，或打造高品位的旅游吸引物吸引旅游者的关注，进而获得发展机会，使当地的旅游业从无到有，不断发展壮大。当然，上述目标的实现需要相关旅游目的地主动把握发展机遇。

3. 协同发展实现路径

（1）构建跨区协调组织机构并完善其运行机制。高速铁路途经的每一站往往都是独立的行政组织管辖范围。大部分地区要实现协同发展的目标，必须建立一个跨区组织机构，即能在不同区域之间拥有调控能力，促成不同目的地有效合作的组织协调机构。确保各目的地能够实现通畅的联系，形成合理的组织协调机制。跨区旅游协调组织成立后，除了具体的调研策划、统筹协调、沟通指导、信息咨询等方面的工作，更重要的工作在于推动和引导旅游目的地全方面、多层次、高效益地深度合作，建立高效运转的协调机制。要实现上述目标需要注意以下几个方面的问题：①保证跨区协调机构建立后拥有适度的决策权力。通过各旅游目的地的行政管辖机构自动让渡一部分权力给跨区旅游协调组织，确保该组织拥有适度的决策权力。协作双方或多方需要就自身与该组织机构的权力制约与平衡问题进行磋商、协调，确保高铁沿线目的地真正实现互补性协调整合局面和共谋发展、互利共赢。②利益共赢框架下平衡整体利益与局部利益。跨区旅游协调组织在权力分配上要注重协同发展局面下各行政主体利益的共享，因为各个子行政单元在行政地位上是平等的，都有发展的诉求和获得经济效益的动机，要想保证协同发展的基础，就必须在制定及实施重大决策措施方面尊重地区经济利益，并在此基础上确保各个行政单元的利益共享，这是保证协作区域共同行动的根基。此外，高铁沿线乡村旅游目的地协同发展需要兼顾地方利益。无论是"热点"旅游目的地还是"温点"旅游目的地，抑或是新兴旅游目的地，在整个协同体系建立之时，各自的利益都应被纳入考虑范畴之列。只有地方利益得以保障，整个高铁沿线的旅游目的地才有热情、有动力，尽全力参与其中。③尊重旅游经济运行规律。高铁沿线乡村旅游目的地一旦建立协同发展联盟，就要努力在资金要素等方面建立统一的体系，允许资源、资本、技术、信息、人才等在各地自由流动。积极引导旅游企业开展跨区合作，建立由市场机制调节的旅游市场，力图使跨区旅游协调机构的协同发展目标与地方发展目标相一致。

（2）推进高铁沿线乡村旅游目的地协同发展的规划工作及保障机制建设。高铁沿线很多目的地可能归属于不同的行政管辖区域，推进多目的地的协同发展必须要有一套明确、具体并具有相应约束力的方案。这套方案能够号召整条线上的旅游目的地克服狭隘的发展观，以全局发展为重，更能够在各个局部发展方向上起到一定的引领作用，指导各区的协作及明确分工与定位。同时，在跨区协作组织引领下，各个方案的执行均应有相应的监督机构，确保方案的制定及落实的每一个环节都能具体有效。例如，由北京、上海、天津、南京、济南、蚌埠、沧州等共同组建的京沪高铁城市旅游联盟共同开发高铁旅游产品、联合进行市场营销的举动就是一种联动发展模式。京沪高铁途经北京、上海、天津、河北、山东等多个省市，沿线站点涵盖了9处世界遗产、16座优秀旅游城市。高铁的开通让沿线城市均嗅到了新的旅游商机，这些目的地通过合作方式打造"交通旅游"品牌，使得原本相对处于旅游发展弱势的蚌埠、沧州等地跟随北京、上海等热点目的地发展起来。上述合作的推动归功于各地政府相关部门的大力推动，《京沪高铁城市旅游联盟旅游合作泉城宣言》的签订成为未来这些城市深化合作、实现协同发展的政策保障。由此可见，构建高效可行的高铁沿线城市协同共生发展模式需要兼顾地方利益，以市场交易作为协同方式，再加上政府的政策保障。其中，政府机制保障的实现并不能仅停留于一纸合作协议上，而是需要在制度上建立约束机制。具体可以细化到整个系统政策方针的统一、具体分工的协调等方面，具体内容包括推进沿线各目的地的相关制度、生态环境、基础设施、统筹管理等方面的一体化，促成相关旅游企业合作，促成各个目的地形成吸引物特色互补局面等。

（3）鼓励行业自律，构建旅游行业自身组织协调机制。要实现行业自律，可以成立行业自律性组织——行业协会。各类旅游行业协会在我国已存在多年，所起到的积极作用是值得肯定的。行业协会除了激励相关企业发展之外，对于政府行政部门管辖能力所不能及的细节，行业协会往往能起到很好的桥梁沟通作用。同时，由于熟悉旅游行业的更多细节，也更清楚问题的多样性，有利于及时发现问题并弥补不足，旅游行业协会也越来越受到各方的关注。对于高铁沿线目的地而言，依托行业协会的作用，可以实现打破行政地域限制，引导不同旅游目的地各相关部门加强合作，推进区际之间协同整合的目标，最终实现科学合理的发展。另外，跨区域的大型旅游企业集团也能在一定程度上打破行政界限，通过合理化安排自身内部组织机构，实现跨区发展。因此，大型旅游企业集团的入驻也有利于高铁沿线乡村旅游目的地协同发展。

第五节　要素配置体系层面的乡村旅游转型升级路径

一、要素配置范畴及其转型升级的必要性

乡村旅游要素包含的范畴很广，本书基于旅游地形象塑造及旅游者体验角度，重点关注乡村旅游设施要素、乡村旅游景观要素、乡村旅游农产品要素及乡村旅游资本要素等类别展开探讨，这是实现乡村旅游转型升级重要的根基构建部分。另外，要素配置与美丽乡村建设"宜居宜业"之间也存在密切联系，因而探讨这几类乡村旅游要素，具有较强的现实意义。

（1）乡村旅游设施直接关乎旅游者的舒适度，但大多数配套设施陈旧。乡村旅游设施与旅游者旅途中的基本需求关系密切，乡村旅游设施转型升级是实现乡村旅游转型升级的必要部分，也是前提，更是与美丽乡村建设背景下乡村人居环境改善的目标内核一脉相承。过去基础设施建设因缺乏资金支持和急功近利的

短期行为，要么建设水平落后，要么建成后缺乏维护，逐渐演变成为旅游业发展的"桎梏"。因此，乡村旅游设施的转型升级必要且迫切。

（2）乡村旅游的"乡土味"是它的灵魂，然而大多数景观、环境意象与景观设计的独特性不足。第一，同质化严重。近年来，我国各地纷纷加入乡村游景观塑造的队伍，但因景观之间在设计上盲目模仿导致差异较小。经营主体往往没有充分考虑自身的实际状况，照搬照抄其他景区，因此缺乏特色。我国很多地区，有关乡村旅游的数据资料或未及时收集，或数据存在偏差，以至于对旅游者流量和经济效益的变化趋势未能做到准确把握。这些地区往往仅凭借现有的资源，开展农田果蔬采摘、养殖牧场参观等活动，如此千篇一律的休闲活动并不能促使乡村旅游转型升级。

第二，景观设计盲目模仿，没有关注到旅游者的旅游需求。很多地区没有注意到旅游者体验，即使设计了参与体验的活动，但内容往往缺乏特色，设计的游憩活动大多单调匮乏。这导致旅游者的体验感较差，必然产生抱怨，影响旅游者的重游积极性。

第三，忽略了本地的"乡土"味道，与地方民俗文化结合考虑的特色休闲景观更是少之又少。很多地区对乡村旅游业的发展也仍然仅是虚晃应付，在"文化游""民俗游"的造势下，真实的旅游活动内容仍然是"换汤不换药"的农业观光。

（3）乡村旅游产品是乡村旅游品质体现的重要载体，然而大多数乡村旅游农产品品类不够丰富，质量没有保障。考虑乡村旅游业本身的乘数效应和综合带动力，以观赏、品尝、采摘、购买农产品为主要内容的乡村休闲活动早已被各方广泛关注并推广，然而在追求短期效益的思想作用下，乡村旅游农产品品类缺乏多样性、质量粗糙低下、包装简陋等问题严重影响了旅游者的满意度，甚至制约了地区乡村旅游的整体质量提升。未来，若不进行及时的转型升级，对农产品种类和品质做出提升，继续采取粗放式发展方式，很可能会直接影响该地区的乡村旅游发展之路。因此，乡村旅游农产品的提质升级迫在眉睫。

（4）乡村旅游需要广泛的资金来源支持，然而大多数地区社会资本缺乏参与、融资存在难度。资本要素集聚能力低下是我国乡村旅游发展普遍存在的现象。主要原因是：①缺乏足够的政策扶持力度。在城乡一体化背景下，由于存在政策扶持力度不够的情况，投资方往往对投资的合法性、安全性等方面存在隐忧，担心风险发生时问题得不到充分的解决，社会资本投资积极性也因此大大降低。②引资配套政策缺乏。在吸引乡村贤达回乡创业、生源地大学生返乡创业、富余资本下乡等方面同样存在配套政策不足、城乡之间缺乏有效联结等问题。例如，乡村旅游小微企业和单个经营户因缺乏投资抵押物，找不到符合银行《贷款通则》的有效担保；已经成立的乡村旅游项目往往因一些经营管理问题，导致对市场变化的反应不敏感，使这些小微企业的还款能力较弱且不稳定。③金融创新不足。缺乏创新性的乡村旅游配套专项金融扶持制度，很多乡村旅游项目难以通过金融机构的常规流程和制度审核。④前期投入较高使投资信心不足。社会资本缺乏参与积极性还与乡村旅游项目开发时普遍面临的旅游资源不够集中有较大的关系。

二、基础设施配置转型升级的路径探讨

乡村旅游要素范畴广泛，因此本书在前文中重点探讨了乡村旅游设施要素、乡村旅游景观要素、乡村旅游农产品要素及乡村旅游资本要素转型升级的迫切性，未来乡村旅游转型升级需要对上述内容进行重点探讨。本书认为在美丽乡村建设背景下，要素配置与美丽乡村建设"宜居宜业"原则首先要保持一致，其中，基础设施体系转型升级是实现乡村旅游转型升级重要的根基，是众多要素配置中亟待转型的重中之重。后面内容将围绕基础设施体系转型升级的路径做深入探讨。

（一）乡村旅游基础设施体系的构成

交通设施是乡村旅游的前提，关系着乡村旅游各个景点的通达性。服务设施是游客使用量最大、最能够带给游客旅游体验的配套，关乎游客人身、财产安全。乡村环卫设施包括村落内部的污水垃圾处理、旅游厕所、供水、供电、通信网络、信息服务、救护系统等。环卫设施是乡村旅游便利性的保证，任何环节的缺失都会导致游客的满意度降低。体验服务设施也是游客及时了解乡村旅游信息的重要方式，涉及游客在旅游过程中的自主性和便利性。

（二）乡村旅游基础设施体系转型升级路径探讨

（1）探索"美丽公路+"模式，借助乡村旅游交通景观营造，实现乡村旅游交通设施体系转型升级。①打造一流的乡村交通景观，展示乡村特有的美感。通过乡村旅游交通景观营造，实现乡村旅游交通设施体系转型升级。乡村旅游目的地的可进入性，以及乡村交通设施的完备程度，是乡村旅游整体形象的载体，其对旅游者的第一印象具有较大的影响。选择以所在地乡村特色风情为支点，打造乡村旅游交通设施景观很有必要。选择带有目的地特有的民风民俗文化元素，应用于乡村旅游风景交通线的构建上，体现当地山水、田园及民俗风情的美感，让旅游者对乡村旅游产生强烈的向往之情。②深入强化环保意识，构建"生态美好"乡村旅游交通设施配套体系。作为游客接待必备的基础配置，包含停车场、游客服务站、交通标识等建筑施工方面，秉承"生态环保第一"的理念，追求功能互补，打造"美丽公路+旅游"的"地方风情线"，向游客传达环保与实用并存的设计思想。例如，将道路分为机动车道和非机动车道；开辟仅供游览使用

的绿道，并进一步划分出观光车、自行车、步行专用道。上述理念，在浙江省台州市黄岩区上郑乡乡村交通——宁大线已经得到了完美印证，该地区一条县道和三条乡道匹配完美，在建筑材质上，选择了与乡村风格一致的水泥、鹅卵石、石板等，着力体现鲜明的地域特色，设计上不仅展现了该地的地方历史人文元素，还突出了上郑乡"清水拙韵、康养小镇"的定位。

（2）探索"土味与品质并重"模式，凸显"乡土味道"，实现乡村旅游接待设施体系转型升级。①基于"地域性"考虑，在乡村住宿设施建设之初就尽可能选用本地"土"建材，努力接近周边乡土氛围，打造高度识别的建筑物。②基于"安全性+民俗性"考虑，乡村餐饮设施的转型升级应着力凸显舒适性、卫生性和"接地气"，努力打造与本地物产匹配的餐饮品质和场所设施。首先，餐饮设施布局合理，在乡村商街、主要道路和节点、景点的接待服务区建造餐馆，厨房内部公开透明，做到生熟分离、餐具整洁。其次，以农家生活为主题，内部的布置上尽量运用当地文化元素来营造气氛。最后，美食应以地方特色和传统农家菜为主，加强特色菜、农家菜、山野菜等菜品的开发，重点突出当地生态特色、文化特色、民俗特色，将乡村美食打造成具有特色的旅游吸引物。成功的国际范例可以借鉴位于日本三重县伊贺市郊区的日本亲子农庄，该农庄的经营者原为生猪养殖户，后来经营户主们联合延伸开发了以"自然、农业、猪"为主题的集合体，业务涉及蔬菜交易市场、日本乡村美食料理、牛奶生产加工房及当地特色小吃广场等；更进一步开发了小猪主题馆，主题馆内的店铺大多数是加工销售农产品，尤其是围绕小猪主题的叉烧、香肠等美食馆更是妙趣多多，深受旅游者的喜爱。

（3）探索"乡土格调+卫生方便"模式，借助乡村旅游景观营造，实现乡村环卫设施体系转型升级。①乡村环卫设施应秉持"数量充足、卫生方便"的理念，厕所和垃圾桶不仅要追求质量升级，更要数量充足、卫生干净。保障旅游高峰时的游客需要，获得旅游者的好感。②对乡村环卫设施，如乡村厕所、垃圾桶的外观风格进行升级，既要凸显乡土朴实品质，又要与乡土特色保持格调一致。应对这些设施的选址进行优化，最大可能地发挥其功能；同时，环卫设施的外墙体可以作为广告位出租获取收益，用于后期管理维护。以前述的日本伊贺市亲子农场为例，虽然它是基于生猪养殖而发展起来的农场，但它仍然配备了卫生方便的洗手间，还设置了功能齐全的母婴室。这样的地方，旅游者如何能不爱呢，又怎会拒绝重游呢？

（4）探索"功能充足兼具美感"模式，实现乡村信息服务设施体系升级。①乡村信息服务设施在选址、分布范围、材料选用、造型塑造、字体色彩等方面不仅要充分考虑乡村环境因素，更要突出趣味性，要与本地建筑风格相容协调。

②乡村信息服务设施不仅要考虑功能的实用性和易操作性，更要考虑旅游地的游客接待量，与接待规模尽量相匹配。引进电子触摸屏、电子导览系统等信息服务智能化设备，满足旅游者和当地居民的通信需求。根据地区发展实际，引入虚拟旅游体验设施，满足旅游者的网络虚拟体验需求。

第六节　运营体系层面的乡村旅游转型升级路径

一、乡村旅游运营概况及其转型升级的必要性

乡村旅游运营主体涉及政府、企业、农民等，他们在地区乡村旅游发展中的作用非常关键，然而现实中常常存在运营主体角色缺位、关系不协调等问题。

乡村旅游营销是决定竞争成败的重要一环。现有的乡村旅游主要是以自发经营为主，没有意识到营销管理的重要性。大多数经营者对自身旅游品牌建设重视不足，在发展乡村旅游与打造乡村旅游品牌之间欠缺深层次的认知，乡村旅游品牌建设和宣传推广都不到位，导致本地乡村旅游知名品牌数量寥寥无几。同时，由于管理部门的重视力度不足，乡村旅游品牌建设体系不够完善，仅有的乡村旅游品牌景点没有统筹发展，能够吸引游客消费的产品极少，吸引力较低，难以给地方带来长足的经济效益。此外，在发掘乡村文化内涵、打造知名乡村旅游品牌方面也不到位，本土特色乡村文化和旅游品牌没有互相融合，极大地阻碍了乡村旅游品牌的建设发展。

二、乡村旅游运营管理转型升级的路径探讨

"三分建设，七分管理"是对美丽乡村"长效管理"工作思想的一个总结，乡村旅游发展中运营管理同样需要坚持这一思想。乡村旅游要实现良好的发展，必须在运营上狠下功夫，这是一个地区乡村旅游良性运作的重要保障。当前对于运营的理解多种多样，并未统一。这里主要从乡村旅游运营主体转型升级和乡村旅游营销升级两方面展开对运营管理升级的探讨。

（一）乡村旅游运营管理转型升级的路径之一——乡村旅游主体升级

乡村旅游主体升级，一是要调整运营主体构成，二是要厘清并解决相关主体面临的问题，以及梳理清楚它们之间的关系，在经营管理中合理划分责任与权利的边界。本部分主要围绕后者展开讨论。

1. 厘清并解决关键问题，实现项目组织整体成长

一般情况下，政府、企业和其他关联单元的主体地位需要予以明确，解决相

关主体在乡村旅游经营管理参与中遇到的问题，这具有很强的现实意义，具体表现有以下两个方面：

（1）明确政府主体核心诉求很重要。在乡村旅游发展中，政府需要围绕新农村建设，实现"生产发展、生活宽裕、乡风文明、村容整洁、管理民主"等具体要求，追求发展效益，实现本地区的强区、富民、环保目标。不断提高村民在产业发展中的参与度和受益面，彻底解决农村产业和农民就业问题，确保当地群众长期稳定增收、安居乐业，最终落实乡村振兴的战略目标。

（2）建立高效运转的机制很有必要，以便实现各主体在项目执行中有机协调、配合。乡村旅游的乘数效应大、关联效应强，因此乡村旅游的规划、经营管理、营销推广、后勤及技术保障等团体在任务协调、配合等环节需要建立一套高效运转的机制，以利于实现组织整体的成长。

2. 梳理各关联主体间的关系，科学合理组织资源，助推主体的整体升级

在厘清并解决相关主体面临的问题、落实主体地位的基础上，要进一步解决合作资源的组织和划分问题。因各方主体往往核心利益不同，只有平衡协调好他们的关系，才能实现组织效能最大化，实现地区乡村旅游的良性运作。

（二）乡村旅游运营管理转型升级的路径之二——乡村旅游营销转型升级

处于不断完善中的乡村旅游成为越来越多旅游者休闲放松的首选，是人们周末日常生活安排中很重要的一项活动。很多地方因此成了人们争相追捧的目的地，如广西玉林市的五彩田园景区，广东西部的游客们也远道而来度假休闲。在全国，类似的乡村旅游地区还有很多，但是这些乡村旅游地区的游客满意度并不一致，甚至差异很大，这是为什么呢？从营销的角度来看，很多景区概念大于运作，潜在需求无法转变为现实行动。因此，实现乡村旅游营销升级需要从多重路径入手：突破关键问题，促进营销升级；产品定位及品质的提升，促进营销升级；从品牌建设角度促进营销升级；广开渠道选择思路，促进营销升级；等等。

1. 突破关键问题，助力营销升级刻不容缓

虽然我国乡村旅游已经走上了快速发展的道路，但客源市场需求多变、市场竞争日益加剧的趋势愈发明显，加上我国假日制度特征带来的游客量压力，乡村旅游营销也在经历新的挑战。从乡村旅游营销涉及的"营销观念、产品品质、品牌建设、渠道选择、组织实施"等主要范畴看，乡村旅游营销升级过程中首先要解决的就是这些主体方面存在的问题，尤其是对品牌的建设需要下大功夫。

（1）营销观念认知度不高，意识不够强。我国大多数乡村旅游景区缺乏先进的营销理念，大多数地区停留在简单原始的推销阶段，个别地方甚至没有任何的营销举动，完全停留在销售阶段。这与乡村旅游经营主体是分散的农户有关，他们不了解市场经营知识，仅靠直接售卖产品获利。当然，随着一些地区的政府

部门启动了对乡村发展的培训扶持及外来经营者的示范，农户的市场经营观念有了很大的提升。

（2）产品品质缺乏保障，定位不够明确。简单原始的产品也需要卫生安全的保障。很多地方的乡村旅游农产品品质参差不齐、以次充好；有关产品的营销内容创新不足，缺乏吸引力；产品信息内容和设计不生动、趣味性有待提升。

（3）品牌建设存在很多问题亟待克服。①品牌意识淡薄。纵观全国，无论是管理部门还是经营者的思想理念都跟不上行业的飞速发展，打造乡村旅游品牌的意识薄弱。从部分市县现有的乡村旅游项目来看，大多数经营者普遍存在急功近利的心态，只关注利润收入和游客市场，没有或者只有极少数人认识到品牌对发展乡村旅游的重要性，品牌建设的随意性较大，旅游设施与规划模式都相类似，更谈不上品牌建设。由于品牌意识淡薄，再加上经营人员自身文化水平有限，缺乏基本的品牌理论知识，导致在发展乡村旅游时缺乏科学准确的品牌定位和整体思维，意识不到品牌在激烈的乡村旅游业竞争中的地位。②对乡村旅游品牌市场推广的意识薄弱。与国内外许多乡村旅游知名品牌相比，众多地区乡村旅游品牌市场推广的意识较低。特别是与珠江三角洲城市乡村旅游品牌营销相比差距较大，存在认知较差、运作经验不足等问题，其结果就是欠缺推广营销、品牌化营销手段缺乏、成本较高而效益较差。大部分乡村旅游地在乡村旅游品牌营销上存在着缺陷，宣传手法重复度高。③对已有乡村旅游品牌维护的意识薄弱。即使部分县域内少数乡村旅游产品已拥有自己的品牌，但品牌效应发挥带动作用有限。受到固有旅游经营思维的限制，对已有品牌维护和创新缺乏一定的意识，在知名品牌建设上没有足够的规划意识，缺乏长远的合理规划，导致已有的乡村旅游品牌衰落，尤其是近几年，很多地区乡村旅游品牌的知名度和影响力不断下降，旅游品牌对旅游的支撑能力不断减弱。④品牌形象模糊。很多地区乡村旅游品牌形象不够鲜明，乡村旅游品牌建设体系尚未建立，并未形成规模化、系统性、品牌化开发格局，导致吸引力有限，发展状况较差。⑤品牌开发混乱。受经济和旅游业发展水平的制约，部分乡村旅游品牌开发缺乏系统性，开发较为混乱。其中包括乡村旅游品牌的标识、口号、内容和形式都较为传统单一，旅游产品品质不高。一方面，对自然资源的内涵挖掘有限，对人文资源内涵的展现不够丰富，部分旅游设施重复无序，乡村旅游产品大同小异，同质化严重。游客的互动性、参与度较低，难以让游客感觉有别于其他景点的感观与体验，不能完全满足游客全方位的旅游体验要求。另一方面，乡村旅游品牌的核心竞争力不强，没有在旅游市场上形成一系列颇有名气的乡村旅游品牌，离规模化品牌化的要求还存在较大差距，品牌化建设水平相对较低，乡村旅游产品发展滞后，缺乏多元性，多层次深度乡村旅游体系尚未形成。乡村度假、休闲度假业发展相对滞后，长寿养生、休闲体验等乡村旅游产品基本处于初步设想阶段，品牌建设进度落后。⑥品牌宣传力度欠缺。我国很多地区，尤其是那些有文化名城、山水城市等美誉的地区，要想发展乡村旅游、打造特色品牌，应在吸引力、宣传力度和侧重点上下功夫，加强营销，更应大力推广能够体现湖光山色、文化浓郁的特色乡村旅游项目。然而，当前部分地区对乡村旅游品牌的宣传营销还处在初始阶段，宣传和推广乏力，乡村旅游品牌知名度低，游客的知晓率低，对比周边地区知名乡村旅游品牌的差距较大。管理部门和经营者均不擅长现代传播媒介，对乡村旅游品牌的宣传营销认识不足、要求不高。

（4）渠道选择狭窄，宣传手法较为单一，缺乏创新。以广东省怀集县为例，该县在乡村旅游品牌宣传上存在不足，欠缺主体参与性。虽然过去曾通过举办节事活动吸引游客，如大岗浪美村近年来连续举办孔子文化节、丰收节等旅游活动，起到了一定的宣传效果，成为新晋的乡村旅游"网红地"。但大部分乡村旅游目的地，如华辰玫瑰园、燕都国家湿地公园等还是依靠在公共场所设置宣传栏，或通过广播、电视等传播媒介进行宣传，缺乏与成熟品牌旅游景点、大型体育、文化、旅游等活动的互动融合，促销手段和方法比较单一，导致宣传效果欠佳。

（5）组织实施环节工作力度不够。大多数地区的营销涉及的范围比较小，影响力较低，导致乡村旅游知名度不高，其品牌营销推广力度有待进一步加强。同时，由于资金有限，对营销的投入较少，只能抱着"好酒不怕巷子深"的思想，以为只要做得好，不用营销顾客也会主动上门，但这导致大量乡村美景的知名度和美誉度没有扩散开，无法在乡村旅游市场日趋激烈的竞争中立足。

2. 找准产品定位，助力营销升级

未来乡村旅游产品定位，应大力促进产品由粗放向精细转变，追求产品内涵丰富化、形态多样化。在美丽乡村建设的背景下，随着国家扶持乡村旅游，我国乡村旅游在供给方面必然会出现"量"的大幅度攀升，但是"质"的改善却迟迟跟不上。低端化、同质化程度较高的产品将被剩余下来，游客需要高品质的休闲度假产品。如果乡村旅游地区能进一步加快从低水平供需平衡向高水平供需平衡过渡，重点发展适应消费新时尚的乡村旅游度假休闲产品，促进粗放旅游向精细旅游转变，其竞争力和影响力必将跃上新的台阶。

当前旅游者已经不满足过去的"农家乐"，而是进一步产生了休闲度假、康体疗养、科学考察、知识获取和文化熏陶等多样化和个性化的需求，并且这些需求变得更加强烈。因此，乡村旅游地区应建设一批休闲农业精品园区、农业公园、农村产业融合发展示范园、田园综合体、农业庄园，并在营销过程中重点强调这些新型乡村旅游产品。

3. 推进品牌建设，助力营销升级

（1）精准确定目标，积极建设乡村旅游品牌。①近期目标。加快统筹发展旅游资源，树立乡村旅游新形象，强化品牌打造，提高游客的品牌知晓率。通过系统整合县域内乡村旅游资源，抓住特色乡村文化，营造干净卫生的环境；运用创新性营销推广，通过当地及周边媒体向外界营销，积极造势；迅速设计乡村旅游的整体形象，确立品牌建设的方向，吸引投资商和资本对本地乡村旅游的关注；落实精准度高、前景性好的招商引资项目，多方配合推动乡村旅游品牌建设发展。②中期目标。在实现近期目标的基础上，进一步加强营销，提升品牌名气，提高知名度，打响相关地区乡村旅游品牌，提高游客的品牌认可度，开拓乡村旅游市场。逐步完善乡村旅游形象和品质建设，通过加强营销，积极提升"品牌效应"，使相关地区的乡村旅游产品可以辐射周边省市，成功实现乡村旅游市场突破，促进地方旅游行业和经济社会发展。逐步完善区域旅游配套设施建设和旅游文明行为建设，加强旅游管理人才和服务水平建设，促进旅游管理、营销和服务等方面迈向国内国际高端水平，力争建设成为旅游体系中的高端市场。③远期目标。强化打造地区整体乡村旅游品牌，扩大乡村旅游知名度，深化乡村旅游品牌形象，成为省内外知名乡村旅游目的地，进一步以乡村旅游品牌效应带动全域旅游市场。通过延伸营销触角，借助全国性大型活动、目的地推介会、重要媒体进行宣传营销，扩大相关地区的世界知名度，最终将相关地区打造成全国知名的乡村旅游目的地，甚至吸引国际游客到访。

（2）强化全局意识，科学设置品牌定位。①加强多方协作，强化品牌意识。品牌建设对乡村旅游发展的重要意义，关乎政府管理部门、乡村旅游经营者及从业人员和当地村民等利益所得者。因此，要增强大局意识，树立积极的品牌建设意识，重视乡村旅游品牌建设，做实基础性工作，以较强的专业知识和长远的眼光，着力打造本地乡村旅游品牌特色。管理部门应从政策设置的层面上重视乡村品牌建设，出台相关指导发展和保障建设的政策文件，对乡村旅游品牌建设进行合理科学的规划。经营者应注重强化品牌发展意识，加强对自己乡村旅游产品的长远规划发展，积极促进本地乡村旅游品牌建设，经营打造优质的乡村旅游品牌产品。此外，乡村旅游经营者还应提高对旅游品牌知识产权的保护意识，及时注册自己的旅游品牌商标，形成自己独特的乡村旅游品牌。乡村旅游从业人员应树立品牌服务意识，认识品牌建设对个人经济收入增长的积极作用，加强提供优质服务的意识。当地村民尤其要珍惜乡村旅游品牌建设的成果，游客直接观察和体验到的一面就是地方的村容村貌和乡风文明，要自觉维护本地乡村旅游的品牌形象。②明确品牌定位，打造特色旅游。无论是管理部门还是经营者都需要明确品牌定位，结合当地的旅游资源类型、文化内涵、产品特色、服务管理等方面内容进行科学定位。例如，广东省肇庆市怀集县立足本土，发掘优秀传统文化①。通过深入发掘"八百年广东、七百年广西"的历史文化底蕴，提炼独特的"两广"融合文化，以创建广东省旅游强县为契机，大力发展古村落文化型、生态观光型、休闲度假型、体育健身型、康养复疗型等多样化乡村旅游项目，打响金燕文化、长寿文化、温泉文化等旅游文化品牌。

（3）精心加强设计，清晰品牌形象。①整合资源，设计品牌。品牌建设的基础和关键就是品牌形象设计，构建品牌识别系统，包含品牌名称、标志、图案及宣传口号等要素，是品牌外部形象的体现。例如，广东省肇庆市怀集县，进一步加强资源整合、精心策划，对辖区的乡村旅游资源系统整合和开发，注重乡村旅游品牌的创新和完善，着力加强洤水稻香观光旅游精品、金燕文化旅游名品和长寿养生旅游新品等品牌的设计和建设，开发一批资源品位高、配套条件好、市场潜力大、组合能力强、带动作用明显的重点乡村旅游品牌，以品牌盘活资产和吸纳资金，以开发促精品，以精品塑形象，不断提高相关地区乡村旅游开发水平和旅游整体吸引力与市场竞争力，实现旅游业的跨越式发展。②创新思维，突出形象。特色鲜明的品牌形象能够给游客带来直观的认知和深刻的感受，提升旅游品牌对游客的吸引力，提高品牌的市场知名度。要坚持市场导向，创新发展原则，根据乡村旅游品牌定位，精心加强设计，深化现有村落文化的挖掘和提升，高度概括品牌定位，强化现有乡村旅游项目的创意和个性，打造具有特色化、适应市场需求的乡村旅游产品。力求做到"新、奇、特""人无我有，人有我优，人优我新"。品牌口号的设计则要结合游客需求和品牌形象定位，致力于吸引游客注意和引起游客内心共鸣，深入挖掘乡村旅游地区的文化内涵和文化特色。同时，配套设计旅游形象符号和图案，保证品牌设计的独特性，既能生动代表品牌，又能刺激游客视觉，激发游客的丰富想象力，吸引游客前来旅游。

（4）突出本土个性，增强品牌竞争。①深挖优势，形成独特个性。深入挖掘资源，充分了解本地的不同资源优势，提炼传统文化和自然资源的内在潜质。例如，怀集县可以利用现有的湿地、温泉、绿色农副产品集散基地等具有当地特色的资源，充分发挥生态优势，提升乡村旅游品牌效应。围绕核心旅游资源，品牌化、特色化、高端化开发，形成相关地区旅游核心品牌。怀集县的定位是肇庆市旅游次中心，通过打造具有"两广"文化融合个性的相关地区乡村旅游品牌，形成珠江三角洲乃至全国知名的乡村旅游品牌。②统筹开发，综合利用资源。目前相关地区乡村旅游品牌建设存在各自为政、无序发展的现象，导致整体开发水

① 怀集省级新农村示范片建设获评省"优秀"！［EB/OL］．（2018-02-13）［2022-09-17］．https：//www.sohu.com/a/222602876_673515.

平低、乡村旅游品牌同质化现象严重等问题，不利于提高地区的乡村旅游竞争力。为此，要加强统筹开发，实行整体规划，以现有旅游开发景区带动乡村旅游，以核心景区带动周边资源和景点的深入开发，高水平的规划引领乡村旅游集群化、差异化发展。发挥核心景区的辐射带动作用，化当前低层次的观光式旅游为度假式深度体验游。例如，怀集县统筹开发综合利用本地的潜在旅游资源，抓住国家政策，着力构建以生态观光、有机采摘、休闲度假、民俗风情等为主的乡村旅游产品体系，努力打造长寿健康乡村旅游品牌。利用天然的资源条件，进一步丰富乡村游形式，形成多样化的旅游产品，将乡村旅游产品品牌化、高端化，实现统筹开发、集中打造、全面发展、覆盖全区的乡村旅游品牌建设格局。③提升文化，增强品牌驱动。提升自身文化，用文化提升乡村旅游的品牌内涵，增强自身文化的吸引力，以提升旅游吸引力和品牌竞争力。怀集县可以进一步深挖相关地区旅游核心文化元素和乡土特色，深入挖掘地方特色文化的内涵，从金燕文化、长寿文化、温泉文化等旅游文化中挖掘乡村文化资源，以金燕文化为根本，突出亮点、建设品牌，将具有相关地区地域标志性的文化如长寿文化、温泉文化、田园文化等进行文化转品牌，充分融合乡村田园风光、村落特色建筑和农村生活体验、休闲养生度假等，形成其乡村旅游独特的文化和魅力风情，进行分析、整合、提炼，寻找文化之根，融入现代功能，最大化发展提升并实现相关地区乡村文化所蕴含的本体价值和附加值，打造高品质文化旅游乡村，建设成为相关地区独特的乡村旅游品牌系列。增强相关地区旅游市场知名度与美誉度，在时间的沉淀中凝聚品牌影响力，全面提升相关地区旅游的品位与内涵，实现效益最大化。重视生态，让品牌建设带上环保的标签。相关地区乡村旅游资源自然景观和人文资源都是不可再生资源，在开发资源、打造乡村旅游品牌的过程中要重视环境保护，坚持底线思维和原则，强化对本地特色自然风景、乡土风情和历史传承的保护，确保域内的珍贵乡村旅游资源在满足当代人开发利用的同时，也能得以可持续发展，不影响下一代人的需要，所有利益所得方共同建立健全环保机制。

总之，发展乡村旅游是美丽乡村建设的重要抓手，构建乡村旅游品牌体系的重要性和紧迫性也就日益凸显，如何打造优质的乡村旅游品牌、提升品牌竞争力是全国诸多乡村旅游地管理部门和从业经营者关注的重点，需要进一步对相关地区乡村旅游品牌建设情况进行深入的研究，提出相关地区乡村旅游品牌建设的策略，助力乡村旅游营销升级。

4. 广开渠道选择的思路，促进营销升级

（1）系统化整合营销渠道，做好长期规划。纵观过去很多乡村旅游景区的市场营销，大多数表现出短期性，并且不具有连续性，没有意识到淡季营销的作用，无法错峰吸引到旅游者来提升业务量。

（2）拓宽营销渠道，并寻求替代。目前很多景区的营销渠道建设不畅，过于依赖旅行社。事实上，多元化的营销渠道建设应该被重视起来，更何况众多旅行社在合作过程中存在风险分担能力弱、实力不足或重眼前利益的短视行为。景区营销可转变思路，借助网络或者其他的媒体渠道进行营销，寻找替代性渠道。

5. 实施新媒体营销，促进营销升级

（1）实施新媒体营销的背景。①对于新媒体定义的认识方面，从国外来看，"新媒体"这一概念最早是由戈尔德马克于1967年首次提出的。关于新媒体的定义，联合国教科文组织认为新媒体就是网络媒体。《在线杂志》将其界定为：新媒体是所有人对所有人的传播，以此表明新媒体传播的互动性及传播主体的多元性。我国的新媒体理论发展在一定程度上受到国外学者新媒体理论和传播学理论的影响。《新媒体概论》中对新媒体做出定义："新媒体"是相对报纸、杂志、广播、电视等传统媒体而言的媒体的统称。它是指利用数字技术、网络技术，通过互联网、宽带局域网、无线通信网和卫星等渠道，以电视、电脑和手机为终端，向用户（即受众）提供视频、音频、语音数据服务、远程教育等交互式信息和娱乐服务，以此获取经济利益的一种传播形式。现在的新媒体主要是指受计算机和信息技术影响而产生的媒体。综上所述，新媒体可以定义为，使用数字、网络、移动技术、视频制作等先进技术，通过互联网、有限网络和无线通信网络等进行传播，为人们提供信息、资源和进行大众娱乐的一种传播形态和媒体形态。②新媒体具有以下特点：一是信息的海量性。人们可以根据自身喜好和需求，便捷地和更有针对性地从新媒体中获取所需要的信息。二是信息的交互性。在新媒体上能够形成完整的营销闭环，从关注某种产品到寻找相关信息，再到达成购买并和周围人分享购物体验，用户口碑得以在短时间内进行裂变式传播，每个转发的用户都成为信息的传播者和被影响者。三是信息的即时性。与传统媒体相比，新媒体信息传播的速度非常快，表现出明显的即时性特征，打破了传统媒体定时传播的规律，真正实现了无时间限制和无地域限制的传播。四是信息的融合性。其表现在融合了传统电视、广播、报纸等媒体之间的边界，融合国家之间、社群之间、产业之间的边界，融合信息发送者与接收者之间的边界等，更进一步拓展了新媒体数据的广度。③新媒体营销定义。本书认为，新媒体营销是指基于互联网平台进行的新形态的营销方式，以微博、微信等新媒体为传播渠道，为宣传企业相关产品功能和价值而进行的公共关系、产品促销、文化传播、活动策划等一系列营销活动。④新媒体营销特点：首先，精准定位客户，新媒体为每家企业、每个人都提供了一个展示和发布平台。通过新媒体上的数据分析等精准定位目标客户群体及其需求，根据需求开展产品研发、设计和推广，使得产品更加贴合目标客户、更加符合目标客户的需求。其次，降低宣传成本。新媒体有传播即时性的天生优势，其成本较低，速度也更快。同时，企业还可以充分发挥新媒体与客户交互性的特征，及时反馈信息，有助于企业及时掌握舆情动向，采取有效措施降低企业风险。最后，拉近客户距离。新媒体具有天然的融合性特征，不仅融合媒体之间的边界，还融合了企业和客户的距离，融合了不同目标客户群体之间的距离。通过新媒体平台，消费者可以通过留言、私信、关注、点赞、语音等多种方式开展互动，及时关注他们对产品的喜好程度，双方的交流和沟通更加便捷、高效，有利于企业在研发产品时充分考虑和吸取客户意见和建议。

（2）新媒体对营销理论的变革。①"4P营销理论"的变革。20世纪50年代，美国营销专家尼尔·鲍顿提出了"产品、价格、渠道、促销"四大要素市场营销组合概念，通过市场营销人员综合运用并优化组合多种可控因素，以此来实现营销最大化目标。新媒体的发展推动了4P组合营销理论这一营销学的经典理论的变革和发展。②网络整合营销"4I原则"探讨。网络整合营销的4I原则由奥美提出，紧密贴合新媒体网络化、数字化和交互化的发展前沿趋势，具有较强的实践性。经过概括表述为4I原则，即趣味原则、利益原则、互动原则、个性原则。在互联网时代，不同传播渠道的个性、传媒内容的个性、客户的个性都得到了发展，无论是在形态上还是在传媒活动中的地位上，个性化已经成为新媒体的内在特征。

（3）新媒体时代旅游行为特征变化。①旅游者更注重移动服务需求，移动状态下场景式消费成为趋势。②旅游者更注重资料收集。根据《2018年度移动旅游发展及消费白皮书》显示，2018年途牛移动咨询占在线咨询总量的比例为92%，比2017年提升3个百分点，人工客服首条消息响应时长小于8秒、平均响应时长小于18秒，人工客服满意度达96%。作为信息高度依赖型的旅游业，新媒体成为旅游者获取信息的首选。③旅游者更注重个性体验，更加注重个人兴趣偏好的体验和表达，对旅游服务的个性化需求日益增强。在这样的趋势和背景下，个性化旅游信息服务可以使得每一位旅游者在旅途中面临的各种问题得到解决，在这个过程中，个性化的需求还通过与旅游者进行实时交互，如跟踪记录和分析消费者日常行为，提供最新动态信息，为不同的消费者推送具有针对性的服务信息等。④旅游者更注重分享和评价。企业和商家都可以对相关数据进行收集、分析和研究，特别是旅游行为和旅游后评价的分析，可以对整个区域的酒店资源、景点资源、交通状况、购物环境等旅游服务载体做出更好的配置优化，设计重构旅游产品，以最好的配置资源服务旅游者，提高旅游产品的竞争力和服务能力。

（4）新媒体营销平台的发展概况。①目的地官方网站通常有以下不足：一是旅游相关辅助信息不足；二是在线交易功能不足；三是对于个性化需求关注不足。②新闻客户端平台满足了人们通过移动客户端随时获得新闻和资讯的需求。2015年，新闻客户端呈爆发增长态势，传统媒体的新闻资讯客户端密集上线。其显著特征就是传统新闻网站的客户端平台化，主要是指基于传统新闻网站的模式，通过编辑、设计、模块推送等方式将客户端打造成信息发布平台。不同类别的用户可以在客户端上发布自己感兴趣的文字、图片和视频等内容。③视频直播平台因直观性、即时互动性及代入感和娱乐性强等而迅速成为热门手机应用。其具有以下特点：实时发布、实时互动、突出个性、真实用户体验。在企业营销、新闻传播等方面发挥越来越大的影响力。其存在的不足：部分平台内容低俗和主播素质低下、平台存在恶性竞争。④旅游电商平台满足了消费者对产品信息进行浏览、搜索的需求。目前，国内知名的旅游网站都具有交通旅游、票务预订、旅游查询功能。但是从网站定位角度来看，国内旅游网站在定位和特色上各有不同，拥有不同的客源市场和固定客户群体。旅游电子商务具有三种特性：一是旅游电子商务离不开服务；二是旅游网站把旅游供应商、中介、旅游者、旅游目的地串联在一起；三是无形性。⑤网络视频平台正在逐渐改变着人们的学习、生活、工作、娱乐方式。移动网络视频作为一种信息量大、内容丰富、互动感强的内容传播载体，可以更好地满足人们表达自我、社交服务、传播信息等的需求。网络视频平台在使用中还存在一些不足，主要是由于视频平台竞争异常激烈。如果持续对平台内容、形式进行创新和改进，可能会出现用户流失的现象，特别是在移动终端应用数量庞大、竞争激烈的互联网时代，一个平台能否为用户提供新颖的、信息量大的、代入感强的视频产品，能否拥有并留住足够多的用户，不断提升平台用户的黏性是平台能否持续健康发展的关键因素。⑥手机APP平台操作便捷性、信息海量性、支付安全性都有较大幅度的提升。面对新形势、新变化，旅游企业发生了深刻的变革，但也存在着各类营销账号精细化程度有待加强、营销媒体与用户之间的互动性不够密切、分享体验形式和内容缺乏新意等不足，特别是在如何发挥自媒体作用，充分整合网站、微博、微信等品牌营销等方面还需改进和加强。⑦社交分享平台基于兴趣爱好自发组织成为网络社群，形成具有巨大商业价值和文化价值的社群文化。这种依托于网络的情绪分享和表达形成了不同的网络社群文化，也加速推动了经济、社会、技术和文化、生活的发展和转变。

（5）我国乡村旅游景区新媒体营销不足的情况广泛存在。①内容创新不足，缺乏吸引力。②推送渠道单一，缺乏传播力。③口碑营销缺位，缺乏引导力。④主题宣传分散，缺乏品牌力。

（6）基于主体视角的新媒体营销策略的优化。这可以从以下方面着手：

①乡村旅游景区官网平台营销优化。②网络社区平台营销优化。③旅游电商平台营销优化。乡村旅游在旅游电商平台营销优化上可尝试做以下改进：一是密切与消费者互动。二是借助大数据精准营销。可利用大数据平台，对各大电商和网站的受访情况进行专业的数据分析，了解消费者的偏好，实行有针对性的主动营销。三是加大营销力度。例如，根据个性化旅游产品消费层次的不同，制定相应的价格：对高端定制的旅游产品，打造精旅游、精服务；对简单的定制旅游或个性化的跟团游，制定基本的收费标准及额外自费项目，以保证个性化旅游产品的质量。④网络视频平台营销优化。通过抖音等视频平台积极发起话题，精心策划相关活动，全方位对外展示和推介乡村美景和精彩活动，充分利用粉丝经济，达到营销目的。⑤社交分享平台营销优化。充分利用微信、今日头条、豆瓣等社交平台，以文字、图片和视频等方式与网友分享乡村旅游景区游玩的感悟，推介乡村旅游景区的热门景点和经典路线。建议国内乡村旅游在网络视频平台营销优化上做以下改进：不断完善社交分享运营平台，加强对产品和服务质量的把关，不断拓展社交分享平台营销方式；提供个性化的用户体验；连接线上线下购物体验，更多地利用每个接触点来构建全渠道、无缝衔接的售前售后服务体验；建立和培养社群，提高客户忠诚度。此外，国内乡村旅游景区还可以通过官方微博发起"寻找旅游推广大使"等活动，通过与其他品牌和名人的合作，进一步壮大乡村旅游景区社群。

（7）基于整合营销的乡村旅游营销升级路径。①综合多平台，运用更具针对性的营销策略。可采用社交媒体平台、旅游电商平台、视频直播平台和新闻官网平台等多个渠道，在不同渠道的运用上，使用不同的沟通方式，兼顾不同媒体平台和不同受众对象营销活动的匹配性。②统一主题，加大对外宣传力度。确定发展主题，形成差异性。

（8）基于4I原则的乡村旅游营销升级路径。①大力推进基于互动原则的乡村旅游新媒体营销策略。②大力推进基于趣味原则的乡村旅游新媒体营销策略。③大力推进基于利益原则的乡村旅游新媒体营销策略。④大力推进基于个性原则的乡村旅游新媒体营销策略。

第八章 乡村旅游转型升级的策略建议

第一节 乡村旅游规划开发的定位：
宜居、宜游、宜业

一、乡村规划中旅游功能的预留与侧重

美丽乡村建设的空间功能分区、乡村资源整合、乡村产业重构及基础配套等规划布局，是影响未来乡村发展的主要方面。但是乡村规划的关注点远不止上述内容，深度挖掘本地特色、传承传统文化、保留乡土味道等，都是决定乡村旅游发展成败的重要因素。那些针对原有设施的修复或者是改扩建，一方面需要尊重和传承原有的特色和功能，另一方面要在复建过程中融入尽可能多的旅游符号和功能，在体现区域差异发展的同时，给予乡村旅游更多可利用的资源。

以广东省广州市白云区太和镇白山村为例，该村于2013年11月第一批入选住房和城乡建设部公布的28个全国村庄规划示范名单，是一个基于传统村落进行发展的美丽乡村规划典范。白山村在建设之初有以下几个方面的问题：①村庄环境亟待整治。其中，民宅新旧程度不一、建造形式多种多样，规划明显缺乏整体性和视觉美感。另外，公共活动空间也不足，建筑物密集，缺乏公共绿地和公共活动空间，村庄的整体环境问题突出。②公共基础服务设施建设较为落后。村内原有的村办公楼、村小学、村医疗室、老年人娱乐室等公共场所，主要分布于村道路两侧，周边缺乏配套的商业服务设施，村民购物较为不便，需要去周边村或镇上才能购买所需物品。③市政基础设施建设非常不完善。原有设施功能难以满足需求。例如，村内原有的道路狭窄，路面状况很差，并且死胡同较多，没有形成路网。此外，给水排水等市政设施缺乏，雨天污水横流，生活污水直接排进河流中，污染了周边环境和水源。④村集体经济薄弱。白山村主要以单一的农作

物种植产业主导村社经济。该村在启动美丽乡村建设规划后，抓住岭南特色这个着力点，不仅将村庄原有的自然肌理和历史文化遗存巧妙地融合保护起来，还因地制宜地将村内不同地形地貌特征（平原、山区、水网地区）巧妙地进行规划，既让当地的健康特色民风习俗得以保存下来，还向旅游者展示了岭南独有的广府文化和客家特色风貌。同时，为了拉动村经济的发展，还制定了结合该村实际的乡村旅游发展策略和乡村旅游发展总体规划。

总之，乡村规划的制定与落实需要在规划酝酿初期进行广泛的社会调查和协调各部门的意见，特别是对于资源禀赋丰富的乡村，更要考虑乡村旅游发展的远景规划，为未来培育乡村旅游提供长远的发展空间。

二、乡村旅游规划原则更新：宜居、宜游、宜业

（一）乡村旅游规划差异化与环保原则

为了有效推动乡村旅游的转型升级，2017 年 7 月，国家发展和改革委员会等 14 部门联合印发《促进乡村旅游发展提质升级行动方案（2017 年）》（以下简称《行动方案》），旨在促进我国乡村地区完善乡村旅游体系，打造空间分布更合理、品质更优良、种类更多元的产品。近年来，我国很多地区都推出了一系列扶持政策或相关活动，进一步激发乡村旅游在稳增长、促消费、惠民生等方面的多重功能，实现乡村旅游转型升级，促进其更加繁荣兴旺。在我国进入大众旅游时代，尤其是在城市居民短途游需求增加趋势日益明显的情况下，乡村旅游发展的活力已经远胜其他旅游业态。以 2016 年我国农业部发布的数据为例，仅 2016 年，全国就达到了近 21 亿人次休闲农业和乡村旅游接待游客量，取得了超过 5700 亿元营业收入的成绩，有 845 万人从事与乡村旅游相关的职业，受益面涉及 672 万户农民。

不难看出，随着我国经济发展水平提升，我国城乡居民在收入水平、消费水平等方面有了实质性的提高，城乡发展一体化初见成效，为乡村旅游带来前所未有的发展机遇。我国很多地区的发展实际也证明了农村三产融合又多了乡村旅游这条有效途径。然而，在全面发展乡村旅游取得累累硕果的背后，新的问题层出不穷，如乡村旅游同质化问题加重、服务水平难以保证、乡村旅游产品品质达不到游客的要求、基础配套缺失或严重滞后，以及旅游发展与生态保护难两全等。我国很多乡村地区旅游资源相似度较高，乡村旅游发展形式还停留在观景、赏花、摘果、听戏、做游戏等层面。这些地区的人们从未想到从自身出发，而是模仿相邻地区，没有挖掘自身特色。与传统大多数乡村的常态化发展模式不同，还有一大批乡村地区，虽然拥有旅游资源，但是无法协调发展旅游与环境保护之间的关系，这些地区中既能突出特色又注重环保的乡村旅游点少之又少。事实上，在乡村旅游转型升级过程中，要想真正与其他竞争对手区分开来，形成自身的竞争优势，保持本地区乡村旅游的活力，最需要的是突出自身特色。挖掘乡村地区独特的文化资源、旅游资源可以强化甚至制造差异，让不同地区各自的潜力最大化地发挥出来。

乡村旅游差异化的打造，可以从乡村自身的自然资源优势入手，挖掘带有本地文化印记的内涵，使其在形式上更加多样化。在这类资源禀赋丰富的地区，发展农家乐、休闲度假村落、森林氧吧等主题乡村度假产品，坚持以当地自然风光、传统民宅等为主要依托的规划创意思路，策划一批诸如森林攀爬等主题的直接参与体验类产品，打造丰富多彩的、带有"农味"的乡村演艺和民俗展示活动，让旅游业在落后乡村发挥潜力和优势。2017年《行动方案》中涉及有关因地制宜、突出特色，以农为本、注重保护的基本原则，都在强调乡村旅游的地域差异化。例如，《行动方案》中明确我国东部地区、中西部地区和东北地区乡村旅游发展的重点内容。其中，东部地区乡村旅游开发吸引中小资本参与，塑造一波乡村旅游品牌；在中西部地区适合发展乡村旅游的地区，加强基础配套和公共服务体系的完善，借助危房改造及美丽乡村建设的机会，让乡村旅游的农户提高收入水平。在我国纬度较高、气候寒冷的东北地区，则着力将冰雪元素与乡村旅游进行复合发展，让冬季的冰雪度假游与夏季避暑游在乡村地区大放异彩，强化"景区带村"复合效应。值得注意的是，不论是《行动方案》还是各类政策都有一个共同的导向，那就是乡村旅游区域差异化发展意义重大。除了乡村区域差异化，在开发过程中，对生态保护的底线原则，以"农业、农村、农民"作为乡村旅游的本源，保护乡村生态和传统风貌等内容都不容忽视。总而言之，在乡村旅游差异化的迫切诉求中，要兼顾乡村地区的生态环境保护。只有处理好环境与经济发展之间的关系，才能实现我国乡村地区旅游业的发展。

（二）乡村旅游规划新方向：宜居、宜游、宜业

近年来，美丽乡村建设加速，各地深刻领会美丽乡村建设的伟大构想，将振兴乡村的战略部署一步步落实于实践中，成效相当显著。大批的美丽乡村，或以风光取胜，或以历史积淀吸睛，或以乡土农产致富……这些广受关注的乡村地区，正在加速蜕变，续写着美丽中国的佳话。如今众多地区都在探索多元化的发展参与主体、多渠道的力量集结、多种机制的构建，力图建设宜居宜业的美丽乡村。为了实现人民共同富裕的目标，全面探索乡村产业发展、生态建设、文化建设、社会治理方面的有效路径，打造深入人心的宜居宜业美丽乡村，可以从以下两个方面入手：

首先，要让老百姓从思想上提高认识，在实践层面积极行动起来，勤于农事、乐于劳动。既能够深入领会乡村发展的美好愿景，又能自上而下贯彻科学发

展理念，切切实实地在实践中引入现代科学技术，打造机械化、科技化的农业产业体系，让创新驱动发展落脚于现代乡村产业发展和生态保护体系，为乡村经济带来创新力量和竞争优势，进而增强乡村地区的吸引力，使乡村吸引到更多的外部力量，留住本地人才，振兴地方经济，实现人民富足。

其次，要建设宜居宜业的美丽乡村，还要让乡村的特殊人群得到关爱。仅就老年服务业产业化发展这一项，老人得到很好的安置，人心就能得到鼓舞，这不仅解决了部分老百姓努力发展生产的后顾之忧，也能使老年群体生活得安心。通过健全和完善社会保障制度，如在公共医疗卫生资料的供给体系方面深化改革，完善养老保险制度，逐步实现乡村地区"老有所养、老有所依、老有所乐、老有所为、老有所学"。另外，在教育领域，大力推进乡村教育体系的改革创新，追求实现教育资源均等化，对于人民安全感与幸福感的提升也将大有裨益。

此外，建设美丽乡村不仅在于追求乡村宜居宜业，还在于实现乡村宜游宜乐。前者关乎乡村居民能否活得开心、住得舒心，后者关乎乡村地区的持续发展路径维护问题。当然这并不是矛盾的，都可以统一到美丽乡村建设的生态和文化建设目标之下。美好的生态环境既是宜居宜业宜生活的依托，又是大部分乡村地区宜游宜乐宜发展的吸引力形成之源。如此发展下去形成乡村优质生活圈，不断地吸引更多游客前来乡村观光旅游，促进乡村旅游的持续发展，促进美丽乡村建设。

制定乡村规划要坚持合理高效、因地制宜、因势利导、生态文明建设与经济发展目标相协调的原则。当乡村不再是人才洼地时，也就意味着美丽乡村的可持续发展有了高素质的人才队伍保驾护航。这些人才在乡村建设中，能够用最前沿的科技和创新思维，在乡村建设中探索出一条科学的发展之路，既能够科学高效地开发美丽乡村，又能够维护建设成果。总之，在美丽乡村建设中，农业强、农村美、农民富并不是遥不可及的梦想，做好规划，以构建宜居宜业宜游的乡村。

三、乡村旅游规划理念更新：人文关怀

（一）市场导向型规划理念及其局限

我国乡村旅游近年来经历了爆发式发展，乡村旅游市场也逐渐走向成熟，旅游市场需求细化趋势更加明显。为迎合新的乡村旅游市场需求，很多地区出现了斥巨资包装打造开发旅游产品的现象。由于前期投入成本高，开发者对市场的关注度也越来越高，因此逐渐形成了遵从市场导向的旅游开发类型。从各地的旅游项目规划中，就能直观地看到这一点，即所有规划开发中的设计都紧密结合当前旅游者的需求展开。尤其是在新时期美丽乡村建设的过程中，乡村旅游开发顺应市场导向，甚至为了满足游客需求，不惜外迁原始居民，将原有的乡村进行改扩建，去掉一些非旅游功能的元素，打造出一种完全迎合城市游客关于乡村印象的完美形象。上述模式下成功的范例在国内不少，如广东省广州市海珠区的石基村。石基村将原始居民迁出，依托黄埔古港遗址或旧式风格建筑发展旅游业，虽然景区内依旧有原来的居民回来开展经营业务，但终究是多了很多商业化痕迹而少了乡村味道的灵魂载体。因此，这种带着商业气息的景区已经脱离严格意义上的乡村旅游本质，更多的是作为一般意义的旅游区存在，"乡村旅游"仅仅作为一个卖点，而非真实乡村生活。但是对于久居闹市的城市游客来说，仍不失为一个郊游的好去处。选择旅游者偏好的农产品和乡村美食，结合较为合理的景区节点安排及策划活动，这类景区仍然成为大众旅游者选择休闲放松的目的地。

另外，市场导向型旅游规划开发理念带来的乡村过度商业化问题也不容忽视。在该理念下，开发主体往往注重眼前利益，只要能够带来经济利益，这些开发者往往不再关注乡村居民的感受和意见，乡村居民往往在旅游开发规划中被边缘化，只能被动地接受旅游规划开发的结果。过度注重短期利益只会带来乡村的过度商业化，过度的商业化最终导致乡村地区的乡土味道和本地传统被逐渐淡化忽视，背离了乡村旅游的本质；也会使当地农户离开家乡，其利益得不到保障。本源主体地位的颠覆，外部利益主体过多地进入，使得原本就问题凸显的乡村地区的空心化现象加剧，原始居民纷纷离开乡村。其中，一部分是被动搬离，因为难以承受乡村旅游经济发展的负外部性，如外来文化的冲击、日常开支的大幅上涨，以及环境变化；另一部分原始村民则主动离开。总之，无论是被动地搬离还是主动地选择更好的居住环境，原因都归结于乡村地区的过度旅游开发，这种过度开发直接导致了传统村落或者古镇逐渐地丧失原有的"乡土味道"，乡村文化和历史积淀逐渐淡化，这并不是乡村发展的长久之计。

（二）本真性规划理念及其局限

20世纪70年代，麦坎内尔在旅游社会学研究中引入"本真性"一词，并逐渐发展成为一种规划理念，尤其是后续的乡村旅游规划开发中深受此理念的影响。本真性旅游规划理念强调乡村旅游规划中忠实于乡村的原生环境，与市场导向下追求迎合旅游者需求的精致商业化开发不同，在该理念下，力求规划开发过程中尽量维护乡村生活的真实传统，对历史积淀和文化传承相当重视，保留原有乡村的田园野趣。本真性规划理念能为游客提供真实的乡村体验情境，最大限度地保存了乡村真实生活环境与文化传统。但不得不承认我国部分乡村地区日益衰败的现实与城市居民理想化的乡土味道体验情境之间存在偏差，这是乡村旅游市场供需不对称的表现，并不利于乡村旅游可持续发展。从这个意义上来看，"本真性"乡村旅游规划并不应完全不作为，而是需要对乡村环境空间要素进行整合和二次塑造。当然在此过程中，需要强调规划开发在忠于乡村资源价值的前提下进行，既满足城市游客关于乡村意境的精致化体验诉求，又能美化乡村环境。综上所述，市场导向型和本真型的规划理念可以从以下几个方面入手：对于市场导向型和本真型规划理念，前者过分追求市场需求，而后者则侧重乡村保护，都容易造成开发与保护之间关系的割裂，并且两者都没有将乡村建设放到重要位置上，这对于美丽乡村建设是不利的。因为相对而言，我国乡村地区的特点决定了它对任何的经济发展机遇都有一定的利益诉求；同样，在乡村旅游发展中，乡村地区并不能仅满足于作为旅游资源被动开发利用，其要在乡村旅游发展过程中受益。乡村居民作为乡村旅游最主要的主体，他们的利益被忽视是前述两种规划理念的共同弊病。如何更好地保护村民利益，既是乡村旅游规划未来更容易落地实施和可持续发展的保证，也是体现对乡村弱势利益相关者——乡村居民的人文关怀①。

（三）人文关怀规划理念

人文关怀强调关注人的生活、价值、理想三个层面内容。①从"生活"层面切入，关注人的生存状况；②从"价值"层面切入，以实现社会公平正义为目标，肯定人的尊严与符合人性的生活条件；③从"理想"层面切入，以人的全面发展为目标，肯定人类解放与自由追求。人文关怀理念的出现是顺应了当今社会正从物质—技术导向的经济学朝着象征—文化导向的经济学转变的趋势。人文关怀理念被引入旅游规划与开发中以后，受到了社会各界的关注。我国于20世纪90年代中期，在国内旅游规划界，引入了依托资源的市场导向型开发理念，改变了过去仅凭借资源谈开发的思想，并加入了一些人文关怀的思想，当然更多的是关注旅游者的需求，进行旅游市场细分，划分出目标顾客群，结合自身实际为目标旅游者提供相应的旅游产品。后续的旅游大开发热潮后，随之而来的一系列负面影响逐渐显现，除了过分追求经济利益带来的过度开发导致的环境问题外，还直接影响了乡村地区经济、社会、生态的和谐可持续发展，造成了乡村生态环境与旅游开发之间的平衡问题。这些问题的出现使人们开始审视维护乡村自然生态环境与旅游开发之间的和谐关系，并且关注乡村民众的利益维护问题。人们开始意识到旅游规划开发，既要满足旅游者的旅游诉求，又要被乡村社区所接受。

总之，旅游规划的人文关怀理念，强调在利益协调方面，从开发者、旅游者和乡村居民多个主体出发，既要迎合旅游者的旅游诉求，又要兼顾其他主体的利益，尤其是乡村居民的利益维护问题。乡村居民作为本源主体，对维持乡土味道和传承传统文化至关重要。在美丽乡村建设的背景下，乡村旅游开发尤其要照顾

---

① 杨春宇．旅游规划与人文关怀［J］．人文地理，2004（3）：89-92.

到乡村居民的利益，保护他们在旅游规划开发过程中的话语权，避免原始居民地位被边缘化，使他们在旅游开发中受益。

第二节 政府主体：推进其初期主导与转型升级中的角色渐变

一、乡村旅游发展初期政府主导的必要性

乡村旅游作为美丽乡村建设的有效途径，将传统产业与第三产业很好地联结起来，在解决乡村发展渠道的关键问题方面发挥了重要作用，破解了城乡发展割裂的难题，解决了乡村居民收入来源的拓展问题，对于美丽乡村实现生活富裕的目标起到了很好的助力作用。另外，乡村旅游在乡村区域环境保护和传承地方历史文化等方面也有重要意义。值得一提的是，这一切都离不开政府的强大支持。

（一）宏观层面对乡村旅游发展总体把控

政府作为规则制定者和实施者，在地方发展中起着重要作用。乡村旅游领域亦不例外，旅游发展同样需要有法可依、有规可循。尤其是在乡村旅游发展的初期，发布相关的规定和法律条文，能够从政策导向的角度对乡村旅游发展进行引领把控，既有利于实现对旅游行业管理及旅游市场的有效监管，又有利于行风建设，更有利于对旅游者的行为进行规范引导。

在乡村旅游发展初期，政府制定旅游规划引导，有利于从宏观上结合本地区经济、社会及资源禀赋等具体状况，因地制宜地采取相应措施。这样的规划往往体现出宏观性、指导性、全局性和长远性等特征，从而避免单个主体的盲目自发行为可能带来的不良后果，有利于乡村地区的可持续发展。

（二）引导乡村形成生态保护的意识

旅游业给乡村带来了新的发展机会，尝到了发展旅游业带来甜头的乡村地区，如果任由市场调节，很容易因缺乏战略眼光在发展过程中出现急功近利、无视环境生态维护和旅游资源承载力等问题，进而引发一系列不良连锁反应，如对环境造成不可逆的伤害、对人居环境造成污染等。因此，在美丽乡村建设的过程中，乡村需要地方政府发挥公信力和号召力，合理引导对旅游资源的挖掘工作，限制开发的程度，避免极限掠取式发展。政府部门除了可通过一些法律规定或者合同约束旅游开发主体外，还可以宣传保护旅游资源的益处，提高人们的环境保护意识，强化人们的生态可持续发展理念，避免人们将仅从经济利益角度思考问题的惯性思维应用于旅游发展上。

（三）乡村旅游发展中政府社会管理和公共服务功能的发挥

在美丽乡村建设的过程中，政府需要平衡协调很多问题，对发展乡村旅游投入了很多资金支持，但这也很难承担整个开发管理所需的启动资金，因此很多地区政府结合实际，采取了一系列措施，吸引外来社会资本和力量参与进来。这些措施包括招商、税收优惠等。

当然，发展乡村旅游的地区的差异很大，不同的地方，需要结合自身资源环境等实际条件及所处的外部发展环境，寻找适合的发展方式。政府在此过程中，需要统筹各方主体利益，提供公共服务配套设施，做好乡村旅游发展的后盾。其中包括提供乡村旅游发展必要的交通、通信、人才、资金等要素。尤其是涉及基础设施和交通、人才引进与培训、新技术引入等方面，都需要政府的支持。

（四）政府通过官方推介助力乡村旅游营销推广

政府推介相对于其他组织最明显的优势就是其公信力，旅游消费者从政府的官方渠道接收到关于乡村地区的旅游产品信息，很快就能由潜在旅游者变为参与者。对于目的地来说，一方面有利于培养乡村旅游的品牌效应，另一方面能快速将旅游产品销售出去。当然政府的推介不仅限于新闻稿，也可以通过多样化的媒体传播形式，让社会公众知晓本地区的乡村旅游资源。这样的信息宣传并不是简单针对地区旅游资源进行介绍，还需要针对不同的消费群体制定不同的信息宣传手段，尽可能扩大信息的传播范围和受众人群，除了景点信息，其他有关线路接驳的服务驿站、客流信息、周边配备、旅游投诉处理等，同样需要让公众全方位知晓。

政府于乡村旅游营销而言，除了充分发挥官方推介优势，还在于从一定高度上为本地区乡村旅游进行定位，如针对品牌形象、品牌传播信息的总体把控等。政府发挥主导和协调作用，协调乡村旅游各利益主体，在营销宣传上形成一致的理念和鲜明统一的主题，更有利于地方品牌形象的塑造。另外，政府不仅可以扮演信息推广者的角色，还可以充分发挥自身的号召力，协调各部门建立区域旅游咨询服务网络体系，运用现代技术促进本地区旅游信息传播。借助每一次活动机会，制造轰动性效应，提升地区影响力，如借助大型招商引资活动、商务交流会、大型博览会等活动举办之机会，向国内外游客介绍本地旅游资源。

（五）引导扶持乡村旅游协会等非政府组织发展

在美丽乡村建设背景下，乡村旅游的时代机遇期已经到来，随之而来的除了发展黄金期，还有前所未有的挑战。面对新形势，旅游行业协会作为有别于政府和旅游企业的第三类组织，在充当市场主体角色、表达行业主张、探索旅游市场经济发展规律等方面的作用不容小觑。对大大小小的旅游企业而言，它既是企业的同盟归属，又是旅游企业和政府之间的桥梁纽带，有效联结彼此。另外，在服务引导、特色旅游品牌挖掘塑造、加深旅游者对乡村旅游地形象的认知度、塑造地区旅游新形象等方面，旅游行业协会都起到了积极作用。

在美丽乡村建设的背景下，政府部门需要高度重视乡村旅游协会在乡村旅游产业发展中的不可或缺性，直接支持或通过政策引导行业协会的成立及后续协会组织的持续成长，不断开创美丽乡村建设下的旅游行业发展新局面。具体表现有以下几个方面：

（1）厘清行业协会宗旨，充分调动行业资源。旅游行业协会的运作过程主要是在行业内进行组织协调、规范约束旅游企业的经营行为，最终实现企业经营日常操作行为的一致。借助举办经济、技术、学术等主题交流等行业内部的活动，不断提升旅游企事业单位整体水平。行业协会存在的初衷就是服务企业、政府和社会大众。以山东省旅游行业协会为例：①为了服务企业，近年来，除了多次组织交流学习和宣传促销活动之外，该协会及旗下分会还先后组织近300批次的活动，涉及各类考察、促销和推介等，还利用"山东省旅游行业协会网"等网络平台为会员企业服务，搭建企业之间信息交流共享的平台。②为了服务政府旅游主管部门，在政府部门筹备"好客山东贺年会"等活动时，协助发动会员企业积极参会，烘托贺年会氛围；主动组织"好客山东休闲汇"活动，与省总工会等部门和单位紧密联系，及时收集、汇总、宣传与"好客山东休闲汇"相关的信息。

（2）以活动为媒介，助力地区打造特色旅游形象。旅游行业协会既能够发动大批企业积极参与大型活动，又能够给大众带来近距离感受旅游魅力的机会。前述山东省旅游行业协会也有类似做法，除了致力于"好客山东"品牌的深度打造，还围绕"山东人游山东"活动，开发山东自驾游市场，以此为契机丰富了山东省休闲度假产品类别，满足日益增加的自驾游、自由行人群需求，拉动旅游消费，以实际行动参与到"山东人游山东"活动中，充分展示了"好客山东"的旅游形象。

（3）整合资源、树立行业协会自身服务形象。行业协会的工作除了协调联结各方主体之外，还有一个很重要的作用就是引导本地区旅游企业的发展，通过考察本地区的特色旅游资源和经营特色，创立一系列评比活动，引导企业的品牌塑造意识、服务意识和景区特色挖掘意识；每年通过对当年全省旅游业绩和发展创新行为进行梳理总结，进一步对旅游企业的服务工作进行总结，对未来发展趋势做出预测和展望，树立典型和标杆企业，激励整个行业的快速发展。对于协会自身而言，着力强化协会服务意识，实现服务品牌化，进而引导带动旅游行业从业人员的服务意识和服务水平提升；上下级省市县对应的旅游行业协会之间通过密切沟通、联系，发挥自身优势，举办服务技能培训和旅游知识普及讲坛、交流论坛等活动；引导企业与国内高等院校合作培养相关人才，如开展旅游企业管理等远程教学班，达到提升旅游从业人员的管理水平之目的。

二、转型升级中政府功能定位自我规范及角色渐变

在旅游发展中，政府在旅游业规制与制度建设上的行为至关重要。制度安排架构及制度环境和制度走向将最终决定经济绩效，政府的自觉与自律也需要制度约束。

未来政府需要不断地进行自我规制的强化，逐渐在乡村旅游角色定位方面做出调整，由主导者慢慢转向推动者，将重心转移至旅游区规划、管理与保护等方面；向公共服务提供者的身份转变，减少微观层面的指令性管理，多为市场主体服务；尽量避免过分干预乡村旅游开发建设，引导好乡村社区的自治能力提升；站在地区发展更长远更持久的战略高度上审视成本与收益，努力实现乡村旅游的永续发展与美丽乡村建设的顺利推进。

第三节　企业主体：持续主动开展
管理创新及理念提升

当前我国乡村旅游开发经营形式很多，无论是政府开发模式、企业开发模式，还是参与式开发模式，经营主体可能涉及政府、企业、社区组织等，在乡村旅游开发经营过程中都需要结合内外部环境的变化，及时进行必要的管理创新，并不断地做出理念提升。

一、乡村旅游企业的经营管理创新

首先，利用外部的各种扶持性政策，实施乡村旅游的标准化经营管理。旅游企业作为经营主体发挥自身所长，顺应市场发展趋势，在产品内容及品牌塑造、景点开发项目管理创新等方面，不断摸索，找出最适合自身发展的方式，最终实现本地区的乡村旅游健康、有序发展。乡村旅游企业在服务标准化方面，也应不断探索，可以通过对本企业服务人员及相关社区内部的从业人员进行表彰来逐步实现，具体可以通过"服务质量星"或者其他的衡量形式，推进"星级"服务的标准化。

其次，借助乡村旅游协会的影响力，帮助企业应对市场的变化。大量的实践经验证明，尽管我国的政府组织和企业主体已经在乡村旅游实践中积累了大量经验，但是依然有一些宏观管理所不能触及的角落，无论是企业之间的协调成本还

是政府的干预成本都远远高于行业协会的组织成本。利用乡村旅游协会为乡村旅游企业、旅游接待户和旅游从业人员收集市场信息；同时，行业协会也在从业人员获取专业的管理咨询和技能培训方面发挥了非常重要的作用。实现乡村旅游经营管理标准化，所有的这一切都在助力企业提升当地乡村旅游的管理水平和服务水平。

最后，发挥群众基础力量，在乡村地区培养旅游带头人。通过一定的措施，把那些能力强、条件好、乡邻信得过、有志助力乡民致富的农民积极分子挑选出来，激发他们的创新思维和行动力，为他们的个人成长发展和参与乡村旅游事业提供必要的支持，进而达到培育一批新型农民的目的。利用榜样的示范带动力量，激励更多的农民参与到乡村旅游发展事业中来，在接待、运输、旅游商品的开发、销售等诸多环节上凸显出他们的创造力，这也有利于美丽乡村建设目标的实现。

二、文旅融合中的优质服务理念创新

关注我国当下美丽乡村建设背景下的政策导向，经营主体也要着力打造文化与旅游的深度融合项目，让乡村旅游产品内涵更丰富，文化氛围更强烈，乡村底蕴色彩更浓重，以此增加发展张力，适应外部需求的不断迭代。具体可以从以下两个方面进行：

第一，大力推进"文化旅游体"项目，使文化与旅游两者尽可能在规划建设与理论研究方面实现同步推进、同步实施。旅游企业在经营中要不断挖掘所在地的文化资源优势，围绕乡村挖掘文化，根据故事建设景点。依托乡村历史积淀、乡土文化，突出本地区的乡土真实味道，让特色立体呈现出来。例如，湖南省郴州市北湖区乡村地区经营主体企业在该地开发中，深挖义帝陵园的"诚信文化"、柳毅传书等本地特色历史文化积淀背后的故事，并在此基础上进行文创产品项目研发，突出了该地区的独特旅游文化内涵。

第二，旅游企业"互联网+旅游"融合进程中积极创新服务理念。在移动智能背景下，旅游企业在乡村旅游经营中也要适应大环境，积极在预订、支付等平台建设上寻求对接途径，充分发挥电子商务的良好发展基础，创新旅游各节点的服务方式，用最新的发展理念实现乡村旅游经营的新业态、新产品、新模式等特色。在项目建设和产品更新上，呈现更多的特色文化旅游产品街区、特色文化旅游工艺品，培育一批地方特色突出的农产品品牌，延长乡村旅游产业链，增加产业的附加值。

第九章 总结与展望

第一节 研究结论

本书围绕美丽乡村建设背景下乡村旅游转型升级问题展开论述，试图从理论上解决长久以来困扰我国乡村旅游的转型升级问题，并提出一些可行的路径。本书主要研究结论如下：

第一，基于对乡村旅游发展背景和美丽乡村建设背景的历史回顾，本书对乡村旅游转型升级的问题进行了探讨，认为乡村旅游需要适应发展形势变化，满足市场需求的变化，适应日益加剧的竞争形势，必须进行自身的转型升级。

第二，研究美丽乡村建设为乡村旅游转型升级带来的"时代机遇"，以及转型升级"面临的问题"和"影响因素"。针对乡村旅游转型升级中美丽乡村建设带来的时代机遇，阐述了我国美丽乡村建设的内涵、目标及其建设模式等内容；围绕"美丽乡村建设中的乡村产业发展"问题，从美丽乡村建设中的城乡统筹、美丽乡村建设中的"产村一体化"及美丽乡村建设中的"产业融合"三个方面对乡村产业展开了探讨，阐释了美丽乡村建设与乡村旅游发展之间的关系问题。因美丽乡村建设是新农村建设的升级版，美丽乡村建设与早期的新农村建设存在不可分割的关系，因此本书对乡村旅游与新农村建设之间的关系进行了探究，发现美丽乡村建设为乡村旅游发展提供了新机遇；同时，乡村旅游也为美丽乡村建设的推进提供了有效途径。弄清楚两者的互映关系，对我们未来发展美丽乡村的乡村旅游具有重要意义。

第三，从我国乡村旅游发展总体概况、未来发展趋势等方面对我国乡村旅游发展进行了研究，并在此基础上，分析了美丽乡村建设背景下乡村旅游转型升级面临的主要问题。为了研究更具针对性，本书从乡村旅游转型升级中存在的与美丽乡村建设不相符合的层面展开讨论，涉及规划开发与美丽乡村"绿色生态化"

发展错位、发展模式与美丽乡村建设"因地制宜"不相符、利益分配与美丽乡村建设"以人为本"存在偏差、要素配置与美丽乡村建设"宜居宜业"存在差距、运营思路与美丽乡村"长效管理"思维存在偏差等问题。研究发现：后续的转型升级需结合转型升级的影响因素研究，着力思考解决相关问题的答案，对乡村旅游的转型升级实现路径进行探索。

第四，本书对转型升级的影响因素分别开展研究，选择从系统论视角研究影响因素，这部分的主要研究内容有以下几个方面：①按照普遍认识，旅游系统是直接参与旅游活动的各种因素相互依存、相互制约而形成的一个开放的有机整体。若从功能视角看，旅游系统包括四大部分，即客源市场（需求）子系统、旅游目的地（供给）子系统、支持子系统和中介子系统。子系统内又包括诸多要素，这些要素相互关联、彼此制约，构成一个有机的旅游系统。②具体到乡村旅游系统而言，从要素构成视角不难发现，政府、社区居民、旅游者、旅游企业（旅行社）共同构成乡村旅游系统中的核心主体。③构成供给子系统的要素共同作用促进旅游需求产生，而要想将潜在需求演化为真实的旅游行为，则需要中介子系统发挥推动作用，具体表现在从供给系统端刺激乡村旅游产品生产，同时向需求端传递信息和提供服务产品。当然，上述三个系统的相互作用离不开支持子系统的基础辅助作用。④从乡村旅游系统驱动机制来看，需求子系统和供给子系统占据主要地位，乡村旅游支持子系统提供了支撑作用，乡村旅游中介子系统起到了桥梁纽带作用。⑤系统论下乡村旅游发展模式主要有五种，分别是需求拉动型模式（指旅游需求在乡村旅游系统中占据主导地位，产生拉动效应的发展模式）、供给推动型模式（指旅游供给在乡村旅游系统中占据主导地位，产生推动效应的发展模式）、中介影响型模式（指旅游中介在乡村旅游系统中占据主导地位，发挥中介影响效应的发展模式）、支持作用型模式（指支持子系统在乡村旅游系统中占据主导地位，发挥推动效应的发展模式）、混合驱动型模式（指乡村旅游系统中各子系统协同发力，共同发挥驱动效应，促进乡村旅游发展的模式）。

在每一种模式下，系统中占主导地位的要素往往不同，因而最突出的影响因素也不一致，在乡村旅游转型升级面临纷繁芜杂的表象背后，我们需要找到最关键的影响其转型升级的因素。因此，系统论下的分类研究，便于我们直接抓住最核心最关键的部分。①针对需求拉动型模式乡村旅游转型升级的影响因素研究，游客作为旅游系统中的重要组成部分，对乡村旅游的发展具有非常重要的作用。需求拉动型模式乡村旅游要实现健康、可持续发展，必须以旅游特色吸引到足够数量的游客来游览参观和消费，因此游客对乡村旅游的评价是衡量乡村旅游发展现状的重要指标。本书分析需求拉动型乡村旅游转型升级的关键影响因素，从游客视角出发，基于游客满意度来分析影响游客满意度的关键因素，从而找出提升游客满意度的关键指标，进而进行有针对性的改进，达到推动需求拉动型模式乡村旅游转型升级之目的。研究发现：一是乡村旅游中游客的总体评价较高，但游客对乡村旅游各构成要素的满意度评价差距明显；二是乡村旅游中游客重游意愿的强弱与乡村旅游总体评价之间存在明显的相关关系；三是个人特征层面的年龄、受教育程度、婚姻状况，旅游行为层面的旅游时间、游客年出游次数，目的地相关因素层面的乡村旅游环境、乡村旅游服务、乡村旅游交通、乡村旅游卫生显著影响乡村旅游中游客的满意度评价；四是乡村旅游的发展不仅要重视旅游者的体验性和满意度，更要重视旅游服务总体质量的提升。②针对支持作用型模式乡村旅游的转型升级影响因素研究，支持作用型乡村旅游发展主要受到政府的影响，因此本书主要基于政府政策来探讨此类型乡村旅游转型升级的影响因素。③针对供给推动型模式乡村旅游转型升级的影响因素研究发现，旅游资源相对优势突出的乡村地区，通常可以通过供给推动型模式发展乡村旅游。在当地政府的高度重视和开发引导推动下，村集体或村民合作社主动进行旅游开发，这类地区往往通过乡村旅游产业和其他产业的联动，努力追求多个产业互促联合、共同发展，既能够丰富乡村经济的发展形式，又能够在整体上实现多个产业协调发展，实现乡村可持续发展的目标。④在中介影响发展模式下，旅行社、旅游行业协会等中介机构，应积极发挥自身的优势主导作用，运用各种手段积极推销乡村旅游产品，吸引游客的注意力，促使他们参与乡村旅游活动，购买乡村地区的旅游商品等，解决特定乡村地区旅游发展的市场开拓问题，在供给和需求之间架起了一座桥梁，将两者紧密联系起来。⑤针对混合驱动型模式乡村旅游转型升级的影响因素研究发现，在混合驱动型模式下，来自供给子系统、需求子系统、支持子系统、中介子系统的各方主体积极发挥自身的优势主导作用，运用各种手段建立协同机制，共同发力助推乡村旅游发展，参与乡村旅游经营管理。在多主体多系统混合驱动乡村旅游发展过程中，有很多值得借鉴的经营经验，造就了乡村旅游市场的众多发展典范，为其他地区的发展提供了宝贵的经验，也为美丽乡村建设提供了强大的支撑。在转型升级中，需考虑各子系统的影响因素，尽量做到综合平衡。

第五，本书针对乡村旅游转型升级的关键问题展开探讨，研究了美丽乡村建设背景下乡村旅游转型升级的原则、思路、内容及路径等。从内容来看，乡村旅游的转型涉及乡村旅游产业、主体企业、旅游产品、旅游市场等多方面内容。

在乡村旅游发展中，需要从不同视角看待各种发展问题，转型升级同样需要从多个层面进行审视，本书基于我国乡村旅游产业发展表现出来的总体方式（乡村旅游产业不同视角下的发展模式），对乡村旅游转型升级的路径问题进行研究。乡村旅游要升级，发展模式的升级是一个重要方面。在外部经济发展、乡村旅游产业自身所处的发展阶段等因素综合作用下，乡村旅游要升级，可以从经营管理、利益分配、空间布局等多层面探讨升级路径，更快更准确地解决乡村旅游产业升级中的产业引导、资源规划与开发、整合集聚、土地利用、特色挖掘等问题，升级乡村旅游产业发展模式。

第六，基于前述研究，本书有针对性地研究了美丽乡村建设背景下乡村旅游转型升级的策略问题。围绕规划开发的策略定位、政府主体的初期主导与转型升级中的角色渐变策略等展开研究，为乡村旅游经营制定转型升级战略保障体系提供参考。

第七，本书认为乡村旅游可以结合自身特殊性，参考一般旅游产业转型升级的路径，建立并不断提升乡村旅游在美丽乡村建设背景下的可持续发展能力和市场竞争力。我国乡村旅游企业在经历了一轮快速发展进入瓶颈期后，如何提高市场占有率、抵御强有力的竞争对手，并以长远眼光立足旅游市场等，是我们面临的非常严峻而又紧迫的问题，美丽乡村建设背景下不断进行转型升级对乡村旅游业发展意义重大。

第二节　局限性与未来研究展望

随着经济全球化进程的加快，国内和国际市场旅游竞争环境加速变化并且激烈程度也在加剧，我国乡村旅游经营发展问题越来越复杂，如何行之有效地实现转型升级目标将是我国乡村旅游在很长一段时间内不得不面临的难题。作为服务业重要组成部分的乡村旅游业，相关经营模式虽然在先进地区早已有成功的示范乡村可供参考，但是历经多年的发展并未能形成成熟的模式，当然这也与乡村旅游所处的地区环境相关。美丽乡村建设于我国乡村旅游业转型升级而言，两者之间存在紧密的互映关系，如何抓住时代机遇，因地制宜实现我国乡村旅游全面转型升级仍需要长期关注和研究。

现阶段我国乡村旅游转型升级的研究仍存在较大障碍，其原因主要在于：一方面，由于我国目前大多数的乡村地区乡村旅游发展规模实力不够强大，转型升级问题还没有引起更多的关注，理论研究领域至今尚未形成较为统一的概念基础和理论框架，严重阻碍了对该主题研究的对比和交流；另一方面，虽然我国乡村旅游转型升级问题已经被提至国家战略的高度，但是由于我国乡村旅游"碎片化"的情况普遍存在，仅有的一些典型地区走出了全新的发展路径，但部分地区的特殊性，以及地区差异的客观现实造成了成功模式难以完整复制，很多地区的乡村旅游发展仍然举步维艰，难以持续。因此，我国目前并没有真正意义上的乡村旅游转型升级经验范式可供参考，而乡村旅游转型升级问题的研究涉及众多领域，该主题的研究无疑跨越了管理学、经济学、心理学、社会学和法学等多个学科，学科之间形成的鸿沟决定了该主题研究的固有难度。

学者们虽然进行了大范围的资料收集、文献阅读和对比，以及深入乡村地区调研，但基于上述原因，有关我国乡村旅游转型升级问题的研究仍处于起步阶段，有很大的研究空间，需要在今后的研究工作中进一步深入挖掘、探求和完善。

一、本书研究的局限性

归纳起来，本书的不足主要体现在以下两个方面：

第一，由于当前相关研究成果较少，使得对美丽乡村建设背景下乡村旅游转型升级的研究必须从基本概念界定和基本理论适用性研究开始。在对发展背景和文献研究的基础上，本书对乡村旅游转型升级进行了定义，并对相关的经典理论进行了归纳；同时从旅游系统论等相关的理论视角入手对乡村旅游转型升级的影响因素和路径问题进行了研究。因此，本书的定义及相关的理论适用性研究是否能够得到完全认可仍需要充分讨论和商榷。

第二，由于我国乡村旅游发展的现状和转型升级面临问题的复杂性，以及转型升级相关理论研究成果少之又少，因此不得不尝试从我国的一些著名乡村旅游经营实践中去寻找一些适用于我国乡村旅游的共性规律，如本书引用了国家政府部门的数据，对美丽乡村建设过程中一些典型示范村在乡村旅游经营中的状况进行了描述和分析。但是，典型地区的乡村旅游转型升级的经验、经营模式及其他实践的研究结论能否适应我国大部分地区的乡村旅游转型升级，仍需要进行更为深入的分析和实证检验。

二、未来的研究方向

我国乡村旅游转型升级是一个很难解决但又不得不面对的问题，我国乡村旅游业本身不够成熟，加上美丽乡村建设过程中城乡一体化进程不断加速，乡村旅游业如何在激烈的旅游市场竞争中不断发展壮大、成功实现转型升级，仍需要进行大量的研究，未来研究的方向主要集中于以下两个方面：

一是结合我国乡村旅游转型升级过程中的实际进展情况，进行案例研究，不断地进行转型升级的理论总结与思考。对计划尝试或已经开始探索转型升级的乡村旅游地进行案例研究有助于获取较为准确的信息，有助于更为深入地了解我国乡村旅游转型升级的影响因素。后续的研究应该以我国乡村旅游地区为对象，以便发掘符合我国乡村旅游转型升级情况的促进要素，如我国乡村旅游地如何在乡村地区发展中抓住各类旅游者的注意力、乡村旅游转型升级中有哪些困难及成功经验等问题都需要继续深入研究。因此，未来的研究可以通过大量的案例研究进一步走入我国乡村旅游转型升级的"黑箱"，去探究实现乡村旅游转型升级发展的所有可能方式和路径。

二是通过案例分析，并结合大范围调查对乡村旅游转型升级相关理论进行实证检验。本书中部分内容因为尚无大批量的相关数据，不得不选用部分地区的经营数据来说明问题，但是这些典型地区与我国大部分乡村地区存在诸多差异，因此未来需要收集更多乡村地区的相关经营数据，具体研究一些理论和规律的适用性，这有助于我国乡村旅游在美丽乡村建设背景下找到更为适合的转型升级路径。

参考文献

[1] Alexa Delbosc, Noreen McDonald, Gordon Stokes, et al. Millennials in Cities: Comparing Travel Behaviour Trends across Six Case Study Regions [J]. Cities, 2019, 90 (6): 1-14.

[2] Beeton S. Rural Tourism in Australia: Has the Gaze Altered? Tracking Rural Images Through Filmand Tourism Promotion [J]. International Journal of Tourism Research, 2004, 6 (3): 125-135.

[3] Briedenhann J, Wickens E. Rural Tourism: Meeting the Challenges of the New South Africa [J]. International Journal of Tourism Research, 2004 (6): 199-201.

[4] Brohman J. New Directions in Tourism for Third World Development [J]. Annals of Tourism Research, 1996, 23 (1): 65-67.

[5] Butler R W, Hall C M. Conclusion: The Sustainability of Tourism and Recreation in Rural Areas [M] //Hall C M, Butler R, Jenkins J. Tourism and Recreation in Rural Areas. New York: John-Wiley, 1998.

[6] Cano L M, Mysyk A. Cultural Tourism, the State, and Day of the Dead [J]. Annals of Tourism Research, 2004, 31 (4): 879-898.

[7] Chia – Ning Chiu. How can Managerial Efficiency be Improved? Evidence from the Bed and Breakfast Industry [J]. Tourism Management Perspectives, 2018 (27): 111-124.

[8] Chun-Min (Mindy) Kuo, Chin-Yao Tseng, Li-Cheng Chen. Choosing between Exiting or Innovative Solutions for Bed and Breakfast [J]. International Journal of Hospitality Management, 2018 (73): 12-19.

[9] Cobbinah P B, Amenuvor D, Black R, et al. Ecotourism in the Kakum Conservation Area, Ghana: Local Politics, Practice and Outcome [J]. Journal of Outdoor Recreation and Tourism, 2017, 20 (12): 34-44.

［10］ Daniel M Spencer. Facilitating Public Participation in Tourism Planning on American Indian Reservations： A Case Study Involving the Nominal Group Technique ［J］. Tourism Management, 2010, 31 (5)： 684-690.

［11］ David W Knight. An Institutional Analysis of Local Strategies for Enhancing Pro-poor Tourism Outcomes in Cuzco, Peru ［J］. Journal of Sustainable Tourism, 2018, 26 (4)： 631-648.

［12］ Dodds W B, Monroe K B, Grewal D. The Effects of Price, Brand, and Store Information on Buyers, Product Evaluations ［J］. Journal of Marketing Research, 1991, 28 (3)： 307-319.

［13］ Dwyer J, Freitas J. Encyclopedia of Human Nutrition ［M］. Pittsburgh： Academic Press, 2013.

［14］ Fanny Vong. Application of Cultural Tourist Typology in a Gaming Destination： Macao ［J］. Current Issues in Tourism, 2016, 19 (9)： 949-965.

［15］ Francesco Paolo Appio, Marcos Lima, Sotirios Paroutis. Understanding Smart Cities： Innovation Ecosystems, Technological Advancements, and Societal Challenges ［J］. Technological Forecasting and Social Change, 2018, 142 (5)： 1-14.

［16］ Francoise Sabban. Histoire de l' Alimentation Chinoise： Bilan Bibliographique (1911-2011) ［J］. Food and History, 2012 (2)： 103-129.

［17］ Frochot I. A Benefit Segmentation of Tourists in Rural Areas： A Scottish Perspective ［J］. Tourism Mana-gement, 2005, 26 (3)： 335-346.

［18］ Garnweidner L M, Terragni L, Pettersen K S. Perceptions of the Host Country's Food Culture among Female Immigrants from Africa and Asia： Aspects Relevant for Cultural Sensitivity in Nutrition Communication ［J］. Journal of Nutrition Education and Behavior, 2012, 44 (4)： 335-342.

［19］ Gascón, Jordil. Pro-Poor Tourism as a Strategy to Fight Rural Poverty： A Critique ［J］. Journal of Agrarian Change, 2015, 15 (4)： 499-518.

［20］ Grégory Lo Monaco, Eric Bonetto. Social Representations and Culture in Food Studies ［J］. Food Research International, 2019 (115)： 474-479.

［21］ Gunasekaran N, Anandkumar V. Factors of Influence in Choosing Alternative Accommodation： A Study with Reference to Pondicherry, a Coastal Heritage Town ［J］. Procedia-Social and Behavioral Sciences, 2012 (62)： 1127-1132.

［22］ Hae Kyung Chung, Kyung Rhan Chung, Hung Ju Kim. Understanding Korean Food Culture from Korean Paintings ［J］. Journal of Ethnic Foods, 2016, 3 (1)： 42-50.

［23］Hassan Salah S. Determinants of Market Competitiveness in an Environmentally Sustainable Development ［J］. Journal of Travel Research, 2000, 38 (2): 263-271.

［24］Iorio M, Wall G. Behind the Masks: Tourism and Community in Sardinia ［J］. Tourism Management, 2012, 33 (6): 1440-1449.

［25］Jing Li, Matthew Whitlow, Karly Bitsura-Meszaros, et al. A Preliminary Evaluation of World Heritage Tourism Promotion: Comparing Websites from Australia, China, and Mexico ［J］. Tourism Planning and Development, 2016, 13 (3): 370-376.

［26］Jørund Aasetre, Vegard Gundersen, Odd Inge Vistad, et al. Recreational Preferences along a Naturalness Development Continuum: Results from Surveys in Two Unequal Urban Forests in Europe ［J］. Journal of Outdoor Recreation and Tourism, 2016, 16 (12): 58-68.

［27］Lane B. What is Rural Tourism ［J］. Journal of Sustainable Tourism, 1994, 2 (1): 7-21.

［28］Mar Gómez, Carmen Lopez, Arturo Molina. A Model of Tourism Destination Brand Equity: The Case of Wine Tourism Destinations in Spain ［J］. Tourism Management, 2015 (51): 210-222.

［29］Mason K. Sound and Meaning in Aboriginal Tourism ［J］. Annals of Tourism Research, 2004, 31 (4): 837-854.

［30］Max Horkheimer, Theodor Adorno. United Nation Creative Economy Report ［R］. 2010.

［31］Methawee Wongkit, Bob McKercher. Toward a Typology of Medical Tourists: A Case Study of Thailand ［J］. Tourism Management, 2013 (38): 4-12.

［32］Maestro R M H, Gallego P A M, Requejo L S. The Moderating Role of Familiarity in Rural Tourism in Spain ［J］. Tourism Management, 2007, 28 (4): 951-964.

［33］Moric I. Limiting Factors of Rural Tourism Development in Montenegro ［J］. Selective Tourism, 2008, 1 (3): 54-73.

［34］Nuntsua N, Tassiopoulosb D, Haydam N. The Bed and Breakfast Market of Buffalo City (BC), South Africa: Present Status, Constraints and Success Factors ［J］. Tourism Management, 2004 (25): 515-522.

［35］Ondimu K I. Cultural Tourism in Kenya ［J］. Annals of Tourism Research, 2002, 29 (4): 1036-1047.

［36］Raji M N A, Karim S A, Ishak F A C, et al. Past and Present Practices of the Malay Food Heritage and Culture in Malaysia ［J］. Journal of Ethnic Foods, 2017, 4 (4): 221-231.

［37］Richards G W, Raymond C. Creative Tourism ［J］. ATLAS News, 2000 (23): 16-20.

［38］Stringer P. Hosts and Guests: The Bed and Breakfast Phenomenon ［J］. Annals of Tourism Research, 1981 (3): 357-376.

［39］Sharpley R, Jepson D. Rural Tourism: A Spiritual Experience? ［J］. Annals of Tourism Research, 2011, 38 (1): 52-71.

［40］Sillignakis K. Rural Tourism: An Opportunity for Sustainable Development of Rural Areas ［EB/OL］. ［2022-08-19］. http://www. Sillignakis. com/PDF/Rural-Tourism-Finall-ALL. pdf.

［41］Wall G. Rethinking Impacts of Tourism ［J］. Progress in Tourism and Hospitality Research, 1996 (2): 22-30.

［42］Xiong D X, Iain A Brownlee. Memories of Traditional Food Culture in the Kampong Setting in Singapore ［J］. Journal of Ethnic Foods, 2018, 5 (2): 133-139.

［43］Yu-Chin (Jerrie) Hsieh, Yueh-Hsiu (Pearl) Lin. Bed and Breakfast Operators' Work and Personal Life Balance: A Cross-Cultural Comparison ［J］. International Journal of Hospitality Management, 2010 (29): 576-581.

［44］安传艳. 中原经济区建设背景下河南省乡村旅游转型升级路径研究 ［J］. 新乡学院学报（社会科学版），2013, 27 (4): 32-35.

［45］毕丽芳. "一带一路"背景下民族文化旅游资源开发模式研究：以大理、丽江为例 ［J］. 资源开发与市场，2017, 33 (4): 489-493.

［46］陈晨. 新农村建设过程中的乡村旅游模式研究：以陕西乡村旅游为例 ［D］. 兰州：兰州大学硕士学位论文，2009.

［47］陈谨. 可持续发展的乡村旅游经济四模式 ［J］. 求索，2011 (3): 21-23.

［48］陈可石，娄情，卓想. 德国、日本与我国台湾地区乡村民宿发展及其启示 ［J］. 开发研究，2016 (2): 163-167.

［49］陈钦，陈忠. 推进乡村旅游的低碳化发展研究：兼评《低碳经济背景下北京乡村旅游转型升级研究》［J］. 农业经济问题，2016, 37 (5): 98-100.

［50］陈清清. 中国乡村旅游转型升级的探讨 ［J］. 中国集体经济，2015 (34): 101-102.

［51］陈实. 旅游资源可持续开发利用模式设计 ［J］. 西北大学学报（哲学

社会科学版），2000（2）：85-89.

［52］陈双群．欠发达地区乡村生态旅游转型升级研究［J］．农业经济，2016（4）：45-47.

［53］陈志军，黄细嘉．美丽中国视阈下的乡村旅游转型与升级［J］．未来与发展，2014，38（8）：78-81.

［54］陈志永，吴亚平，李天翼．乡村旅游资源开发的阶段性演化与产权困境分析：以贵州天龙屯堡为例［J］．热带地理，2012，32（2）：201-209.

［55］程锦，陆林，朱付彪．旅游产业融合研究进展与启示［J］．旅游学刊，2011，26（4）：13-19.

［56］程文．开发特色精品民宿　促乡村旅游大提升［N］．衢州日报，2014-07-19（03）.

［57］程晓丽，胡文海．皖南国际旅游文化示范区文化旅游资源整合开发模式［J］．地理研究，2012，31（1）：169-177.

［58］崔凤军．实现乡村旅游可持续发展需要正确把握的七个关系［J］．中国人口·资源与环境，2006（6）：202-206.

［59］崔凤军．以生态文明思想促进乡村旅游发展的浙江实践［N］．中国旅游报，2018-11-13（03）.

［60］崔林．美丽乡村建设背景下西安乡村旅游转型升级策略［J］．农业工程，2017，7（6）：175-177.

［61］崔水莲．全域旅游背景下乡村旅游与文化创意产业融合研究：以野三坡苟各庄村为例［D］．保定：河北大学硕士学位论文，2017.

［62］丹巴，陈楷健，朱思颖．乡村旅游社区利益相关者的演化博弈分析［J］．农村经济，2019（12）：137-144.

［63］丁娜．乡村振兴战略下河南乡村旅游转型升级面临的问题及对策［J］．知识经济，2018（20）：5+7.

［64］丁友林．文化创意产业与旅游产业融合发展路径研究：以泉州市为例［D］．泉州：华侨大学硕士学位论文，2018.

［65］董广智．中国乡村旅游转型发展模式及驱动机制研究［J］．农业经济，2017（4）：44-45.

［66］董秋云．乡村旅游研究综述［J］．价值工程，2019，38（6）：188-190.

［67］董欣，李伟．基于"互联网+场景营销"视角的乡村民宿开发与管理：以满城柿子村民宿为例［J］．山西经济管理干部学院学报，2019，27（1）：19-21.

［68］杜江，向萍．关于乡村旅游可持续发展的思考［J］．旅游学刊，1999

（1）：15-18+73.

［69］樊志勇，沈左源．以供给侧改革打造乡村旅游升级版［J］．人民论坛，2018（9）：92-93.

［70］范丽娟．日本乡村民宿旅游特色经营对中国民宿发展的启示［J］．河南机电高等专科学校学报，2016，24（6）：23-25.

［71］付红丹．新型城镇化背景下乡村旅游经济的生态化转型［J］．农业经济，2016（6）：51-52.

［72］甘博英．基于家庭生命周期与人格特质的台湾休闲旅游民宿选择动机研究［D］．长春：吉林大学硕士学位论文，2012.

［73］高京燕．供给侧改革背景下河南省旅游产品的转型升级［J］．华北水利水电大学学报（社会科学版），2017，33（5）：30-34.

［74］高璐，周全．乡村旅游转型升级路径的实现［J］．安徽农业大学学报（社会科学版），2018，27（1）：7-10+94.

［75］葛曼．民宿在生态文化旅游中的发展研究路径［J］．安徽农业科学，2013，41（23）：9684-9685+9714.

［76］郭华．利益相关者视角下乡村旅游社区制度变迁路径的选择：以江西省婺源县为例［J］．江西农业大学学报（社会科学版），2011，10（2）：116-123.

［77］郭华，甘巧林．乡村旅游社区居民社会排斥的多维度感知：江西婺源李坑村案例的质化研究［J］．旅游学刊，2011，26（8）：87-94.

［78］郭琦．全域旅游视角下海南乡村旅游转型升级的路径探讨［J］．中国高新区，2018（10）：6-7.

［79］郭韦，饶坤玥．产村相融背景下的乡村旅游转型升级研究：以安县方碑村为例［J］．技术与市场，2013，20（11）：252-253.

［80］郭文．现代服务业视野下的旅游业转型升级［N］．中国旅游报，2012-02-22（11）．

［81］郭亚军．旅游者决策行为研究［D］．西安：西北大学博士学位论文，2010.

［82］郭长江，崔晓奇，宋绿叶，等．国内外旅游系统模型研究综述［J］．中国人口·资源与环境，2007（4）：101-106.

［83］郭智．生态文明视角下的九寨沟县乡村旅游可持续发展研究［D］．成都：成都理工大学硕士学位论文，2016.

［84］郭丽，章家恩．关于乡村旅游概念及其内涵的再思考［J］．科技和产业，2010（5）：58-61.

［85］韩百娟．重庆都市圈旅游系统开发研究［D］．重庆：重庆师范大学

硕士学位论文，2003.

［86］何景明，李立华．关于"乡村旅游"概念的探讨［J］．西南师范大学学报（人文社会科学版），2002（5）：125-128.

［87］贺红权，张婉君，刘伟．旅游产业价值链解读［J］．华东经济管理，2011，25（8）：46-48.

［88］胡敏．我国乡村旅游专业合作组织的发展和转型：兼论乡村旅游发展模式的升级［J］．旅游学刊，2009，24（2）：70-74.

［89］胡文海．基于利益相关者的乡村旅游开发研究：以安徽省池州市为例［J］．农业经济问题，2008（7）：82-86.

［90］黄杜佳．乡村民宿环境友好特征对消费者购买意愿的影响［D］．广州：华南理工大学硕士学位论文，2016.

［91］黄继元．挖掘民族饮食文化，丰富云南旅游资源［J］．昆明大学学报，2005（2）：28-32.

［92］黄葵，李庆．乡村旅游产业转型升级中的用地问题探析［J］．北京第二外国语学院学报，2012（9）：78-82.

［93］黄鹏飞．经济新常态下乡村旅游与文化创意产业融合发展［J］．农家参谋，2017（24）：21-24.

［94］黄其新，周霄．基于文化真实性的乡村民宿发展模式研究［J］．农村经济与科技，2012，23（12）：68-69.

［95］黄子璇．基于社区参与视角的乡村旅游转型升级研究：以成都三圣花乡"五朵金花"为例［J］．广西经济管理干部学院学报，2017，29（4）：75-79+97.

［96］贾艳慧．天津蓟州区乡村旅游产业升级发展研究［J］．城市，2017（7）：40-43.

［97］姜姿羽．东营市乡村旅游产业转型升级的对策研究［J］．现代商业，2018（25）：73-75.

［98］金虹．文化创意产业参与乡村旅游的建设模式及运作机制研究［J］．农业经济，2016（8）：32-34.

［99］景丽．乡村振兴战略背景下新疆巴州乡村旅游转型升级研究［J］．和田师范专科学校学报，2018，37（5）：94-98.

［100］阚莉莉，张丽，李春林，等．保定市涞水县宋各庄乡旅游发展对策研究：以龙安村和宋各庄村为例［J］．河北农业大学学报（农林教育版），2013（3）：33-35.

［101］李纯锴．基于DEA模型的乡村旅游土地流转的经济效益评价：以重

庆市"美丽乡村嘉年华"为例［D］.重庆：西南大学硕士学位论文，2011.

［102］李芳，冯雨诗，张作锰，等.创客基地建设给海南省乡村旅游转型升级带来的机遇及建设方案［J］.中国市场，2018（32）：55-57.

［103］李静.文化创意产业与乡村旅游产业的融合发展研究［J］.管理世界，2017（6）：182-183.

［104］李丽.供给侧改革下重庆乡村旅游转型升级有效机制研究［J］.旅游纵览（下半月），2018（3）：152-153.

［105］李丽华.供给侧改革背景下传统村落旅游转型升级：以上杭县院田村为例［J］.石家庄铁道大学学报（社会科学版），2018，12（2）：41-46.

［106］李清扬，段翔宇，程丛喜.乡村产业振兴视角的乡村民宿发展窥探：以湖北省恩施自治州乡村民宿发展为例［J］.武汉轻工大学学报，2019，38（2）：77-82.

［107］李庆雷，张思循，吴宝艳.乡村旅游的创意转向［J］.西部经济管理论坛，2019，30（2）：51-55+73.

［108］李秋云，韩国圣.基于游客满意度提高乡村旅游经济效益的研究：以威海市河口胶东渔村为例［J］.资源开发与市场，2011（12）：19-21.

［109］李芮伊.论产业融合视角下如何促进乡村旅游的转型升级［J］.山西农经，2018（5）：43.

［110］李胜利，顾韬.陕北民俗旅游资源开发模式研究［J］.商业研究，2009（11）：170-173.

［111］李霞.新型城镇化背景下乡村旅游转型升级研究述评［J］.科技资讯，2014，12（5）：220+240.

［112］李妍.太湖旅游开发中环境正义问题分析［J］.旅游纵览（下半月），2016（7）：23-26.

［113］李盈秀.基于可持续发展的乡村旅游产业转型升级探索：以云南大理环洱海沿线村镇为例［J］.四川建材，2018，44（1）：29-31.

［114］李勇军，陈舜胜.饮食文化及其与我国食品工业的关系［J］.农产品加工（学刊），2007（5）：74-76.

［115］李勇，杨卫忠.农村土地流转制度创新参与主体行为研究［J］.农业经济问题，2014，35（2）：75-80+111-112.

［116］李宇佳，刘笑冰.结合国外经验论乡村振兴背景下中国乡村旅游产业转型升级［J］.农业展望，2019，15（6）：104-107.

［117］李志飞，苏梦梦.农地旅游化流转中的土地利用冲突探析：基于扎根理论的文献分析［J］.科技创业月刊，2019，32（6）：135-141.

［118］李志强，朱湘辉．供给侧改革视阈下江西乡村旅游产品转型升级研究［J］．老区建设，2016（16）：50-51.

［119］梁明珠，贾广美．基于游客感知与评价视角的乡村民宿旅游发展研究：以广州增城"万家旅舍"为例［J］．广州大学学报（社会科学版），2018，17（4）：66-74.

［120］廖光萍，廖文果．基于供给侧改革的乡村旅游转型升级研究［J］．农业经济，2017（11）：56-57.

［121］廖军华，李盈盈．以供给侧改革助推乡村旅游转型升级［J］．世界农业，2016（10）：71-76.

［122］廖军华，余三春．基于"绿色+"理念的民族地区村寨旅游转型升级研究［J］．生态经济，2018，34（1）：102-106.

［123］廖正丽．推进农文旅融合发展　打造美丽乡村旅游品牌［N］．恩施日报，2020-06-25（04）.

［124］林刚，石培基．关于乡村旅游概念的认识：基于对20个乡村旅游概念的定量分析［J］．开发研究，2006（6）：72-74.

［125］林文超．海南乡村民宿品牌塑造对乡村旅游的影响研究［J］．旅游纵览（下半月），2019（1）：40.

［126］林秀治．转型升级视角下福建省乡村旅游竞争力提升的若干思考［J］．湖北广播电视大学学报，2012，32（5）：86-87.

［127］林轶，田茂露，段艳．乡村旅游网络营销研究综述［J］．中国商论，2017（22）：18-19.

［128］林智理．乡村旅游产品提质升级策略探析［J］．资源开发与市场，2010（5）：27-31.

［129］刘昌雪．皖南古村落旅游发展若干问题研究［D］．芜湖：安徽师范大学硕士学位论文，2004.

［130］刘德谦．关于乡村旅游的回顾和几点再认识［J］．中国旅游评论，2014（2）：24-35.

［131］刘峰．旅游系统规划：一种旅游规划新思路［J］．地理学与国土研究，1999（1）：57-61.

［132］刘洁卉，郭凯．乡村旅游转型升级的政策与机制研究［J］．农业经济，2019（4）：54-55.

［133］刘聚梅．我国乡村旅游发展实证研究：推拉理论的应用与实践［D］．北京：北京第二外国语学院硕士学位论文，2007.

［134］刘军，李杰，周德书，等．广东体育旅游资源开发模式研究［J］.

体育学刊，2007（5）：49-51.

［135］刘蕊．乡村旅游社区参与机制研究［J］．太原城市职业技术学院学报，2019（8）：22-24.

［136］刘瑞芳．全域旅游背景下铜仁市乡村旅游转型升级路径研究［J］．旅游纵览（下半月），2018（6）：118-119.

［137］刘松鹃，杨忠伟，杨玉坤，等．田园综合体目标导向下休闲旅游型乡村转型升级策略［J］．江苏农业科学，2019，47（2）：317-321.

［138］刘婷婷．城市近郊乡村旅游转型升级研究［J］．农业经济，2018（9）：41-43.

［139］刘玮．生态脆弱民族地区旅游资源开发新模式探索［J］．商业时代，2014（33）：131-133.

［140］刘孝蓉，胡明扬．基于产业融合的传统农业与乡村旅游互动发展模式［J］．贵州农业科学，2013，41（3）：219-222.

［141］刘一宁，李文军．地方政府主导下自然保护区旅游特许经营的一个案例研究［J］．北京大学学报（自然科学版），2008（4）：73-79.

［142］刘战慧．韶关市乡村旅游产业转型升级的路径与对策［J］．广东农业科学，2012，39（3）：179-181.

［143］楼碧田．基于客源市场调研的丽水乡村休闲旅游发展研究［D］．舟山：浙江海洋大学硕士学位论文，2017.

［144］陆宇荣．中国美丽乡村建设背景下湖州乡村旅游发展模式及对策研究［J］．太原城市职业技术学院学报，2011（5）：7-8.

［145］罗永常．民族村寨旅游景区转型升级的几点思考：以贵州雷山西江苗寨为例［J］．原生态民族文化学刊，2016，8（2）：103-107.

［146］雒树刚．丰富民宿供给　深化全域旅游［EB/OL］．（2018-11-30）［2022-09-14］．http：//www.soho.com/a/278991161_825165.

［147］马波，徐福英．中国旅游业转型升级的理论阐述与实质推进：青岛大学博士生导师马波教授访谈［J］．社会科学家，2012（6）：3-7.

［148］马建林．乡村旅游产业转型升级文献综述研究：供给侧改革视域下［J］．现代商贸工业，2018，39（1）：19-20.

［149］马静，舒伯阳．中国乡村旅游30年：政策取向、反思及优化［J］．现代经济探讨，2020（4）：116-122.

［150］马彦琳．环境旅游与文化旅游紧密结合：贵州省乡村旅游发展的前景和方向［J］．旅游学刊，2005（1）：63-67.

［151］马耀峰，张春晖，薛华菊，等．中国旅游业"十三五"规划须关注

的几个问题［J］．旅游科学，2016，30（1）：16-24+77．

［152］毛雅芬，施雁，万文洁，等．建立有效管理沟通机制　促进护理质量持续改进［J］．中国医院，2013（6）：31-33．

［153］孟凡钊．新农村建设的乡村旅游转型升级探析［J］．经济研究导刊，2019（18）：164+176．

［154］牛君仪．乡村旅游转型升级与新型农业经营主体培育［J］．农业经济，2014（9）：43-45．

［155］潘小慈．供给侧改革背景下浙江省乡村旅游转型升级研究［J］．广西社会科学，2017（5）：80-82．

［156］庞广昌．中华饮食文化和食品科学探源［J］．食品科学，2009，30（3）：11-20．

［157］彭亚萍，白祥．中国休闲农业与乡村旅游可持续发展研究述评［J］．天津农业科学，2018（2）：16-18．

［158］彭兆荣，肖坤冰．饮食人类学研究述评［J］．世界民族，2011（3）：48-56．

［159］祁洪玲，刘继生，梅林．国内外旅游地生命周期理论研究进展［J］．地理科学，2018，38（2）：264-271．

［160］乔海燕．美丽乡村建设背景下浙江省乡村旅游转型升级研究［J］．中南林业科技大学学报（社会科学版），2014，8（1）：27-30．

［161］秦礼敬．美丽河南建设背景下河南省旅游业转型升级研究［J］．旅游纵览（下半月），2016（3）：139-140．

［162］秦志红．美丽乡村建设背景下的北京乡村旅游转型升级研究［J］．南方农业，2017，11（9）：85-87．

［163］瞿明安．云南少数民族传统饮食文化的象征意义［J］．民族艺术，2010（3）：41-46+52．

［164］任芮瑶．基于全域旅游视角的蒲城县乡村旅游发展策略研究［J］．现代国企研究，2016（16）：18-19．

［165］沈晰琦．文化创意视角下乡村旅游开发的策略［D］．成都：四川省社会科学院硕士学位论文，2017．

［166］石斌．全域旅游视角下乡村旅游转型升级的动因及路径：以陕西省为例［J］．企业经济，2018，37（7）：77-82．

［167］石斌，周延波．全域旅游视角下西安乡村旅游转型升级路径研究［J］．现代商贸工业，2017（30）：25-26．

［168］石向荣．海口市乡村休闲旅游市场开发研究［J］．安徽农业科学，

2012（17）：45-48.

[169] 石小亮，张颖，赵铁蕊，等．低碳经济下林产品贸易发展研究
[J]．管理现代化，2015，35（1）：79-81.

[170] 宋章海，郜捷．乡村旅游发展中文化商品化与真实性研究[J]．怀化学院学报，2011，30（7）：27-28.

[171] 宋竹芳．社会资本对中小旅游企业转型升级及成长绩效的影响研究
[D]．西安：西北大学博士学位论文，2019.

[172] 苏坤．新时代乡村民宿旅游发展的困境及对策：基于共享发展的理论
视角[J]．四川旅游学院学报，2018（6）：56-58.

[173] 覃建雄．基于系统理论的乡村旅游转型升级研究：进展与趋势
[J]．中国人口·资源与环境，2016，26（S1）：301-304.

[174] 唐用洋，代宇．乡村文化与旅游产业融合发展研究[J]．智能城市，
2018，4（21）：103-104.

[175] 陶小云，夏汉军，张奇．"互联网+"背景下乡村旅游产品转型升级
与营销策略研究：以花岩溪为例[J]．旅游纵览（下半月），2018（10）：
156-157.

[176] 陶卓民，陈宗元，殷艳红．休闲农业发展的社区影响研究：以南京傅
家边和江心洲为例[J]．中国乡镇企业，2013（12）：24-27.

[177] 田成省．大田县乡村民宿旅游发展的对策研究[D]．福州：福建农
林大学硕士学位论文，2016.

[178] 田里，陈永涛．旅游产业转型升级研究进展[J]．资源开发与市场，
2017，33（10）：1265-1270.

[179] 田孝雄．乡村旅游发展转型升级研究：以酉阳县为例[D]．成都：
西南财经大学硕士学位论文，2018.

[180] 汪惠萍，潘健．"互联网+"背景下乡村旅游转型升级研究[J]．哈
尔滨学院学报，2018，39（12）：53-56.

[181] 汪宗顺，汪发元，侯玉巧．乡村生态旅游、城乡一体化与生态文明建
设：基于西北地区 2004—2018 年数据的实证分析[J]．生态经济，2020，36
（6）：213-220.

[182] 王晨辉．产业融合背景下乡村旅游转型升级战略[J]．湖北经济学
院学报（人文社会科学版），2016，13（3）：39-40.

[183] 王国华．北京郊区乡村旅游产业转型升级的路径与方法[J]．北京
联合大学学报（人文社会科学版），2013，11（4）：28-35.

[184] 王慧．产业融合背景下泰州乡村旅游转型升级发展分析[J]．皖西

学院学报，2016，32（5）：88-91.

［185］王丽萍．乡村旅游产品的特性及其转型升级［J］．商业时代，2013（9）：135-136.

［186］王琼英，唐代剑．基于城乡统筹的乡村旅游价值再造［J］．农业经济问题，2012，33（11）：66-71+111.

［187］王瑞花．基于康养理念的山西乡村民宿开发研究［J］．山西能源学院学报，2019，32（1）：91-93.

［188］王帅，张晗，沈万根．吉林省民族地区农村土地流转的现状分析［J］．商业经济，2016（11）：16-18.

［189］王苏．基于消费者购买意愿的乡村旅游民宿环境友好特征建设研究［J］．农业经济，2019（3）：142-144.

［190］王素洁，李想．基于社会网络视角的可持续乡村旅游决策探究：以山东省潍坊市杨家埠村为例［J］．中国农村经济，2011（3）：59-69+90.

［191］王维信，李光跃．乡村旅游转型升级背景下乡村民宿集群发展问题及对策研究：以汶川县三江镇为例［J］．四川农业科技，2018（4）：70-71.

［192］王兴中．中国旅游资源开发模式与旅游区域可持续发展理念［J］．地理科学，1997（3）：27-32.

［193］魏洁．美丽乡村建设背景下郧西乡村旅游转型升级研究［J］．旅游纵览（下半月），2017（12）：159.

［194］文军．广西乡村旅游开发社区经济形式探析［J］．广西经济管理干部学院学报，2015，27（1）：79-84.

［195］翁鸣．中国农业转型升级与现代农业发展：新常态下农业转型升级研讨会综述［J］．中国农村经济，2017（4）：88-95.

［196］吴爱萍，吕丽红．粤港澳大湾区视野下的肇庆乡村旅游转型升级策略研究［J］．武汉商学院学报，2019，33（2）：16-19.

［197］吴华群．基于智慧旅游视角的茶文化旅游资源开发模式研究［J］．福建茶叶，2016，38（6）：138-139+401.

［198］吴妮贞．浙江丽水乡村民宿发展研究［D］．桂林：广西师范大学硕士学位论文，2017.

［199］武清菊．基于民俗文化的乡村民宿旅游开发研究：以凤娃古寨民宿旅游开发为例［D］．武汉：华中师范大学硕士学位论文，2018.

［200］郗春媛．文化安全视域下人口较少民族饮食文化嬗变及走向：以云南布朗族为例［J］．学术探索，2014（5）：137-141.

［201］夏爱萍，马朝洪．对四川乡村生态旅游转型升级的探讨［J］．四川

林业科技，2011，32（3）：94-96.

［202］向延平．湘鄂渝黔边区旅游扶贫绩效评价感知调查研究：以德夯苗寨为例［J］．资源开发与市场，2009，25（7）：655-657.

［203］肖海平，谷人旭，黄静波．湘粤赣"红三角"省际边界区旅游资源联动开发共生模式研究［J］．世界地理研究，2010，19（3）：121-127.

［204］肖佑兴，明庆忠．旅游综合效应评价的一种方法：以白水台为例［J］．生态学杂志，2003（6）：152-156.

［205］肖佑兴，明庆忠，李松志．论乡村旅游的概念和类型［J］．旅游科学，2001（3）：8-10.

［206］谢春山，孟文，李琳琳，等．旅游产业转型升级的理论研究［J］．辽宁师范大学学报（社会科学版），2010，33（1）：37-40.

［207］谢双玉，张琪，龚箭，等．城市旅游景点可达性综合评价模型构建及应用：以武汉市主城区为例［J］．经济地理，2019，39（3）：232-239.

［208］邢志勤．我国农业旅游发展转型升级及其运行模式优化：基于国外农业旅游发展的经验［J］．改革与战略，2016，32（4）：121-124.

［209］徐福英，刘涛．新形势下我国乡村旅游转型与升级研究［J］．农业经济，2010（2）：93-94.

［210］徐海荣．中国饮食史［M］．北京：华夏出版社，1999.

［211］徐强，刘月，郑秋玲．乡村旅游转型升级下民宿的发展思路与对策［J］．建筑与文化，2018（8）：69-70.

［212］徐文燕．黑龙江省少数民族民俗旅游资源开发模式探讨［J］．黑龙江民族丛刊，2007（2）：58-62.

［213］杨桂，曲静．基于旅游APP用户的乡村民宿购买意愿的影响因素研究［J］．四川文理学院学报，2018，28（5）：39-46.

［214］杨怀亮，张宇，刘益新，等．围绕"农业+"促进农业转型升级的实践与思考［J］．基层农技推广，2016，4（4）：61-62.

［215］杨慧，龙云飞．乡村旅游的低碳化转型升级研究［J］．农业经济，2019（6）：53-54.

［216］杨俊杰．乡村旅游与文化创意产业融合发展研究：以昆明市团结街道为例［D］．昆明：云南师范大学硕士学位论文，2017.

［217］杨柳．我国乡村旅游与文化创意产业融合发展模式研究［J］．农业经济，2017（4）：57-58.

［218］杨美霞．新时代乡村旅游转型升级的路径分析［J］．安徽农业科学，2019，47（9）：135-137.

［219］杨艳，黄震方．南京民俗文化旅游资源开发模式研究［J］．商场现代化，2006（5）：198．

［220］杨义菊．我国乡村旅游产品转型升级策略［J］．合作经济与科技，2016（1）：18-20．

［221］杨粤文．对石林旅游转型期发展乡村旅游经济的思考［J］．旅游纵览（下半月），2013（4）：107-108+111．

［222］姚瑶．游客自我概念与乡村旅游动机关系研究［D］．杭州：杭州电子科技大学硕士学位论文，2015．

［223］叶森国．乡村旅游的特点及对农村经济发展的促进作用：以歙县乡村旅游建设为例［J］．现代农业科技，2015（15）：17-19．

［224］尤海涛．基于城乡统筹视角的乡村旅游可持续发展研究［D］．青岛：青岛大学博士学位论文，2015．

［225］于秋阳，冯学钢．文化创意助推新时代乡村旅游转型升级之路［J］．旅游学刊，2018，33（7）：3-5．

［226］余丙炎，王西涛，周心懿．全域旅游模式下皖北湿地生态旅游资源开发研究［J］．旅游纵览（下半月），2019（1）：49-50．

［227］余昊．低碳视域下的乡村生态旅游发展策略研究［J］．中国商论，2016（4）：145-146．

［228］余嘉．江西禅宗文化旅游产品的开发研究［D］．南昌：南昌大学硕士学位论文，2018．

［229］岳杰．河南乡村旅游信息化对策研究［J］．焦作师范高等专科学校学报，2015，31（4）：52-54．

［230］曾国军，刘梅，刘博，等．跨地方饮食文化生产的过程研究：基于符号化的原真性视角［J］．地理研究，2013，32（12）：2366-2376．

［231］曾乃钰．全域旅游视角下我国乡村旅游转型升级的路径［J］．中国集体经济，2017（28）：1-3．

［232］张城琳，王苗．浅谈民宿在中国的发展现状与策略［J］．智富时代，2017（1）：2-4．

［233］张方云．乡村旅游开发中农户土地流转意愿的影响因素研究：以豫北三村为例［D］．青岛：青岛大学硕士学位论文，2019．

［234］张广海，孟禺．国内外民宿旅游研究进展［J］．资源开发与市场，2017，33（4）：503-507．

［235］张瀚弛．关于移动短视频的现状与未来发展方向：以抖音 APP 为例［J］．通讯世界，2018（10）：280-281．

［236］张环宙，周永广，魏蕙雅，等．基于行动者网络理论的乡村旅游内生式发展的实证研究：以浙江浦江仙华山村为例［J］．旅游学刊，2008（2）：65-71.

［237］张集良，邬秋艳．乡村旅游可持续发展的关键因子研究：以长乐村、宏村、三山岛为例［J］．旅游论坛，2009，2（6）：890-896+926.

［238］张晶．基于发展民宿旅游的全域旅游转型升级推动［J］．智库时代，2017（15）：265+275.

［239］张景明．饮食人类学与草原饮食文化研究［J］．青海民族研究，2010，21（4）：32-37.

［240］张培，喇明清．游客选择乡村民宿的意愿倾向及其营销启示［J］．西南民族大学学报（人文社科版），2017，38（11）：132-140.

［241］张树俊．供给侧改革与乡村旅游的转型升级：以江苏省泰州市为例［J］．四川旅游学院学报，2016（5）：59-62.

［242］张树民，钟林生，王灵恩．基于旅游系统理论的中国乡村旅游发展模式探讨［J］．地理研究，2012，31（11）：2094-2103.

［243］张涛，韩膺南．有效的沟通是项目成功的关键因素：谈专业管理团队如何做好项目沟通管理［J］．项目管理技术，2006（7）：21-23.

［244］张婷婷．产业转型升级背景下的乡村旅游规划研究［D］．重庆：重庆交通大学硕士学位论文，2017.

［245］张薇，秦兆祥．以互联网+乡村旅游为抓手推动农村产业升级的思考［J］．农业经济，2018（11）：27-28.

［246］张雪娥．"互联网+"助推乡村旅游产业转型升级［J］．市场论坛，2018（9）：45-47.

［247］张雪丽，胡敏．乡村旅游转型升级背景下的民宿产业定位、现状及其发展途径分析：以杭州市民宿业为例［J］．价值工程，2016，35（23）：101-103.

［248］张野，赵新生．美丽乡村建设对乡村旅游转型升级的作用力研究［J］．农业经济，2018（9）：44-46.

［249］张颖．美国西部乡村旅游资源开发模式与启示［J］．农业经济问题，2011，32（3）：105-109.

［250］张忠．青岛市乡村旅游产品转型升级对策研究［J］．青岛农业大学学报（社会科学版），2014，26（1）：22-25+50.

［251］张忠昶．文化创意视角下的乡村旅游转型升级研究［J］．农村经济与科技，2016，27（9）：72-109+110.

［252］章国琴，段进，刘红杰．产业融合发展下苏南乡村空间转型研究：以无锡市为例［J］．小城镇建设，2018（5）：66-72．

［253］章锦河，凌善金，陆林．黟县宏村古村落旅游形象设计研究［J］．地理学与国土研究，2001（3）：82-87．

［254］章锦河，张瑜．世界遗产地 OUV 的保护与旅游发展：第十届旅游前沿国际学术研讨会成功举办［J］．地理研究，2015，34（6）：1002+1203．

［255］赵爱华．基于新农村建设的乡村旅游转型升级研究：以丹东为例［J］．辽东学院学报（社会科学版），2014，16（4）：72-76．

［256］赵爱华，张军．辽宁乡村旅游产业发展策略研究：以丹东为例［J］．辽东学院学报（社会科学版），2016（5）：15-16．

［257］赵爱民．供给侧改革下中国休闲农业与乡村旅游发展研究［J］．世界农业，2018（11）：241-245．

［258］赵华，于静．新常态下乡村旅游与文化创意产业融合发展研究［J］．经济问题，2015（4）：50-55．

［259］赵晶．全域旅游视角下乡村旅游市场营销研究分析［J］．时代农机，2018，45（8）：25．

［260］赵静．乡村旅游核心利益相关者关系博弈及协调机制研究［D］．西安：西北大学博士学位论文，2019．

［261］赵诗源．智慧旅游视角下海南乡村旅游产业结构优化路径研究［J］．经济师，2018（9）：183+185．

［262］郑辽吉．基于行动者—网络理论的乡村旅游转型升级分析［J］．社会科学家，2018（10）：91-97．

［263］郑文俊．乡村旅游目的地乡村性评价实证研究：以广西柳州为例［J］．重庆师范大学学报（自然科学版），2013，30（4）：138-143．

［264］郑耀星，刘国平，张菲菲．基于生态文明视角对福建乡村旅游转型升级的思考［J］．广东农业科学，2013，40（7）：211-214+222．

［265］中共红河州委党校课题组，陈鹏．红河州乡村旅游转型升级问题研究［J］．中共云南省委党校学报，2016，17（6）：120-124．

［266］钟珺，周磊．游客行为导向的乡村旅游产品转型升级对策研究：以桂林荔浦县乡村旅游为例［J］．广西经济管理干部学院学报，2017，29（4）：80-86．

［267］周慧丽，陆晓雨．国内乡村旅游可持续发展问题与对策探究［J］．农村经济与科技，2020，31（7）：141-142．

［268］周立华．国内外体育旅游开发的比较研究［J］．体育科技文献通报，

2005（4）：44.

［269］周武生，邓梅．体验式旅游资源开发模式探讨［J］．湘潭大学学报（哲学社会科学版），2005（S2）：166-168.

［270］周晓梅．产业融合背景下乡村旅游转型升级战略［J］．农业经济，2016（7）：17-19.

［271］周永广，姜佳将，王晓平．基于社区主导的乡村旅游内生式开发模式研究［J］．旅游科学，2009，23（4）：36-41.

［272］周作明，卢玉平．旅游规划学［M］．北京：旅游教育出版社，2008.

［273］朱晨悦．兴化市乡村旅游发展的现状、问题及对策研究［D］．南京：南京农业大学硕士学位论文，2014.

［274］朱海燕，朱桅帆，刘蓉，等．安化黑茶文化旅游资源与开发模式探研［J］．中国农学通报，2010，26（13）：426-430.

［275］朱华．乡村旅游利益主体研究：以成都市三圣乡红砂村观光旅游为例［J］．旅游学刊，2006（5）：22-27.

［276］朱顺顺，章锦河，胡欢，等．旅游发展的生态系统服务价值增值效应研究［J］．长江流域资源与环境，2019，28（3）：603-613.

［277］朱万春．从供给侧改革看我国休闲农业与乡村旅游产业结构转型升级：评《供给侧改革：经济转型重塑中国布局》［J］．宏观经济管理，2016（12）：99.

［278］朱万春．基于产业融合的乡村旅游转型升级研究［J］．农业经济，2018（7）：45-46.

［279］朱晓辉，黄蔚艳．基于调查分析的舟山乡村民宿旅游发展研究［J］．中国农业资源与区划，2019，40（2）：174-180.

［280］邹开敏．基于文化创意视角的都市郊区型乡村旅游转型升级模式及途径研究［J］．南方论刊，2018（11）：25-28.

［281］邹统钎．乡村旅游推动新农村建设的模式与政策取向［J］．福建农林大学学报（哲学社会科学版），2008（3）：31-34.

［282］邹统钎，陈序桄．乡村旅游经营者共生机制研究：以北京市怀柔区北宅村为例［J］．北京第二外国语学院学报，2006（9）：67-73.

［283］左晓斯．乡村旅游批判：基于社会学的视角［J］．广东社会科学，2013（3）：196-205.